교사가
아프다

교사가 아프다

초판 1쇄 인쇄 2024년 4월 3일
초판 1쇄 발행 2024년 4월 16일

지은이 송원재
펴낸이 김승희
펴낸곳 도서출판 살림터

기획 정광일
편집 송승호·조현주
디자인 유나의숲

인쇄·제본 (주)신화프린팅
종이 (주)명동지류

주소 서울시 양천구 목동동로 293, 2215-1호
전화 02-3141-6553
팩스 02-3141-6555

출판등록 2008년 3월 18일 제313-1990-12호
이메일 gwang80@hanmail.net
블로그 http://blog.naver.com/dkffk1020
한국교육연구네트워크 www.kednetwork.or.kr

ISBN 979-11-5930-281-7(03370)

교사가
아프다

송원재 지음

교사 위기의
원인과 해법

살림터

차례 ···●

 ## 거리로 나온 교사들

교권보호를 위한 제도개선 방안

아픈 교사가 다룬 아픈 교육 현실
그리고 그 너머

이 책의 화두는 아픔입니다. 누가, 무엇이, 왜 아픈지 설명하기 전에 아픔의 현상 자체를 다룹니다. "모두 병들었는데 아무도 아프지 않"(이성복, 「그날」)은 이 시대의 교육 현실을 바라보며 그 병듦의 고통을 우리 모두의 것으로 소환합니다.

진보의 희망을 놓치지 않았기에 저자는 두 번이나 교실을 떠나야 했습니다. 첫 해직때, 학교는 돌아가야 할 고향이었습니다. 교육시장화의 억압으로부터 사랑하는 학생과 학부모들을 구해내야 했기 때문입니다. 하지만, 이 책은 그런 계몽의 함성에 포획되지 않습니다. 복직과 또 한 번의 해직 그리고 전교조에서 교권보호 업무 수행과정을 거치며 저자는 스스로 아픈 교사가 되기를 주저하지 않았습니다. 서이초 선생님의 안타까운 죽음 앞에서 자신의 무력함과 비겁함을 자책하며 슬퍼하는 많은 교사의 고통을 떠올립니다. 교직을 떠나려는 교사들을 힘써 만류하면서 그들의 비통함을 자신의 우울로 받아들입니다. 그러기에 이 책은 저자의 비명에 가깝습니다. 해직당한 자신보다 교직을 떠나도록 내몰린 교사들의 아우성을 그대로 담아낸 것입니다.

흔히들 교육체제를 덮친 신자유주의의 폐해를 말합니다만, 그것이 교사의 희생 위에 학생과 그 보호자들의 권리를 덮어씌우는 방식만으로 진행된 것은 아니었습니다. 교사와 학생 혹은 그 보호자를 개별화시켜 권리 의무의 주체로만 규정하고 학교 공간에서 각자도생하도록 강제한 것이 가장 큰 문제였습니다. 연대와 상생을 향한 학교 공동체가 아니라 고립과 경쟁이 지배하는 학교 시장판을 만들어버린 것이 신자유주의 교육정책입니다. 이 과정에서 가장 큰 부담은 교사에게 귀결될 터입니다. 헌법과 교육법이 말하는 전문성과 자율성을 지닌 교사가 아니라, 관리자의 지휘 감독에 복종하며 교실에서 일어나는 모든 사태에 책임져야 하는 피용자로만 남게 되는 교사 말입니다.

아픔은 질병으로부터 스스로를 보호하려는 생체 메카니즘의 작동방식입니다. 아픔의 비명은 생존 욕구를 다른 사람과 공유하려는 노력입니다. 서이초의 고통에 국회는 소위 교권 4법 개정으로 답했지만, 그것은 치유를 향한 출발이긴 해도 좋은 출발이 되지 못합니다. 이 책은 국가와 사회로 하여금 그 미봉(彌縫)을 넘어 거리로 나온 교사들을 직시할 것을 요구합니다. 학교의 시장화를 딛고 교육의 공공성을 회복한다는 것이 어떤 의미인지 제대로 밝혀내고자 합니다. 학교에서의 책임은 권리 의무와 어떻게 다르며 학교공동체에서 교사는 어떤 존재인지 따져냅니다. '교권'을 말하지만, 그것은 회복의 대상이 아니라 재구성의 강령이 되어야 할 것임도 말합니다. 4장에 열거되는 여러 가지 정책제안은 그 자체로 타당하지만, 기저에 자리한 저자의 참회와 고발과 호소는 서이초 선생님을 떠나보내는 가장 애절한 애도일 터입니다.

그래서 저자의 위트와 해학에도 불구하고 이 책이 매우 아프게 읽히기를 바랍니다. 해원(解冤)의 글이기 때문입니다. 우리의 잠은 기어코 깨야할 것이기 때문입니다.

한상희(건국대학교 법학전문대학원 교수)

교육운동의 진정한 내공을
맛볼 수 있는 책

이 책은 우리나라 교육운동의 레전드라 할 수 있는 송원재 선생님의 역작이다. 지금이 20세기라면 백범, 몽양, 해공처럼 멋있는 호라도 하나 있어 "OO선생" 이라고 불러드리면 좋겠지만, 그런 것이 없으니 여기서는 저자라고 칭하겠다.

경력을 보면 알겠지만 저자는 우리나라 교육 민주화 과정에서 일어난 중요한 사건과 고비마다 이름을 올렸고, 그때마다 해직되었다. 이렇게 해직과 복직을 반복하다 결국 마지막까지 해직되고 말았으니 참으로 파란만장한 교직 인생을 살았다. 하지만 이게 전부가 아니다. 해직은 중요한 순간에 겁먹지 않았다는 증거는 될 수 있어도 교육자로서 훌륭함을 증명하는 것은 아니기 때문이다.

저자의 더 중요한 미덕은 그토록 많은 수난을 겪었음에도 과거의 수난사를 현재를 위한 훈장으로 내세우지 않고, 끊임없이 고민하고 학습하며 자신을 바꿔왔다는 것, 즉 스스로를 교육했다는 것이다. 자신을 가르치는 교사만이 학생들을 제대로 가르칠 수 있는 법이다. 저자는 자신을 가르치는 일에 참으로 충실했다. 이 책은 그 치열한 자기교육과정의 기록 혹은 증거다.

저자는 역사교사다. 역사교사답게 저자는 과거를 화석으로 받아들이지 않고 현재와의 대화 속에서 발전시키며 사유한다. 과거에 옳았던 것이 현재에도 옳은 것은 아니며, 과거의 훌륭한 행동이 현재에도 훌륭하지 않을 수 있음을 늘 열어 두는 것이다. 이는 저자 또래 연령대에서 쉽게 다다를 수 있는 경지가 아니다. 50대가 넘어가면 완고해진다는 말이 있다. 과거에 옳았기에 현재도 옳고, 과거에 훌륭한 일을 했으니 현재 한 일도 훌륭할 거라는 아집과 독선에 빠져드는 것이다. 나아가 자신과 한편인 사람들의 생각과 판단은 옳다는 식으로 이 아집과 독선이 확산하기까지 한다.

그 결과가 각 분야의 우리나라 운동권을 오염시킨 진영주의다. 그 반대편에는 흔히 변절이라 부르는 기회주의가 있다. 아집과 독선에 빠지지 않는 정도를 넘어 과거에 믿었던 신념의 아주 반대편으로 가버리는 것이다. 무조건 과거와 반대를 고집하는 것은 무조건 과거를 고집하는 것이나 마찬가지니, 그 역시 또 다른 아집과 독선에 불과하다.

하지만 이 책에는 어떤 종류의 아집과 독선도 보이지 않는다. 해직과 복직을 반복하며 지키고자 했던 신념이 남아 있지만, 화석화된 운동권 이념과 신념들을 인정사정없이 비판의 수술대에 올리기도 한다. 20년 이상 믿어왔던 신념도 가차 없는 비판의 대상이 되고, 때로는 단칼에 버려지기도 한다. 가령 저자는 진보교육감 탄생과 혁신교육 확산에 상당한 기여를 했지만, 이 운동이 10년이 지난 지금은 무조건 지키자고 강변하지 않고 오히려 비판하는 태도를 보여준다.

대체 그 근거는 무엇일까? 교육이다. 교육에는 보수도 진보도 없다. 시대적·사회적 상황에 따라 진보적인 혹은 보수적인 교육이 요구될 뿐이다. 진보가 요구될 때는 어떤 억압에도 진보적인 교육을, 보수가 요구될 때는 변절자 소리도 감수하며 보수적인 교육을 할 수 있는 사람이 진정한 교육자다. 저자는 오랜 세월 진보의 목소리와 보수의 목소리를 필요할 때마다 내어왔다. 그 목소리들이 바로 이 책에 담겨 있다.

하지만 가장 큰 미덕을 아직 말하지 않았다. 그것은 바로 재미다. 저자는 심각하고 예리한 이야기를 하면서도 유머와 위트를 잃지 않는다. 이런 것이 바로 내공이다. 내공이 깊은 사람은 어려운 말, 뭔가 깊이 있어 보이는 말을 하지 않는다. 오히려 어렵고 깊이 있는 말을 가벼운 웃음으로 표현할 수 있다. 모쪼록 독자들이 그 내공을 함께 나누며 즐거웠으면 한다. 교육은 즐거워야 제대로 할 수 있는 것이니까.

권재원(중등교사, 실천교육교사모임 고문)

선배 교사의 참회록,
아픈 교사를 위한 진혼곡, 국가에 대한 고발장,
미래 세대에게 드리는 호소문

2023년 7월 22일, 대한민국 교사가 거리로 뛰쳐나와 생존권 보장을 외쳤다. 4차 산업혁명을 얘기하는 시대에 벌어진 참으로 서글픈 현실이다. 전국에서 모여든 작은 점들은 공교육 정상화를 요구하는 거대한 물결을 만들었다. 대한민국 공교육 역사에서 찾아보기 힘든 혁명적 상황이다.

공교육 정상화!
수십만 교사의 외침에 입법부는 교권 4법 개정으로 응답했다. 교육부는 학생생활지도 고시를 제정했고, 각종 교권 회복 방안을 쏟아냈다. 마침내 12월 8일, 국회는 교원의 '정당한 교육활동과 생활지도'는 아동학대로 보지 않는다는 내용의 아동학대처벌법을 개정했다.

이젠 공교육 정상화는 이뤄질 수 있을까?

교사는 안전한 교육환경에서 교육활동에 전념할 수 있을까?

학생의 인권과 학습권은 온전하게 보장받을 수 있을까?

수십만 검은 점들의 혁명적 거리 투쟁으로 달라진 것은 과연 무엇일까?

권한이란 직위를 부여받은 사람에게 직무 수행을 위해 법률에서 보장하는 직무 권한을 말한다. 대한민국 교사는 학업 및 진로, 보건 및 안전, 인성 및 대인관계, 그 밖에 학생생활과 관련되는 분야와 관련하여 '조언, 상담, 주의, 훈육·훈계'의 방법으로 학생을 지도할 권한을 부여받았다. 2023년 이전과 이후, 달라진 것은 이것이 전부다.

'권리 위에 잠자는 자'의 권리는 보호받지 못한다. 민주공화국의 기본 격언이다. 권리 위에 잠자는 자, 다르게 표현하면 '법 없이 살 수 있는 착한 사람'이다. 더 정확하게 표현하면 '법 없이도 살 수 있는 착하기만 한 사람'이다. 대한민국의 공교육은 '법 없이 살 수 있는 착한 교사'가 '법 없이도 살 수 있는 착하기만 한 사람'을 양성하는 곳이다. 민주공화국의 발전에 가장 도움 되지 않는 시민은 '권리 위에 잠자는 사람'이다.

학교교육의 핵심 목표는 성숙한 민주시민 양성이다. 성숙한 민주시민이란 인간으로서의 존엄, 가치, 행복을 누릴 수 있는 시민이다. 자신의 권리의 소중함을 알기에 타인의 권리를 존중하는 공동체 의식을 갖춘 시민이다. '권리 위에 잠자는 사람'이 아닌 성숙한 민주공화국의 시민을 양성할 수 있는 공교육 정상화를 위해 교사에게 어떠한 법적 권리와 권한이 부여되어야 하는가?

저자와 함께 이 물음에 대한 해답을 찾는 여행을 떠나 보시길 권유 드린다. 교사가 아프다. 많이 아프다. 이 책은 아픈 교사를 생각하는 선배 교사의 참회록, 후배 교사를 위한 진혼곡, 국가에 대한 고발장, 미래세대에 대한 호소문이다.

김민석(해직교사. 전국교직원노동조합 교권상담국장)

이 책을 읽지 않고는
교권을 논하지 말라

　민주화의 균형이 깨지며 공권력과 기본 안전이 파괴되어 온 지 오래다. 범죄자나 민원인이 무리한 소송으로 공권력을 무력화시키는 법조시장이 크게 확대되었다. 경찰이 범인을 추격하고 체포하다 다치거나 과잉진압을 주장하면 경찰이 징계나 형사처벌을 받는다. 그래서 신속히 대처하지 못하는 사이에 범인이 도주하거나 무고한 시민이 참변을 당한다. 과로에 시달리며 필수의료 분야나 응급실을 지키던 의사가 죽기 직전에 들어온 환자를 살리다가 실패하면 형사처벌을 받고 의사면허가 취소된다. 소방차가 긴급 출동하다가 불법 주정차된 차량 때문에 길이 막히면 민간 차량 파손에 대해 불가피성을 입증, 소명해야 한다. 그래서 우회하다가 화재가 더욱 번지고 재산과 인명피해가 늘어난다. 범죄 교화와 인권 보호를 위해 교도소는 훨씬 안락한 공간이 되고 있다.

　세상이 전쟁의 참상으로 지옥이라도 교실이 살아있으면 희망이 있다. 하지만 교육 붕괴는 전 세계적인 현상이다. 게다가 우리나라는 급속한 사회 발전을 이끌어낸 높은 교육열과 교육수준 못지않게 법과 제도, 언론이

앞장서서 교육 붕괴를 가속화하고 있다. 단군 이래 최악의 교실이라는 말이 나온 지 20여 년이 지났지만 상황은 매년 악화되고 있다. 교사가 교실에서 자살하는 사건은 10여 년 전부터도 보도되어 왔다. 매년 백여 명의 교사들이 과로와 스트레스로 인한 질병이나 자살로 '사망퇴직' 한다. 죽지 않기 위해 정신과에서 치료받는 교사들이 급증하고 있다.

지난 수십 년간 교사들은 계속 참아왔다. 사회 부조리의 말단에 있던 교사들은 철밥통 공무원, 일제나 군사정권의 앞잡이나 하수인 취급을 받아왔다. 많은 국민이 교권을 추락시키는 데 동조 또는 방조해 왔다. 실상은 깨진 밥통이 된 지 오래다. 다수의 성실한 학생을 지키려던 교사들은 아동학대범죄 가해자로 취급되어 처벌받기 쉬워졌다. 부조리한 법의 단죄를 받아도, 내가 잘못해서 그런 건 아닌지 속병이 깊어가다가 집단 무기력에 빠지고 있다. 소년범과 비행학생들의 인권을 최대한 보장하라는 압력은 균형이 깨져서, 그들을 바른길로 인도할 방법들마저 대부분 봉쇄되었다.

물론 어느 집단에나 있는 부적격자는 교사집단에도 있다. 급격히 변해버린 사회에 적응하기 어려워하는 교사들도 있다. 하지만 부적격자들을 걸러 내거나 어려움을 겪는 교사들을 지원하기 위해 만든 제도가 오히려 그들을 위축시키고 복지부동으로 몸보신하게 만든다. 도리어 대다수의 소신껏 지도하는 교사들이 교단에서 퇴출되거나 교육을 포기하게 만들고 있다. 빈대 잡으려다가 초가삼간이 다 타버렸다.

아동학대범죄 가해자로 조사받지 않을 방법도 많이 알려졌다. 늘 학생이 녹음기를 숨길 것을 가정하며 악마의 편집을 예상해야 한다. 부정적 어감을 줄 수 있는 단어를 전혀 쓰지 않고, 가까이 가지도 말고 거리를 둔다. 문제 있는 학생은 방치하거나 위원회로 올려서 행정 절차에 따라 처리하면 된다. 얼마나 교육적으로 바람직한가는 그다지 중요하지 않다. 법규에 명시되어 행정적으로 꼭 해야 할 것들만 우선하고, 그렇지 않은 것은 최소화한다. 무언가를 열심히 하다 보면 실수가 생기는데, 최대한 하지 않으면 실수하여 시비 걸릴 일도 별로 없다.

학교폭력이나 생활지도에 대한 현재의 법규와 절차는 한계가 분명하다. 가령, 어떤 학생이 적극적으로 수업을 방해하거나 학교폭력을 저지르면 교사는 친절한 단어로 그 학생을 위원회로 올리면 된다. 위원회의 결과는 따뜻한 솜방망이 징계가 되기 쉽다. 그래서 또 문제를 일으키면? 또 위원회로 올려서 좀 더 크고 푹신한 솜방망이로 징계한다. 개전의 기회를 준다는 명분만 내세울 뿐, 충분한 지원을 하지 않으며 비행을 방치하고 묵인한다. 바늘도둑은 그렇게 소도둑이 되어 간다.

학교는 수업내용이 전달되기만 하면 되지, 학생들이 효과적으로 학습했는지는 중요하지 않다. 학교는 학생을 성장시키는 것보다 상대평가로 차등을 두는 것이 훨씬 중요하다. 1등급 학생이 드러나고 그들에게 교사들의 관심이 집중되어야 하며, 그들로 학교의 수준이 결정된다. 반드시 2등급 이하 성취도 결손을 만들어내야 하도록 입시제도가 못 박혀 있다. 이에 따라 부모의 교육수준과 경제력이 높은 지역은 사교육으로 학교의 학업성취도가 높게 나타난다. 그렇지 않은 지역은 기본 생활지도나 행정처리가 우선이 되어 수업이 불가능한 상황에 처하게 되고 학업성취도도 낮게 나타난다.

이를 해결할 방법은? 과중한 행정부담이나 민원, 법규로 얽매여 있는 현실은 철저히 왜곡하면서, '교사의 질이 떨어지고 안주해서', '의지가 부족해서'라고 여론을 조성해 공격하며 불이익을 주면 된다. 그러면 정치인이나 교육 당국의 책임이 아니라 교사 개인들의 책임으로 화살이 돌아가기 때문이다. 엉뚱한 곳으로 시선을 돌린 사이, 사회 양극화는 가속화될 것이다. 그 결과 도심 한복판의 칼부림부터 각종 범죄 및 그들에 대한 혐오는 증가할 것이다. 공교육 붕괴는 대한민국 붕괴로 이어진다.

교사들이 들고 일어선 것은 개인의 안위를 위해서가 아니다. 성직자처럼 박해받아 죽는 것이 숭고하고 당연한 일로 치부되어 대다수 교사가 견뎌왔다. 범죄 피해를 당해도 교사가 참지 않으면 동료들에게 피해를 주고 학생을 사랑하지 않는 부적격 교사로 취급했다. 결국 교사 개인들의 역량으로 막아내기에는 임계점을 넘어섰다. 학교폭력 피해 학생들과 공교육을 통해 성장하고 싶어 하는 학생들을 지켜내 줄 교사들이 다 죽어가고 무력화되었다. 정치기본권마저 억압되어 온 교사들은 자신뿐 아니라 학생들과 나라를 구할 마지막 기회로 여기고 2023년에야 광장으로 나온 것이다.

교사들이 마지막 힘을 모았지만, 분노의 불길은 종종 엉뚱한 방향으로 번진다. 무엇이 더 근본적인 해법인지 방향을 잃으며 지엽적인 문제에 집착하기도 한다. 함께 교권과 교육을 살리겠다는 동료라도 나와 의견이 다르면 상대를 무지한 자로 취급하거나 악마로 본다. 뭔가 대책을 마련해주려는 관료들과 정치인들은 사태의 본질을 파악하지 못하고 일하는 척만 하는 대책을 내놓기 쉽다. 그래서 더 큰 문제가 야기되기도 한다.

현 사태의 본질과 해결책에 관하여 국내외 많은 대책의 핵심을 집대성한 책이 이제 나왔다. 수많은 게시 글과 논저들 사이에서 중심과 방향을 잡아줄 것이다. 사회 부조리와의 싸움으로 일생을 바쳐 온 이 시대의 선비이며 교사들의 스승인 송원재 선생님은 퇴직 후에도 후학들을 위해 어려운 일을 해 주셨다. 정파와 계층에 상관없이 모두가 납득하고 함께할 지혜와 진실을 함께 보자. 교권 정책을 수립하고 추진하기 위한 필독 기본서다.

교권은 교사들을 위한 것이 아니다. 교사들이 제 역할을 할 수 있게 하여 학생들을 올바로 성장시켜 세상을 바로 세우는 일이다. 잿더미가 된 나라를 다시 세우듯이, 이제 공교육을 정상화하자.

왕건환(중등교사. 교사노조연맹 교권보호팀장.
국가교육위원회 공교육 정상화를 위한 교권회복 특별위원회 위원)

교권의 눈으로 본
우리 교육 현대사

"파란만장한 교직생활을 '거리의 교사'로 끝내고 지금은 연금을 빼앗겨 청빈의 삶을 살고 있습니다."

저자 송원재 선생님이 페이스북에 자신을 소개한 글입니다. 이 책 머리글을 읽고 나면 저자가 자신을 왜 이렇게 소개하는지 알게 됩니다. 저자는 교육을 해보겠다는 일념으로 살다가 세 번의 해직을 경험합니다. 저는 이런 범상치 않은 사람을 온라인으로만 소통해 오다가 직접 만나고 싶은 생각이 들어 찾아간 적이 있습니다.

2017년, 저는 실천교육교사모임 초대 회장을 맡고 있었고, 송 선생님은 세 번째 해직의 시련을 견디며 전교조 서울지부에서 후배 교사들을 위해 교권 상담을 하고 있었습니다. 1시간의 짧은 만남이지만 '참 품이 넓은 사람'이라는 기억으로 남아 있습니다. 이런 인연이 있었기에 제 책 『같이 읽자, 교육법!』을 출간할 때 선생님께 도움을 받기도 했고 추천사를 부탁드리기도 했습니다. 그래서 이 책이 더 반갑고 기쁩니다. 저자는 머리글에서 이 책을 쓴 이유를 다음과 같이 밝힙니다.

> 이 책은 이런 참담한 사태를 막지 못한 한 선배 교사의 참회록이고, 영혼을 갈아 넣으며 혼자 버티다가 무너져 간 후배 교사를 위한 진혼곡이며, 이 지경이 되도록 손 놓고 구경한 국가에 대한 고발장이고, 교육이 불가능한 학교에서 살아갈 미래 세대에게 드리는 호소문입니다.

이 글에 비추어 이 책의 구성을 살펴보면 머리글은 참회록입니다. 늙은 교사의 독백을 통해 교사의 삶을 생각하게 됩니다. 1부(거리로 나온 교사들)는 진혼곡입니다. '검은 점'으로 광장에 섰던 교사들이라면 같이 아파하고 슬퍼하며 마음을 가다듬게 됩니다. 2부(교사 위기의 원인을 찾아서)는 국가에 대한 고발장입니다. 교육 현대사의 흐름을 훑어보며 교육철학이 부재했던 정치권에 다시금 회초리를 들게 됩니다. 3부(교사 위기의 해법)와 4부(교권 보호를 위한 법과 제도의 개선)는 미래 세대에게 드리는 호소문입니다. 교사 위기의 해법을 청사진이라 할 만큼 상세하게 제시하고 있습니다. 맺는 글은 격정적인 이 감정들을 차분히 가다듬어 한 호흡으로 차분하게 정리합니다.

저자의 감정을 따라 책을 읽다 보면 중간중간 뇌리에 꽂히는 문장들이 많습니다. 그 문장들에 밑줄을 긋다 보니 책은 온통 밑줄투성이입니다. 그만큼 이 책은 울림이 큽니다. 교사가 읽으면 제가 그랬던 것처럼 교육의 의미를 되새기게 됩니다. 학부모가 읽으면 자녀와의 공감이 늘어나게 됩니다. 교육정책 담당자들이 읽으면 살아 있는 정책 제안서를 마주하게 됩니다. 그러니 교육에 대해 말 한 마디라도 보태려는 사람이라면 반드시 읽어야 합니다.

이 책을 읽고 나면 우리 교육 현대사를 한 흐름에 이해하게 됩니다. 교권이 무엇인지 그 의미를 깨닫게 됩니다. 법적 민감성을 지닌 시민으로 살아가게 됩니다. 이 모든 것을 쉽게 읽으며 얻을 수 있습니다. 참으로 귀한 책입니다. 우리 교육을 사랑하고 걱정하는 많은 이들의 손에 이 책이 들려있기를 바랍니다.

정성식(초등교사, 전 실천교육교사모임 회장)

지금, 꼭 필요한 책

2023년 한국 사회를 놀람과 안타까움으로 몰아넣은 최대의 교육 사건은 서이초 사태다. 교권 관련 4법 개정이 이루어지고 수십만에 달하던 교사들의 대규모 집회는 잦아들었지만 서이초 사태는 아직 진행 중이다. 교사들의 절규를 낳고 있는 원인과 그로 인한 고통은 여전히 그대로이기 때문이다. 따라서 실효성 있는 해법과 대안에 대한 치열하고 광범한 논의가 절실하다.

이런 상황에서 평생을 보다 나은 교육 실현을 위해 헌신해 온 송원재 선생님의 이 책은 너무도 반가운 책이다. 이 책은 교육 문제에 조예가 깊은 분의 이야기라는 막연한 기대를 넘어 최대의 교육적·사회적 의제가 된 교사 교육권 문제를 푸는 해결의 실마리를 제공하리라 생각한다.

첫째, 문제를 정면으로 응시하면서 우회하거나 회피하지 않기 때문이다. 필자는 자신이 몸담아온 교육운동과 전교조도 비판 대상으로 삼는다. 그리고 일부에서 논란을 우려하여 거론하기를 꺼리는 '아동복지법상의 보호자' 대상 문제를 직접 제기한다. 객관적 태도를 견지하면서 문제의 핵심을 분명히 드러내려는 것이다. 그로 인해 이 책에서 제기하는 내용은 '치열성'과 '현실성'을 지닌다.

둘째, 교권과 학생 인권을 둘러싼 논란에 대해 균형적 시각을 견지하려 하기 때문이다. 이 책은 교권과 학생 인권을 대립적인 것이 아니라 상호적인 것으로 보려 한다. 그래서 어느 일방을 중시하려는 보수적 교권론과 자유주의적 학생인권론에 대해서는 비판적이다. 그 때문에 양쪽으로부터 역비판 소지도 있지만 보다 광범한 사회적 공감대에 바탕한 논의를 이끌어 낼 수 있을 것으로 본다.

셋째, 풍부한 내용이다. 이 책은 교사 위기와 관련해 사태의 과정과 원인에서 해법과 정책 대안에 이르기까지 총체적으로 다룬다. 그래서 신문 기사나 뉴스를 통해 단편적으로 알고 있던 것을 넘어 체계적이고 풍부한 시각으로 이 문제를 대할 수 있다. 또한 다양한 외국 사례는 우리가 참고할 수 있는 많은 시사점을 제공한다.

넷째, 무엇보다 해법과 정책대안의 구체성이다. 이 책은 법과 제도 개선에서부터 교육청의 역할 제고에 이르기까지 다양한 부분에서 구체적인 대안들을 제시한다. 이 책의 실천적 결론들인 대안들의 상당 부분은 매우 현실적이며 실효성을 기대할 수 있는 것들이다. 앞으로 이 책에서 제시하는 방안들에 대해 실제적인 논의와 검토가 이루어져야 할 것이다.

퇴직 이후 툰드라 숲길을 유유자적하게 걷고 싶었던 작은 소망을 포기하고 서이초 사태로 폭발한 교사 위기의 한가운데서 꼭 필요한 책을 내놓은 송 선생님께 감사드린다. 평생을 바쳐 온 우리 교육이 나아지기는커녕 많은 교사가 스스로의 삶을 포기할 정도로 근본적 위기에 처한 상황을 두고만 볼 수 없었기 때문일 것이리라.

이 책은 치열한 실천적 성격을 지닌다. 읽는 것으로 그치는 것이 아니라 동의하면 동의하는 대로, 그렇지 않으면 그렇지 않은 대로 교권 혹은 교육권 문제에 뛰어들 것을 요청한다. 이 책의 출간이 수많은 실천적 논의와 문제 제기의 증폭 및 확산으로 연결되고 교사 교육권이 새롭게 정립되는 계기가 되길 기대한다. 나아가 교사 교육권을 정립하는 과정이 필자가 말하는 대로 '우선 범람하는 물을 막으면서' 홍수의 근본 원인인 경쟁과 입시 시스템을 해체하고 우리 교육을 올바로 세우는 것으로 이어지기를 기대한다.

천보선(퇴직교사. 전 전국교직원노동조합 참교육연구소장. 진보교육연구소장)

아픈 교사들을 위해
함께 가야 할 길

2023년, 뜨겁고 아팠던 여름의 기억이 매서운 한파에 사그라지지 못하고 생생한 것은 지금도 여전히 진행 중인 나의 사건들이기 때문이다. 죽음으로 증명해야 했던 교사들에 대한 가해자는 여전히 없고, 그 죽음들마저 폄훼하며 훼손하려는 시도들이 곳곳에서 꿈틀거린다.

누구도 책임지지 않은 채 역사의 시간은 도도히 흘러가 버린다. 그 시간 앞에 사십여 년 긴 여정을 거스르며 매듭 하나 지어주신 송원재 선생님께 감사의 인사를 올린다. 푸릇하기만 했던 첫 발령지에서 NEIS 반대 투쟁을 할 때, 100분 토론에서 이런 투쟁의 정당성을 가감 없이 설파하시던 선생님의 모습이 선한데, 이제 아픈 교사들을 위해 가야 할 길의 물꼬를 터 주셨다.

널리 읽히는 것이 그 길을 만들어가는 첫걸음일 것이다.
깊이 토론하며 빛내는 것이 그 길을 단단히 하는 다음 걸음일 것이다.

한희정(초등교사. 전 실천교육교사모임 회장)

저는 퇴직한 교사입니다. 처음부터 교육에 엄청난 꿈과 소신이 있었던 '좋은 교사'는 아니었습니다. 그러나 5공화국 말기인 1981년, 처음 발을 디딘 변두리 지역 학교는 놀라움 그 자체였습니다. 초·중·고등학교를 12년이나 다니면서도 몰랐던 학교와 아이들의 모습을 다시 보게 되었습니다. 숨을 죄는 교무실 분위기, 차별과 폭력이 난무하는 교실, 대책 없이 방치되는 아이들, 너무 낯 뜨거워 차마 가르칠 수 없는 교과서….

바람직한 교육이 어떤 것인지, 교사는 어떤 사람이어야 하는지, 사범대학에서도 배우지 못한 날것 그대로의 학교를 교직에 나온 뒤에야 처음 접하고 고민하기 시작했습니다. 그런 저는 아이들을 대할 준비가 전혀 되어 있지 않은 '형편없는 교사'였습니다. 그러나 촌지를 받지 않고 체벌을 하지 않겠다고 결심한 뒤부터 아이들과 어울리는 시간이 점점 많아졌고, 그에 비례해서 교장·교감과의 관계는 점점 소원해졌습니다. 제 교직 생활은 그렇게 등 떠밀리듯 얼떨결에 시작됐습니다.

그러다가 1989년 교원노조에 가입했다는 이유로 교단에서 쫓겨나 5년을 '거리의 교사'로 살면서, 학교는 '언젠가 꼭 돌아가야 할 고향'이 됐습니다. 그때부터 세간에는 "학교가 무너진다"는 말이 떠돌기 시작했지만 저는 그 '무너지는 학교'가 못 견디게 그리웠습니다. 길을 가다가도 누가 "선생님!" 하고 부르면 저도 모르게 뒤를 돌아봤고, 애국조회 시간에 애국가를 부르는 아이들의 불협화음은 천사들의 합창보다 더 아름다웠습니다. 그렇게 찾아온 해직 생활은 평온했던 제 삶을 송두리째 바꾸어 놓았습니다.

1994년에 학교로 돌아왔지만, 학교는 꿈에 그리던 예전의 학교가 아니었습니다. '5·31 교육개혁' 조치와 함께 '교육시장화'의 파도가 밀려왔고, 학교는 '자율과 선택'이라는 이름으로 '경쟁과 선발'이 전면화되고 있었습니다. 교원 정년단축에 이어 교원평가, 차등성과급이 차례로 도입되었고, 국제고·특목고·자사고가 늘면서 평준화가 사실상 무너져 일반학교에서는 점점 교육이 불가능해졌습니다. 학부모들은 불안과 절망에서 벗어나기 위해 사교육에 매달렸고, 초등학생까지 입시경쟁에 휘말리기 시작했습니다.

거센 파도를 막아보려고 나름 팔다리를 휘저었지만, 돌아보면 제자리도 지키지 못하고 뒤로 한참 밀려나 있었습니다. 숨 막히는 학교를 살리려면 숨구멍이라도 뚫어야 했습니다. 2008년 전교조 서울지부장이었던 저는 경쟁주의 교육의 상징과도 같았던 '일제고사'에 맞서, 전국에서 처음으로 '일제고사 말고 체험학습 가자' 캠페인을 벌였습니다. 일제고사를 방치하면 초등학교까지 입시 전쟁터가 되는 것은 시간문제였습니다. 어떻게든 막아야 했고, 막지 못하면 일제고사의 폐해라도 알려야 했습니다. 예상보다 많은 학부모와 학생이 호응했지만, 체험학습을 안내한 7명의 교사가 교단을 떠나야 했습니다. 후배 교사들을 사지(死地)로 몰아넣었다는 죄책감에 시달렸지만, 다행히 그분들은 몇 년 뒤 징계무효 판결을 받고 학교로 돌아왔습니다.

교육시장화의 파도에 맞서 물길을 바꾸는 것은 거의 불가능했습니다.

특단의 대책이 필요했습니다. 고민 끝에 처음 치러지는 민선교육감 선거에 주목하게 됐습니다. 중앙정부의 정책은 바꾸지 못하더라도, 진정 아이들을 사랑하고 교육을 존중하는 교육감이 당선된다면 적어도 서울의 학교만은 숨을 쉴 수 있지 않을까… 지푸라기라도 잡는 심정으로 교육·시민단체들과 함께 민주진보 교육감 후보를 추대했습니다.

공무원인 교사는 선거운동을 할 수 없었기에 모든 일을 선관위의 유권해석을 받아 진행했습니다. 그러나 민주진보 후보의 선전에 위협을 느낀 사람들이 전교조의 선거개입 의혹을 제기하며 수사를 의뢰했고, 선관위의 유권해석도 법원 앞에서는 무력했습니다. 감히 권력에 도전한 '불온한 교사'에게 괘씸죄를 적용했다고밖에는 생각할 수 없었지만, 결국 불법 선거운동을 했다는 이유로 다시 교직에서 쫓겨났습니다. 그러나 다음 교육감 선거에서 6명의 진보교육감이 당선돼 이른바 '진보교육감 시대'가 열렸고, 진보교육감 시대의 밑거름이 된 것으로 위안을 삼았습니다.

공무담임권이 박탈된 10년 동안, 저는 전교조에서 교권보호 사업을 맡았습니다. IMF 구제금융 이후 사회 전반에 몰아닥친 신자유주의의 물결은 교육부문에서도 맹위를 떨치고 있었습니다. 그중에서도 두드러진 변화는 학부모와 학생의 발언권이 크게 강화된 것이었습니다. 학부모의 참여가 늘고 학생의 권리가 신장된 것은 바람직한 일이지만, 교육전문가로서 교사의 교육적 권한과 판단은 여전히 답보상태를 벗어나지 못했습니다. 그것은 결국 교육활동에 대한 교사의 주도권을 크게 약화시켰고, 학교 내에서 교사와 학생·학부모의 관계를 질적으로 바꾸어 놓았습니다. 일부 학생인권 옹호자들은 과거 교사들이 자행했던 폭력과 차별에 대한 기억을 떠올리며, 학생의 인권만을 배타적으로 관철하는 전략을 선택했습니다. 교사들은 학생의 인권신장을 위해 함께 협력할 기회를 잃었습니다. 그런 분위기는 학생인권·아동복지를 앞세운 교육활동 침해로 나타나기 시작했습니다. 내 권리를 보호하기 위해 타인의 권리를 침해하는 어처구니없는 일이 벌어지고 있었습니다.

2014년, 마침내 아동학대처벌법이 만들어지면서 법은 흉기가 됐습니다. 그 칼날에 베인 교사들의 상담전화가 끊이지 않았습니다. 상황이 급격히 나빠지고 있었습니다. 아동학대로 신고당해 벌금형을 선고받고, 10년간 '아동관련기관 취업금지' 명령을 받은 교사들이 나오기 시작했습니다. 지금은 취업금지 조항이 바뀌었지만, 그때는 교사가 아동학대로 벌금 10만 원만 받아도 교직을 떠나야 했습니다. 뭔가 크게 잘못됐다는 생각이 들었지만 뾰족한 대책이 없었습니다. 학교는 이미 무너지고 있었고, 서이초 사태로 상징되는 교사위기의 모든 여건이 하나하나 갖추어지고 있었습니다.

피해교사 대신 교장이나 학부모를 만나 대화를 시도하기도 했습니다. 다행히 교사를 보호하려는 교장 선생님을 만나 도움을 받기도 했고, 대화 자체를 한사코 거부하는 학부모를 설득해 극적으로 중재를 이끌어내기도 했습니다. 그러나 교사를 굴복시킬 목적으로 아동학대를 무기로 삼는 경우에는 대책이 없었습니다. 벌금형만 받아도 교직을 떠나야 하는 교사를 보호하기 위해 담임교체나 질병휴직, 비정기 전보쯤에서 타협하기도 했습니다.

굴욕감과 수치심에 떠는 선생님을 앞에 두고, 그냥 병가 내시고 그래도 힘들면 질병휴직 내시라고, 사나운 학부모와 싸우느라 목숨 걸지 마시고 비정기 전보 신청해서 다른 학교로 도망치셔도 괜찮다고, 그것은 비겁한 게 아니라고 설득하고 나면, 교사를 온전히 보호하지 못했다는 자책감과 무력감에 시달렸습니다. 교직을 떠나는 것은 겨우 막았지만 그것은 근본적인 해결책이 아니었습니다. 점점 많은 교사가 무너지고 있었습니다. 상담을 하다 보면 그분들의 아픔과 억울함이 고스란히 전해져 제 몸도 아팠고, 만성적인 우울증이 찾아 왔습니다.

저뿐 아니라 교직단체의 교권사업 활동가들은 그때부터 이미 불길한 징후를 느끼고 있었습니다. 교사들은 교육개혁에 저항하는 이기적 집단으로 낙인찍혀 사회여론의 뭇매를 맞고 있었고 아동학대로 신고당해 피해를 입는 교사들이 나오고 있었지만, 정부와 언론은 '교사 때리기' 캠페인을 멈추지 않았습니다. 교사들은 학생의 인권을 유린하고 체벌이나 일삼는 폭력집단처럼 치부됐고, 교사의 교육권을 주장하는 것은 뻔뻔스러운 일로 여겨졌습니다. 학부모들은 그런 분위기에 휩쓸려 교사들에게 점점 더 무리한 요구를 하기 시작했습니다. 그러나 교장들은 그런 악성 민원에 제대로 대처하기보다는 교사 개인에게 모든 책임을 떠넘기고 뒤로 빠지기 일쑤였습니다. 교사들은 누구로부터도 도움을 받지 못하고 모든 부담을 혼자 떠안고 고통을 감수해야 했습니다. 교사들은 어디 가서도 자기 직업을 밝히기를 꺼리기 시작했습니다.

교직단체들은 교권보호의 필요성을 강조하며 제도개선을 주장했지만, 정부는 교사들이 엄살을 부린다고 생각하고 귀 기울이지 않았습니다. 대다수 교사도 그것은 남의 일일 뿐, 언젠가 자기도 그 희생양이 될 수 있다는 생각은 하지 않았습니다. 교장들의 입김이 강했던 한국교총은 교장의 학교운영권을 앞세워 교사의 교권보호에 적극 나서지 않았고, 법외노조로 밀려난 전교조는 박근혜 정부와 전면전을 벌이느라 교권사업에 역량을 투입할 여력이 없었습니다.

시한폭탄의 남은 숫자가 차츰차츰 줄어들고 있었지만, 참담한 미래가 시시각각 다가오는 것을 그저 바라볼 수밖에 없었습니다. 그러다가 복직보다 먼저 정년퇴직할 나이가 다가왔고, 저는 침몰하는 배에서 탈출하듯 무너지는 학교를 버려두고 전교조를 떠났습니다.

그러나 끝난 게 아니었습니다. 교육현장을 떠난 뒤에도 뭔가 묵직한 것이 뒷덜미를 잡고 놓아주지 않았습니다. 신문기사를 봐도 눈은 항상 교육 관련 기사에 꽂혔고, 점점 늘어나는 고통 받는 교사들의 모습을 볼 때마다 골든타임을 놓쳤다는 생각을 떨칠 수 없었습니다. 죽지 않아도 될 교사들이 낭떠러지에서 떨어지는 것을 막지 못했다는 죄책감에서 벗어날 수 없었습니다. 어떻게 연락처를 알았는지 퇴직한 뒤에도 상담전화가 계속 걸려왔고, 도와달라는 절박한 요청을 뿌리칠 수 없었습니다. 조직의 도움이 필요한 사안은 전교조로 넘기고, 간단한 문의는 직접 답변 드렸습니다. 떠나도 떠난 게 아니었습니다.

퇴직할 때 제 꿈은 이런 게 아니었습니다. 배낭 하나 둘러메고 유유자적 천하를 주유하고 싶었습니다. 숨 막히는 한국을 떠나 낯선 이방의 골목길을 헤매고, 몇 날 며칠을 가도 사람을 볼 수 없는 툰드라의 숲길을 걷고 싶었습니다. 세상이 끝나는 막막한 사막 한가운데서 밤하늘의 별을 보고, 눈길도 닿지 않는 광활한 초원에서 뒹굴고 싶었습니다. 말도 통하지 않는 이방인과 손짓발짓 섞어가며 함께 웃음보를 터뜨리다가, 힘이 다하고 모든 게 시큰둥해지면 조용히 돌아와 남은 삶을 관조하고 싶었습니다.

그런데 코로나가 그 꿈을 망쳤습니다. 코로나가 잠잠해지는 것 같더니 이번엔 서이초 사건이 터졌습니다. 이번이 마지막이길 빌었습니다. 하지만 그 소망은 번번이 저를 배신했습니다. 그 뜨거웠던 2023년 8월과 9월의 주말을 세종로와 여의도에서 보냈습니다. 도저히 집에 가만히 앉아 있을 수 없어 뭔가에 홀린 듯 거리로 나갔습니다. 하루가 멀다하고 이어지는 죽음의 행렬… 검은 옷을 입은 교사들의 절규… 잊고 싶었던 기억과 울분이 한꺼번에 몰려왔습니다.

서이초 선생님 49재가 날 서이초에 찾아갔지만 분향도 하지 못하고 돌아왔습니다. 검은 천이 드리워진 그분의 영정을 차마 마주볼 수 없었습니다. 마주보는 순간 몰아닥칠 죄책감을 견딜 자신이 없었습니다. 그렇게 그분을 먼발치에서 떠나보냈습니다. 그리고 그분께 진 빚을 조금이라도 갚기 위해 이 책을 쓰기로 결심했습니다.

이 책은 이런 참담한 사태를 막지 못한 한 선배 교사의 참회록이고, 영혼을 갈아 넣으며 혼자 버티다 무너져 간 후배 교사를 위한 진혼곡이며, 이 지경이 되도록 손 놓고 구경한 국가에 대한 고발장이고, 교육이 불가능한 학교에서 살아갈 미래 세대에게 드리는 호소문입니다.

안타까운 죽음은 애도하는 것으로 끝내선 안 됩니다. 끔찍한 불행이 교사들을 삼켜버리기 전에 어둠의 뿌리를 잘라야 합니다. 이대로 가면 교사가 무너지고 교육이 무너집니다. 그리고 종국엔 시민의 교육받을 권리가 무너지고 민주공화국의 정신적 토대가 무너집니다. 교사의 위기는 곧 교육의 위기이고, 교육의 위기는 민주공화국의 위기로 나아갑니다. 많이 늦었지만, 더 늦으면 안 될 것 같아서 작은 돌멩이 하나 얹어 봅니다.

1부

거리로 나온
교사들

1장

교사들 가슴에 불을 지른
'서이초 사건'

스스로 목숨을 끊는 교사들

2023년 7월 18일 새벽, 서울 서초동 서이초등학교에서 근무하던 한 교사가 학교 안에서 목숨을 끊은 채 발견됐다. 학교 측은 학생들이 받을 충격을 우려해 이 사실을 외부에 알리지 않았고, 경찰은 비공개 수사에 착수했다. 사건은 그렇게 묻힐 뻔했다. 그러나 다음날 교사노동조합연맹이 성명서를 통해 학교폭력 사건 처리를 둘러싼 보호자와의 갈등이 사망 원인일 가능성을 제기하면서 관심이 집중되기 시작했다.

사태의 심각성을 인지한 교직단체들은 학교 앞에서 추모제를 열었고, 학교 정문은 전국에서 보내온 교사들의 근조화환으로 뒤덮였다. SNS에서는 해당 교사가 학교폭력 사건을 처리하는 과정에서 가해학생 보호자의 집요한 폭언과 민원 때문에 힘들어했고, 누구의 도움도 받지 못한 채 고립돼 있었다는 제보가 잇따랐다. 일부 학부모의 악성 민원과 교육활동 방해, 교사를 보호하지 않은 학교의 태도가 도마에 올랐다.

사태가 심각해지자 학교 측은 서둘러 입장문을 발표했다. 학교폭력 신고 사안은 없었으며, 해당 학급 담임은 본인이 희망했다는 것이었다. 요컨대 학교는 아무 책임이 없으며, 교사의 개인 사정이 원인이라는 것이었다. 그러나 입장문을 발표하기 전에 학부모회와 사전조율을 거친 사실이 드러나면서 축소·은폐 의혹이 확신으로 굳어져 갔다. 경찰이 특별한 혐의점을 발견하지 못했다며 수사 종결을 밝힌 뒤, 학부모가 경찰 간부와 검찰수사관이라는 사실이 알려지면서 사태는 걷잡을 수 없이 악화됐다.

교사의 일기장과 동료 교사의 증언이 공개되면서 이른바 '연필사건'의 전말이 드러나기 시작했다. 가해 학생 보호자의 과도한 요구와 갑질, 반복적인 모욕과 악성 민원이 드러났고, 학교는 교사를 보호하기는커녕 학부모 편에 서서 교사를 압박했고, 학교교권보호위원회도 아무런 보호조치를 취하지 않았다는 사실이 추가로 밝혀졌다.

파장이 일파만파로 번지기 시작했다. 교사들은 진상이 밝혀지고 책임자 처벌이 이루어질 것으로 기대했지만, 경찰 수사의 공정성이 뿌리째 흔들리면서 "누구도 믿을 수 없다"는 절망감에 빠졌다. 교육부와 교육청도 "교권을 보호해야 한다"는 원론적 입장만 내놓을 뿐, 강 건너 불구경이었다. 교사들은 "나도 언젠가 불행한 사건의 주인공이 될 수 있다"는 처절한 진실을 깨달았다. 마지막 방법은 직접 나서는 것이었다. 학교의 안일한 대응, 경찰의 소극적 수사, 교육 당국의 무책임한 태도가 교사들 가슴에 불을 질렀다.

검은 점들, 세상을 덮다

서이초 사건을 시작으로 그동안 묻혀 온 비슷한 사건들이 잇따라 수면 위로 떠올랐다. 유명 유튜버의 교사 아동학대 신고, '왕의 DNA' 사건, 의정부 호원초 교사의 석연찮은 실족사, 정년을 앞둔 용인 기흥고 체육 교사의 자살, 서울 신목초 교사의 자살, 대전 관평중 교사의 자살… 죽음은 멀리 있는 게 아니었다. 그것은 내일 당장 나에게도 닥칠 수 있는 일이었다.

교사들이 거리로 나오기 시작했다. 7월 22일 토요일, 전국에서 올라온 5천여 명의 교사들이 검은 옷을 입고 경복궁 앞 도로에 주저앉았다. 교사들은 얼굴도 모르는 동료의 죽음을 아파하며 "교사의 교육권을 보장하라"고 외쳤다. 주말마다 전국에서 교사들이 모여들었다. 수천 명으로 시작된 집회는 3만 명, 5만 명, 6만 명, 10만 명… 기하급수로 불어났다. 교사들은 마침내 서이초 교사의 49재가 열리는 9월 4일을 '공교육 멈춤의 날'로 선포하고, 전국 모든 초·중·고가 임시휴업을 하고 추모제에 참석하자고 제안했다. 쉽지 않은 일이었다. 그런데 엉뚱하게도 교육부가 '참가자 전원 징계' 방침을 발표하여 불에 기름을 끼얹고 말았다. 통곡하고 싶은 교사들의 뺨을 때려준 것이다.

49재를 이틀 앞둔 9월 2일, 전국 50만 교원의 절반이 넘는 30만 명이 여의도 국회의사당 앞 도로를 가득 메웠다. 빈자리가 없어 근처 여의도공원과 이면도로까지 검은 옷들의 물결이 넘실거렸다. 징계는 불가능했다. 교육사상 전무후무한 '검은 혁명'이 시작된 것이다.

"교사의 교육권을 법으로 보장하라!"

집회에서는 죽음의 문턱까지 갔다가 살아 돌아온 교사들의 증언이 끝도 없이 이어졌다. 증언하는 교사들은 고백하면서 울었고, 다른 교사들은 들으면서 울었다. 그것은 어느 한두 사람의 이야기가 아니었다. 절대

떠올리고 싶지 않은 과거의 내 이야기였고, 언젠가 나에게도 닥칠 수 있는 이야기였다. 교직경력이나 헌신성과 무관하게 교사들의 일상은 끔찍한 폭력으로 점철돼 있었고, 발언 하나하나가 "더는 이렇게 살고 싶지 않다"는 절규였다.

발언 내용도 달라졌다. 처음에는 '진상규명'과 '책임자 처벌'을 요구했지만, 점점 교육권 보호를 위한 법 개정과 제도개선을 요구하기 시작했다. 아동복지법, 아동학대처벌법, 교원지위법, 초·중등교육법, 학교폭력예방법이 과녁이었다. 집회는 교사들이 서로의 아픔을 나누고 치유하는 병원이었고, 가야 할 방향을 정하고 지혜를 모으는 또 하나의 학교였다.

이런 움직임을 만들어낸 주체는 한국교원단체총연합회(한국교총)나 전국교직원노동조합(전교조) 같은 기존 교직단체가 아니었다. 그것은 온라인에 기반을 둔 '인디스쿨'이라는 초등교사 모임, 인디스쿨을 통한 교사들의 자발적 참여, 그리고 기존 교직단체들의 '말 없는 지원'이 함께 만들어 낸 거대한 연대의 힘이었다. "검은 점들이 모여 선을 이루고, 선들이 모여 면을 만들고, 검은 물결이 되어 세상을 뒤덮었다"는 한 집회 발언자의 말은 과장이 아니었다.

2장

교사들은 왜
거리로 나왔나?

수십만 명에 이르는 교사들이 거리로 나온 것은 우리 교육사상 초유의 사태였다. 언론에서는 일부 학부모의 악성 민원 탓으로 돌렸지만, 악성 민원은 빙산의 일각일 뿐이었다. 알 만한 사람들은 "터질 것이 터졌다"고 입을 모았다. 오랜 시간 축적돼 온 '교사 위기'가 서이초 사건을 계기로 한꺼번에 터진 것이다. 무엇이 교사들의 등을 떠밀어 거리로 나오게 했을까?

학교는 '민원공화국'

교사들은 집회에서 자기가 당한 부당한 민원을 한풀이하듯 쏟아냈다. 그 정도는 상상을 초월했다. 2023년 7월, 인터넷 사이트 『스탠다드』는 '초등학교 학부모의 교권침해 민원사례 2,077건'을 모아 공개했다. 여기 공개된 실제 민원사례들은 어떤 막장 드라마보다 충격적이다. 대표적인 사례를 유형별로 나눠보면 다음과 같다.

교사에 대한 위협·모욕

- "담임선생이 맘에 안 들어요. 바꿔주세요."

- "선생님을 문제 삼을 수 있지만 참는 거예요."

- "아동학대 신고당하고 싶으세요?"

- "당신, 학교 어디까지 나왔어?"

- "나, ○○이 아빠데 변호사예요. 이러면 선생님이 곤란해져요."

- "선생님, 수능 몇 등급이었어요?"

- "애 아빠가 화 많이 났어요. 교장실에 연락한다는 걸 내가 말렸어요."

- "교사 주제에 어디서 말대답이야?"

- "전화 안 받으시네요. 제가 교장실로 갈까요?"

- "도끼로 학교를 피바다로 만들겠다. 밤길 조심하라."

- "엄마들끼리 얘기해서 교원평가 최하점 주기로 했어요."

- "내가 감옥에서 나온 지 얼마 안 됐는데, 선생님 어디 사세요?"

- "말투가 마음에 안 드네요. 애들 보는 앞에서 공개사과 하세요."

- "나라에서 주는 월급 받고 뭐 하는 짓이야?"

- "담임 자질이 없네요. 교체를 요구할 테니 학부모회의 소집해 주세요."

- "평소 말투가 그래요? 돈을 안 줘서 그러나?"

교사의 업무를 벗어난 요구

- "따뜻한 물과 함께 아이 약 좀 챙겨주세요."

- "아이가 배 아프니까 급식실에 얘기해서 죽 좀 끓여주세요."

- "애들 케어를 어떻게 하는 거예요? 교사 자격 없네."

- "아이가 등교할 때 학교 현관으로 마중 나와 주세요."

- "하루에 한 번씩 우리 아이 칭찬해 주세요."

- "심부름은 우리 아이만 시켜주세요."

- "커피를 대접해 주지 않아서 무시당하는 기분이 들었어요."
- "아이가 동네 놀이터에서 다른 반 친구와 싸웠대요. 내일 아침까지 해결하고 결과를 알려주세요."

교육활동에 대한 간섭

- "왜 우리 아이만 미워하세요? 차별 아닌가요?"
- "아이가 마음을 다치니 받아쓰기 틀린 것 빗금치지 마세요."
- "행동발달상황 '교우관계 및 사회성'을 왜 '보통'이라고 쓰셨어요?"
- "내 새끼 생활기록부에 학폭을 올려? 뜨거운 맛 좀 볼래?"
- "지금이 쌍팔년도냐? 요즘 누가 무식하게 땡볕에서 운동시켜?"

교사의 사생활 침해

"아이폰 쓰지 마세요. 아이가 사달래요."

"카톡 프로필 사진 다른 걸로 바꿔주세요."

"아이들에게 영향이 있으니 임신은 미뤄주세요."

"애가 졸업할 때까지 결혼을 미뤄주세요."

"선생님 처녀죠? 애 낳아보면 알 거에요."

"헤어스타일 좀 바꿔주세요."

"옷차림이 그게 뭐예요? 청바지 좀 입지 마세요."

교사에게 책임 전가

"아이가 학교폭력 저지른 것은 담임 때문이야."

"학교에서 뭘 가르쳤기에 애가 집에서 야동을 보죠?"

"학교에서 어떻게 했기에 아이가 코로나에 걸려요? 책임지세요."

"애가 핸드폰을 잃어버렸대요. 선생님이 책임지세요."

"학생이 왜 주먹질을 하죠? 학교에서 싸우라고 가르쳤나요?"

학교규칙 무시

"학칙이고 뭐고 난 그런 건 몰라요."

"학교에서 늦게 오면 학원 지각해요. 청소시키지 마세요."

"아이 성향이 원래 그러니 지각은 지도하지 마세요."

"아이가 수업을 방해해도 연락하지 마세요. 난 할 만큼 했어요."

민원의 위력은 놀라웠다. 전국 17개 시·도교육청이 학교로부터 제출받은 자료에 따르면, 2021년부터 2023년 7월까지 학부모의 요구로 교체된 초·중·고 담임교사는 무려 129명에 달했다. 그중 초등교사가 102명으로 전체의 79.1%였다. 초등교사는 하루 종일 아이들과 함께 생활하다 보니 학부모와 갈등에 휘말릴 소지가 많다. 지역별로는 경기 44명, 서울 28명으로 수도권이 절반 넘게 차지했다. 사유는 '병가' 등으로 돼 있었지만 실제로는 대부분 학부모의 민원에 의한 것으로 추측된다.

학부모 요구로 담임 교체

교사에 대한 공격은 민원의 형태로만 이루어진 것은 아니었다. 민원은 적어도 신분을 밝히고 요구사항을 분명히 하는 등 최소한의 요건을 갖추는 편이었다. 그러나 인터넷 맘카페, 학부모 단톡방 같은 폐쇄된 온라인 공간에는 그런 여과 장치가 없었다. 그곳에서 이루어진 교사혐오나 공격은 충격적이었다. 교육전문 매체 『교육언론 창』은 2023년 9월 26일 「"미친 여자", "부검해야"… 강남 A초 단톡방, '교원사냥' 논란」이라는 기사에서 서이초 인근 다른 초등학교 학부모 300여 명이 가입한 'ㅇ사모(ㅇㅇ초를 사랑하는 모임)'라는 단톡방에 올라온 대화 내용을 보도했다. 그중 일부를 옮겨본다.

"이 익명방이 영원했으면 좋겠어요. 솔직히 힘을 가진 느낌 있잖아요? 우리들 톡을 통해서 많은 샘들 신상에 변화 생긴 거 다 봤자나여. 저만 쓰레기인가용;;;"
"교장 선생님 몸이 많이 안 좋아지셨나 봐요. 부검해 봐야 할 듯한데…"
"부검합시다."
"시간 얼마 안 남았어요. 아빠들 나서기 전에 해결하세요, 정말…"
"점잖은 아빠들 나서면 끝장 보는 사람들이에요. 괜히 사회에서 난다 긴다 소리 듣는 거 아니에요."
"진짜 이런 분들이 나서면 무서운 거 아셔야 할 텐데요."
"여기 학부모들이 의사, 변호사 등 전문직만 있는 줄 아나 봐요. 왜 학부모나 친인척 중에 고위공무원이 없다고 생각하는 걸까요? 조용히 정년까지 갈 마지막 기회일 텐데…"
"교장 그릇이 아니에요. 미친 여자예요."

이 대화가 올라온 얼마 뒤, 그 학교 교장은 학부모로부터 고발당해 학교를 떠났고, 대화에 등장하는 '정년을 앞둔 교사'도 학부모가 아동학대로 신고해 학교를 그만둔 것으로 알려졌다. 폐쇄된 온라인 공간에서 은밀하게 이뤄지는 교사혐오, 교사공격은 외부로 드러나지 않기 때문에 대처하기 어렵다. 뒤늦게 피해를 입었다는 것을 알아도 담임반 아이의 부모를 상대로 소송을 제기하기 어렵다. 그 학부모의 자녀와 매일 교실에서 얼굴 맞대는 것도 고역이고, 언제 끝날지 모르는 소송을 이어가는 것도 못할 짓이다.

모른 척하고 다른 학교로 옮기는 편이 차라리 낫다. 이 단톡방이 개설된 뒤인 2021년, 이 학교 정규교사 70여 명 가운데 33%인 23명이 의무근무 기간 5년을 채우지 않고 원거리 등 사유로 비정기 전보를 신청했고, 파견·휴직·전직을 신청한 교사도 상당수에 이른 것으로 확인됐다. 교육이 불가능한 학교에서 교사들이 '탈출 러시'를 벌인 것이다.

학교를 쑥대밭으로 만든 것은 다름 아닌 학생의 '보호자들'이었다. '한 아이를 기르기 위해서는 온 동네가 필요하다'는 말이 있지만, 거꾸로 한 학교를 교육 불가능한 곳으로 만드는 데는 두세 명의 학부모로도 충분했다. 대다수 학부모는 자녀교육을 위해 교사와 협력하고 싶었지만, 조직화되지 않은 다수의 선의는 잘 조직화된 소수의 악의 앞에 무기력했다.

고소·고발이 난무하는 학교

악성 민원도 민원이지만, 교사를 가장 힘들게 한 것은 아동학대 신고와 고소·고발이었다. 네이버 검색창에 '아동학대'를 치면 변호사들의 법률상담 사이트가 줄줄이 뜬다. 그곳에선 "자녀의 아동학대, 더는 참지 마세요"라는 굵은 글씨의 카피와 함께 상담 전화번호가 학부모들의 눈길을 끈다. 동네 미용실과 카페는 고소·고발을 부추기는 법조 브로커의 아지트였다.

공무원인 교사는 형사 고소·고발을 당하면 죄의 유무가 가려지기도 전에 직위해제 위협에 놓인다. 직위해제가 되면 예비범죄자로 간주돼 학생으로부터 즉시 분리되고, 포상·승진·명예퇴직 기회가 박탈된다. 직위해제 기간이 길어지면 보수도 절반 가까이 삭감된다. 나중에 검찰이 불기소 처분을 내리거나 법원이 무죄판결을 내려도 그동안 입은 피해는 보상받기 어렵다. 직위해제 자체는 징계가 아니지만, '범죄자' 낙인이 찍혀 교육자의 자존감과 열정에 씻을 수 없는 상처를 주고 학생지도를 포기하게 만든다. 열심히 지도하면 할수록 더 위험해진다. 가장 안전한 방법은 아.무.것.도.하.지.않.는.것.이.다.

2022년 교육공무원 아동학대 수사개시 통보 및 직위해제 현황

(단위 : 건)

	수사개시 통보	직위 해제	비율(%)		수사개시 통보	직위 해제	비율(%)
서울	42	0	0.0	강원	21	3	14.3
부산	55	0	0.0	충북	31	1	3.2
대구	12	2	16.7	충남	21	3	14.3
인천	26	4	15.4	전북	22	3	13.6
광주	18	0	0.0	전남	22	4	18.2
대전	23	0	0.0	경북	15	4	26.7
울산				경남	24	3	12.5
세종	4	1	25.0	제주	5	0	0.0
경기	107	7	6.5	합계	448	35	7.8

2012년 '학교폭력예방 및 대책에 관한 법률(학교폭력예방법)'이 개정되고 2014년 '아동학대범죄의 처벌 등에 관한 특례법(아동학대처벌법)'이 만들어지면서, 학교는 고소·고발이 난무하는 쟁송(爭訟)의 무대가 되었다. 이른바 '학교의 사법화' 현상이다.

아동복지법에 따르면 유아교육법, 초·중등교육법의 적용을 받는 유·초·중·고 교원은 아동의 '보호자'다. 보호자는 아동학대를 인지하거나 아동학대로 의심되는 정황을 접하면 신고할 의무가 부여된다. 또 보호자가 아동학대 범죄를 저지르면 일반인보다 가중처벌을 받는다. 은밀하게 이뤄지는 아동학대 범죄의 특성을 고려하여 보호자의 책임과 의무를 강조한 것이다.

문제는 아동학대범죄의 대상이 지나치게 포괄적이라는 점이다. 특히 정서학대는 증거확보가 쉬운 신체학대와 달리 주관적 판단이 개입할 여지가 크다. 또 뒤에 아동학대 범죄가 아닌 것으로 밝혀져도 신고자에게는 어떠한 불이익도 없다. 무고죄가 적용되지 않는 것이다.

사정이 이러니 아동학대 신고가 교사를 압박하는 수단으로 종종 이용됐다. 학교폭력 가해학생의 보호자가 교사를 아동학대로 신고해 맞불을 놓거나, 학교폭력심의위원회 결정을 유리하게 이끌기 위해 아동학대 신고를 무기로 압박을 가했다. 또 교사가 학생의 문제행동을 제지하면 아이 책가방에 녹음기를 숨겨 교사의 일거수일투족을 몰래 녹음해 아동학대로 걸기도 했다.

이런 일을 겪은 교사는 신경이 곤두선다. 책가방에 녹음기가 있을지 모르니 언행을 극도로 조심해야 한다. 아무리 심각한 문제행동을 보여도 모른 척 넘어간다. 학부모와 면담이나 통화를 할 때도 듣기 좋은 말로 순간을 모면한다. 교육이 제대로 될 리 없다. 교육자가 그러면 안 된다는 것을 알지만, 남의 자식 가르치자고 내 목숨을 내놓을 수는 없다.

한 교사는 자신이 운영하는 교육 웹사이트 '도담도담'에 아동학대 신고 남용을 풍자하는 다음과 같은 내용의 모의고사 문제를 올리기도 했다. 정답은? 없다! 어떻게 하든 걸릴 수밖에 없다.

Q 당신은 초등교사입니다. 철수와 영희가 머리를 잡고 싸울 때 어떻게 말려야 할까요?

　① "싸우지 마세요!"라고 소리를 크게 낸다. ⇨ 정서학대

　② 철수와 영희를 떼어낸다. ⇨ 신체학대

　③ 철수와 영희를 놔둔다. ⇨ 방임

　④ "싸우지 마세요…"라고 소극적으로 말한다. ⇨ 방임

　그래서 많은 교사가 교육에 대한 열정을 잃고 조기퇴직을 신청하거나, 운 나쁘게 아동학대 신고를 당하면 없는 병을 만들어 질병휴직을 냈다. 강타자와 정면대결을 피하고 4볼로 내보내거나, 내야땅볼로 1점만 내주고 마운드에서 내려오는 것이다. 그러나 모든 교사가 그런 방법을 쓰는 것은 아니다. 열정적인 교사나 경력이 짧은 교사는 모든 상황을 온몸으로 받아낸다. 짧게는 몇 달 길게는 몇 년에 걸쳐 난생처음 아동보호전문기관과 경찰에 불려 다니며 조사받고, 고압적인 조사관 앞에서 발가벗겨진 심정으로 자신을 변호한다. 징계에 대비해 교육청에 경위서도 제출해야 한다. 모멸감과 분노는 교사의 영혼을 물어뜯어 만신창이로 만든다. 다시 아이의 얼굴을 볼 수 있을까? 그 학부모와 얼굴 맞대고 아이의 성장에 대해 말할 수 있을까?

　그러다가 구차한 삶의 무게를 더 버틸 수 없는 순간에 이르면 가까스로 잡고 있던 끈을 놓아버린다. 제2, 제3… 수많은 서이초 교사들이 그렇게 스스로 삶을 내려놓고 떠나갔다. 그것은 교사 개인의 '극단적 선택'이 아니라, 교사를 벼랑 끝으로 떠민 자들의 '공모살인'이었다. 그런데도 교육부와 교육청은 학부모와 소송에 휘말려 고통받다가 스스로 목숨을 끊은 교사

들이 얼마나 되는지 실태조차 파악하지 않는다. 지금 이 순간에도 죽음의 언저리를 맴도는 교사들이 있다. 당장 전수조사를 해야 한다.

보건복지부 통계를 분석한 전교조 교권상담실의 집계에 따르면, 2014년부터 2022년까지 9년 동안 아동학대로 신고돼서 관리대상에 오른 유·초·중·고 교사는 11,620명이다. 교사 100명 가운데 2명꼴로 아동학대 신고를 당한 셈이다. 그러나 그중 실제로 기소돼 재판에 넘겨진 교사는 1.6%에 불과하다. 또 기소된 교사 중 유죄판결을 받은 교사는 1% 미만인 것으로 알려졌다. 아동학대로 신고당한 교사 100명 중 유죄판결을 받은 교사는 1명도 안 되고, 나머지 99명은 무혐의 종결 또는 무죄판결을 받고 끝났다는 얘기다. 아동학대 신고가 남용되고 있음을 말해주는 증거다.

문제가 되는 게 더 있다. 교사가 아동학대 신고를 당하면 지자체 산하 아동보호전문기관의 '아동학대 피신고자' 리스트에 올라간다. 검찰이 무혐의 또는 불기소 처분을 내려도 한 번 올라간 이름은 지워지지 않는다. 정보 기재 기간도 따로 정해진 게 없어서 세월이 흘러도 주홍글씨는 계속 남는다.

아동학대범으로 몰려 죽음을 선택한 교사

대전 유성구의 한 초등교사는 학생을 지도하다 아동학대로 고소당한 뒤 스스로 목숨을 끊었다. 친구의 뺨을 때린 학생을 지도하고 교장실로 보냈다가 학부모로부터 정서학대로 고발당했다. 자녀가 교사로부터 지도를 받은 뒤 학교에 가는 것을 무서워한다는 게 이유였다. 교사가 자살한 뒤 비난 여론이 빗발치자, 학부모는 온라인에 입장문을 올려 "같은 반 친구와 놀다가 손이 친구 뺨에 맞았고, 선생님이 제 아이와 뺨을 맞은 친구를 반 아이들 앞에 서게 해 사과하라고 했다"고 밝혔다. 아이의 폭력은 감추고, 친구들 앞에서 아이를 나무란 것이 정서학대라는 주장을 굽히지 않은 것이다.

이 교사는 아동보호전문기관과 경찰에 불려가 조사를 받았다. 조사가 진행되는 중에도 4명의 학부모들이 다른 사유를 들어 아동학대 고소·고발을 이어갔다. 시험시간에 뒤를 돌아본 학생에게 "넌 0점이야"라고 말했다, 다른 학생의 배를 때린 학생을 혼냈다, 교실에서 지우개를 씹는 학생에게 "껌을 씹었다"며 혼냈다, 수업시간에 색종이를 가지고 놀았다고 혼냈다, 친구의 책에 우유를 쏟은 학생에게 "똑같은 책으로 사줘야 한다"고 혼냈다는 게 이유였다.

검찰은 무혐의 처분을 내렸다. "교사의 훈계가 반드시 비공개적으로 혼내야 할 상황이라 보기 어렵다"면서 "훈육을 넘어 학대 의도가 있었다고 인정할 증거가 없다"고 판단한 것이다. 그러나 그 뒤에도 학부모들은 교장을 찾아가 집요하게 사과를 요구했고, 교장도 사과하고 끝내라고 종용한 것으로 알려졌다. 끝없이 반복되는 민원과 학교관리자의 압력을 더 버틸 힘이 없었던 그 교사는 결국 스스로 목숨을 끊었다.

아동학대로 신고당해 재판이 진행 중인 한 교사는 2023년 9월 14일 인터넷 언론 『프레시안』에 기고한 「나는 아동학대로 신고당한 교사입니다」라는 글에서 당시 자신의 심정을 이렇게 털어놓았다.

아동학대로 신고되는 순간, 교사는 용의자가 되어 학교와 아이들로부터 분리조치된다. 분리조치는 연가나 병가를 사용하거나 재택근무를 권고하는 방식으로 이루어진다. 학부모 신고의 내용은 학교로부터 전달받은 것이 전부이고, 신고 이후 어떤 기관에서 조사를 받게 되는지 정도를 안내받는다. 교사가 학교 측에 중재를 위한 면담을 요청하더라도 학부모가 거부하면 이루어지지 않는다.

경찰은 대상이 아동이라는 특수성을 강조하며 아동전문기관에 사전조사를 의뢰한다. 자치단체의 아동복지 담당 부서에서도 조사한다. 이 두 기관에서 조사한 결과는 경찰과 교육청에 보고되고 그 내용은 참고 이상의 영향력이 있다. 교사는 경찰에 출석해 조사받게 된다. 경우에 따라서는 신고된 지 5~6개월이 경과해 첫 조사가 시작되기도 한다. 교사는 경찰의 조사를 받으면서 비로소 누가 어떤 내용으로 신고했고, 어떤 증거자료들이 나왔는지 알게 된다. 학부모가 아동의 가방에 녹음기를 넣어 학교에 보낸, 교권침해 사안을 뒤늦게 파악하기도 한다.

학생(피해자)과의 분리를 원칙으로, '학교를 떠나 있으라'는 지시를 받는 순간부터 교사의 고립이 시작된다. 학교가 교사에게 신고 사실을 알리고 간략하게 조사절차를 안내해준 후, 출근을 막는 것은 해당 사건을 학교의 문제가 아닌 개인의 문제로 떼어내는 첫 절차다. 이제부터 시작될 조사와 송사는 교사 혼자 감당해야 할 개인의 문제이며, 학교는 어떤 책임도 지지 않고 지원도 하지 않을 것을 묵시적으로 밝히는 것이다. 학교는 이미 형사사건이 된 이상 개입의 여지가 없다고 생각한다. 개인의 비위사안이 아닌, '교사가, 학교에서, 학생을, 지도하는 과정에서' 발생한 일임에도 학교는 진실을 확인하려는 의지가 없다. 오히려 진실 찾기를 시도하거나 학부모, 교사 간의 중재를 시도하려는 노력은 '학교는 교사 편이다. 사안을 은폐하려 든다'는 오해를 살 수 있다고 생각한다. 기계적 중립을 유지하며 관료주의적 태도를 고수한다. 심지어 교사의 고립, 방치, 비방을 일삼으며 학부모의 기분 풀어주기에 최선을 다한다.

교사는 고립된 채 생각한다. '내가 어떤 잘못을 했나, 나는 왜 더 좋은 교사가 되지 못했나, 나는 왜 부모를 더 이해시키려는 노력을 하지 않았나, 나는 교사로서 충분한 자질이 있지 못하구나, 나의 교육관과 지도법에 문제가 있구나.' 자책과 후회로 심신이 쇠약해진다.

그리고 아동인권전문기관, 장애인인권기관의 비전문적인 조사관들에 의해 조사받는다. 기관이 부여받은 위탁조사의 역할에 걸맞은, 자격을 갖춘 교육기관 전문조사관이 투입되는 것이 아니라 간사급 경력직원이 교사의 지도방법과 과실을 조사한다. 학교현장을 제대로 이해하지 않고 당시 상황적 맥락에 대한 설명을 변명으로만 듣는 태도를 보면서, 질책과 훈계가 섞인 조사관들의 질문을 받으면 교사는 유죄가 확정된 죄인의 심정이 된다. 조사받으면서 이미 스스로 교사 자격을 박탈하고 학교로 돌아가 아이들을 다시 만날 것이라는 희망을 버리게 된다. 절망이라는 죽음에 이르는 병에 걸리는 것이다.

교사는 학부모나 학생으로부터 고소·고발을 당하면 재판을 통해 유·무죄가 밝혀지기 전이라도, 국가공무원으로서의 품위를 손상했기에 징계를 받을 수 있다. 헌법이 밝히는 무죄추정의 원칙은 적용되지 않는다. 이미 징계가 재판 전에 이뤄졌다면, 재판 결과에 따라 행정소송을 통해 교사 개인이 알아서 스스로의 지위와 명예를 회복하라는 식이다. 이것이 악법 앞에 선 교사의 현실이다.

서이초 교사의 추모집회가 계속되면서 많은 교사의 마음에는 애도와 함께 분노와 미안함이 컸다. 알지 못하는 이의 죽음 앞에서 이렇게 심리적 파고가 높아지는 것은 그의 죽음을 개인의 선택으로만 보지 않기 때문이다. 이것은 자살이 아니라 죽음을 종용한 배후가 엄연히 존재하는 사회적 타살이다.

학교 안전사고,
교사에게 안전지대는 없었다

서이초 사건 직후 경기도 용인의 한 고등학교에서도 정년을 2년 앞둔 원로 체육교사가 스스로 목숨을 끊었다. 언론 보도에 따르면, 교사가 화장실 가느라고 잠시 운동장을 비운 사이에 한 학생이 찬 공이 다른 학생의 눈에 맞아 실명하는 사건이 일어났다. 피해학생 보호자는 교사에게 책임을 추궁하며 피해배상을 요구했다. 다급해진 교사는 피해학생의 보호자와 합의를 시도했지만 실패했고 얼마 뒤 스스로 목숨을 끊었다. 자세한 내막은 알려지지 않았지만, 보호자의 책임추궁과 치료비·합의금을 둘러싼 갈등이 사망원인이었을 것으로 추측된다.

좁은 공간에서 많은 아이가 함께 생활하는 학교에서는 크고 작은 사고가 끊이지 않는다. 교육활동 중 일어나는 사고도 있지만 교육과 무관하게 학생들 간의 다툼도 있다. 사고가 일어나면 교사는 신경이 곤두선다. 가벼운 상처는 보건실로 데려가 처치하고 보호자에게 설명하는 것으로 대부분 끝나지만, 어떤 보호자는 교사에게 터무니없는 치료비와 합의금을 요구한다.

경기도 의정부의 한 초등학교에서도 비슷한 사건이 있었다. 그 교사의 담임반 학생이 수업시간에 페트병을 자르다 손을 다쳤다. 다행히 상처가 깊지 않았고 치료비도 수십만 원에 불과했다. 교육활동 중에 일어난 사고여서 학교안전공제회가 치료비를 지급했다. 그러나 학생의 보호자는 치료비를 더 요구했고, 학교 측은 병역휴직을 하고 군 복무 중이던 교사에게 "알아서 해결하라"고 떠넘겼다. 교사는 휴가를 나와 학부모에게 자비로 수백만 원의 치료비를 물어줬다. 교사에게는 법적 배상책임이 없었지만 학부모의 괴롭힘에서 벗어나기 위해 돈을 주고 빨리 끝내고 싶었다. 학교에서 안전사고가 일어나면 교사들은 대부분 돈을 주고 끝낸다. 돈이 많아서가 아니라, 괴롭힘을 당하느니 돈을 주고라도 빨리 끝내는 게 낫기 때문이다. 일부 학부모는 그것을 약점 삼아 터무니없는 액수의 돈을 요구한다. 그 교사도 8개월에 걸쳐 매월 봉급날마다 50만 원씩 모두 400만 원을 송금해 주었다.

그러나 끝이 아니었다. 사고가 일어난 3년 뒤 보호자는 다시 교사를 찾아와 2차 수술을 해야 한다며 성형수술 비용을 추가로 요구했다. 교사가 거절하자 수시로 전화를 걸어 괴롭혔다. 결과를 장담할 수 없는 소송 대신 교사를 괴롭히는 방법을 선택한 것이다. 하루하루 무너져 가던 그 교사는 마침내 학교 옥상에서 떨어져 서른 살의 짧은 생을 마감했다. 학교 측은 교사의 사망을 '실족사'로 처리했다. 사건이 언론에 보도되자 경기도교육청은 뒤늦게 진상조사에 착수했고, 그 학부모를 고소하는 한편 당시 교장에 대해 징계절차에 들어갔다.

전교조가 2023년 9월 22일부터 10월 4일까지 진행한 「교육활동 중 일어난 학생안전사고 관련 교사 피해사례」 설문 조사 결과를 보면 학교안전사고가 어떻게 교사를 위협하고 있는지 드러난다. 1,000여 명의 응답자 중 80.4%가 "안전사고에 대해 매우 불안을 느낀다"고 답했고, 99.4%가 "불안감으로 인해 교육활동이 위축된다"고 답했다. 학생 소유물 파손·분실에 대한 학부모의 배상 요구에 대한 부담감도 높았다. 학생이 휴대전화를 분실하거나 파손했을 때 교사에게 배상을 요구하는 사례가 많았고, 현장학습 버스에 두고 내렸다가 잃어버린 점퍼를 배상하라는 사례도 있었다. 학생안전사고에 대한 불안감, 배상에 대한 공포가 교사의 교육활동 위축으로 이어지는 것이다.

교육활동 중 사고가 일어나면 학교안전공제회가 그 피해를 배상한다. 그러나 지급기준이 엄격해서 비급여 항목이 많고, 후유증이 오래 지속되는 후유장애는 지급요건이 더 까다롭다. 소송면제를 위한 합의금은 당연히 지급대상이 아니다. 그렇다 보니 안전공제회 배상에 만족하지 않고 교사에게 직접 책임을 묻는 학부모가 나온다.

　　판례에 따르면, 교사에게 고의 또는 중과실이 없으면 교사는 교육활동 중 일어난 사고에 대해 민·형사상 책임을 지지 않는다. '중과실'은 통상적으로 예측할 수 있는 사고위험을 간과하거나, 마땅히 기울였어야 할 주의를 기울이지 않은 경우를 말한다. 사고를 예측할 수 없는 상황이나, 주의를 기울였어도 결과를 바꿀 수 없을 정도로 불가항력적인 상황에서는 교사에게 지도·감독 책임을 묻지 않는다. 그런데도 교사를 상대로 손해배상 소송을 제기하면 대부분 패소한다. 이럴 때 학부모가 할 수 있는 방법은 감독관청인 교육청을 상대로 소송을 제기하는 것이다. 승소하면 교육청이 대신 피해를 배상하고, 교사에게 귀책사유가 있으면 교육청이 사후 구상권을 행사할 수 있다.

　　이런 사정을 잘 모르거나 돈을 더 받아내고 싶은 학부모는 아이가 다치면 무조건 치료비와 합의금부터 요구한다. 동네에서 법 좀 안다는 사람이 조언을 하는 바람에 일이 커지기도 한다. 법을 잘 모르기는 교사도 마찬가지다. 학부모가 교사를 징계해 달라고 교육청에 민원을 넣고, 고소하겠다고 위협하면 대부분의 교사는 겁부터 집어먹는다. 교육청에 도움을 청해도 시원한 답변을 해주지 않는다. 교장도 골치 아픈 상황을 모면하기 위해 "좋은 게 좋은 것"이라며 합의를 종용하는 경우가 많다. 결국 교사는 막다른 골목에 몰려 합의를 받아들이거나, 교직을 그만둘 각오로 법적 대응을 하거나, 둘 중 하나를 선택해야 한다. 그래서 많은 교사가 이런 경우에 대비해서 교직원 상해보험에 가입한다. 국가가 보호하지 않으니 스스로 자구책을 강구하는 것이다.

정의는 멀고 신고는 가까웠다

얼마 전 대법원은 "담임을 바꿔 달라"며 아이를 학교에 보내지 않은 학부모의 행위는 '교권침해'에 해당한다는 판결을 내놓았다. 한 초등학생 학부모가 교장을 상대로 "교권보호위원회 조치를 취소해 달라"며 낸 소송에서 원고패소 판결을 내린 것이다. 이 학부모는 학교 교권보호위원회로부터 "반복적이고 부당한 간섭과 교육활동 침해를 중단하라"는 권고를 받자 소송을 냈었다.

사건의 발단은 '레드카드' 제도였다. 아이가 수업 중에 생수병을 갖고 놀면서 수업을 방해했다. 교사는 생수병을 빼앗은 뒤 칠판의 레드카드 부분에 학생의 이름표를 붙이고, 벌로 방과 후 교실을 청소하게 했다. 그러자 학부모가 담임 교체를 요구하며 아이의 등교를 거부했다. 교사는 스트레스로 인한 기억상실 증세로 구급차에 실려 갔고, 불안 증세와 우울증에 시달리다 병가를 냈다.

그러나 학부모의 민원은 멈추지 않았다. 담임 교체 요구가 받아들여지지 않자 교육감에게 민원을 내고 교사를 아동학대 혐의로 고소했다. 1심은 학부모가 패소했지만 2심은 학부모의 손을 들어주었다. '레드카드' 제도가 부적절하며 학부모의 행위가 '반복적이고 부당한 간섭'에 해당하지 않는다는 이유였다. 그러나 대법원의 판단은 달랐다.

대법원은 교육의 자주성·전문성을 규정한 헌법 31조를 근거로 "적법한 자격을 갖춘 교사가 전문적이고 광범위한 재량이 존재하는 영역인 학생에 대한 교육과정에서 한 판단과 교육활동은 특별한 사정이 없는 한 존중되어야 한다"고 전제했다. 이어서 "국가와 지방자치단체, 그 밖의 공공단체나 학생 또는 그 보호자 등이 이를 침해하거나 부당하게 간섭해서는 안 된다"고 덧붙였다. 대법원은 또 "부모 등 보호자는 자녀 교육에 관해 의견을 제시할 수 있으나 이러한 의견제시도 교원의 전문성과 교권을 존중하는 방식으로 이뤄져야 한다"면서 "정당한 교육활동에 대해 반복적으로 부당하게 간섭하는 행위는 허용되지 않는다"고 밝혔다.

대법원은 또 "설령 해당 교사의 교육방법에 문제가 있다 하더라도 교육방법 변경 등으로 문제가 해결될 수 있다면 먼저 그 방안을 시도하는 것이 바람직하다"면서, "담임 교체 요구는 다른 해결방안이 불가능하거나 이를 시도했는데도 문제가 해결되지 않았고, 담임교사로서 온전한 직무수행을 기대할 수 없는 비상적인 상황에만 보충적으로 허용된다"고 판단했다. 교원의 전문성과 교권은 헌법과 법률에 따라 보장되는 것이므로, 정당한 자격을 갖춘 교사의 전문적이고 광범위한 재량에 따른 판단과 교육활동은 침해하거나 부당하게 간섭해서는 안 된다는 점을 인정한 판결이었다.

그러나 법의 정의가 실현되기까지는 많은 고통과 시간이 필요했다. 대법원의 최종판결이 내려질 때까지 교사는 극심한 불안과 우울증, 모멸감에 시달리며 병원치료를 받았다. 소송에서는 이겼지만 교사에게 남은 것은 만신창이가 된 몸과 마음뿐이었다. 그 학부모는 아무런 불이익도 받지 않았고 아이도 아무 일도 없었다는 듯 학교를 졸업했다. 정의는 너무 멀었고, 신고는 너무 가까웠다.

특수교사의 몸에는
상처가 아물 날이 없다

얼마 전, 장애아동을 자식으로 둔 한 유명 유튜버가 담임교사를 아동학대로 신고한 사실이 알려지면서 큰 파장이 일었다. 그 학부모는 자녀의

가방에 몰래 녹음기를 숨겨 교사의 발언을 녹취해서 법정에 증거자료로 제출했다. 언론 보도에 따르면, 그 교사는 아이에게 수시로 부적절한 발언을 한 것으로 알려졌다. 아직 재판이 끝나지 않았기 때문에, 그 발언이 어떤 맥락에서 나온 것인지, 또 학대가 사실인지 아닌지는 확실치 않다. 그러나 이 사건은 특수교사가 처한 어려움을 상징적으로 보여준다.

장애아동 교육은 우리 교육의 '뜨거운 감자'다. 장애아동은 다른 학생에 비해 성장 속도가 느리고 행동을 예측하기 어려워 교사는 몇 배 더 힘이 든다. 통합학급에서 일반학생과 함께 수업을 하면 한시도 긴장을 늦출 수 없다. 그 아동의 발달단계에 맞는 수업계획을 따로 세워야 하고, 학습지도 별도로 만들어 줘야 한다. 장애아동은 엉뚱한 행동으로 수업을 방해하기도 하고, 폭력적인 행동으로 친구를 위협하기도 한다. 반대로 다른 아이들에게 놀림감이 되는 경우도 흔하다. 그러나 장애아동도 교육받을 권리가 있고, 학교는 가능한 모든 방법을 통해 배움의 기회를 제공해야 한다. 통합학급 자체가 장애아동에게는 '어울려 사는 법'을 배우는 소중한 기회이기 때문이다.

문제는 장애아동에 의해 수업이 방해받을 때 교사는 속수무책이라는 것이다. 장애아동이 수업을 방해해서 분리하고 싶어도, 학부모가 "학습권 침해"나 "아동학대"라고 주장하면 대응할 방법이 없다. 내버려 두자니 다른 학생의 학습권이 침해당한다. 어렵사리 분리해도 아동을 돌볼 공간과 담당자도 마땅치 않다. 전담인력을 배치하지 않는 한 방법이 없다.

교육부 특수교육통계에 따르면, ADHD를 제외한 초등 특수학생 수는 20년 만에 2배로 늘었다. 그러나 추가인력 배치와 추가예산 지원은 쥐꼬리만큼 늘었다. 장애아동을 조기에 발견해 치유하는 시스템을 만들고, 수업방해와 돌발행동에 대처하는 전담인력을 확보하려면 돈이 든다. 그러나 정부가 돈을 쓰지 않으니 특수교사들이 몸과 영혼을 갈아 넣는다.

전담인력이 없으면 돌발상황이 벌어져도 분리해서 인계할 사람이 없다. 장애아동에게 매달리다 보면 수업은 뒷전이고 다른 학생을 돌볼 겨를이 없다. 사고가 벌어지면 죄 없는 특수교사가 대신 사과하고 용서를 빈다. 강제로 분리하는 과정에서 사고가 일어나면 모든 책임은 특수교사에게 돌아간다. 돌발행동으로 다른 학생이 다치지 않게 하려면, 상황이 벌어지자마자 타이밍을 놓치지 않고 몸을 던져 막아야 한다. 통상적인 주의나 경고는 통하지 않는다. 때로는 특수교사가 학부모의 왜곡된 분노의 표적이 되어 끔찍한 폭행을 당하기도 한다. 그래서 특수교사의 몸에는 상처가 아물 날이 없다. 그러나 자기가 가르치는 장애아동을 학폭위에 신고하거나, 보호자를 고소·고발하는 특수교사는 없다. 몸과 마음에 피멍이 들어도 그냥 숙명으로 여기고 넘어간다.

교사는 교사대로 딜레마에 빠지고, 아동은 아동대로 방치된다. 교실은 엉망이 되고, 교사는 자포자기에 빠지기 쉽다. 보호자도 불안하긴 마찬가지다. 혹시 자녀가 학교에서 부당한 대우를 받는 건 아닌지, 친구들에게 놀림감이 되는 건 아닌지, 교사가 따돌리는 건 아닌지, 한시도 마음을 놓을 수 없다. 다른 학생의 학부모도 불안하다. 장애아동이 수업을 방해하면 어쩌나, 폭력적인 행동으로 내 아이가 다치면 어쩌나, 통합학급이란 걸 꼭 만들어야 하나… 걱정이 끊이지 않는다.

모두를 피해자인 동시에 가해자로 만드는 것이 우리나라 특수교육의 부정할 수 없는 참담한 현실이다. 특수교육에 대한 빈곤한 투자가 장애아동, 학부모, 특수교사 모두를 적대적 관계로 몰아가고, 머리를 맞대고 협력해도 어려운 장애아동 교육을 더 어렵게 만드는 것이다.

그래서 통합학급은 바람만 스쳐도 터지는 민감한 지뢰밭이다. 장애아동 학부모의 오해가 뇌관을 건드리기도 하고, 다른 학부모의 피해의식이 사달을 일으키기도 한다. 특수교사들은 그 가운데 끼어서 무게중심을 잡으며 지뢰가 터지지 않도록 온몸으로 막는다. 한편으로 장애아동을 돌보며 수업을 해야 하고, 장애아동 보호자의 불안을 수시로 다독여야 한다. 또 다른 아이의 보호자가 불만을 쏟아내지 않도록 더 열심히 가르쳐야 한다. 특수교사들은 이중 삼중의 부담에 시달린다.

그러나 교사도 인간인지라 스트레스에 계속 노출되면 언젠가 인내심에 한계가 온다. 참고 참다가 순간적으로 부적절한 말이 튀어나오면 마침내 지뢰가 터진다. 석 달 동안 몰래 녹음해서 "너 때문에 내가 못 살아" 한 마디를 집어내 정서학대라고 주장하면, 예수나 석가도 빠져나갈 길이 없다. 그런 식이면 대한민국 학부모 누구도 아동학대범이 된다. 지금까지 열심히 한 것은 아무도 인정해 주지 않는다. 문제발언 몇 마디로 모든 것이 날아가고, 특수교사에게는 '아동학대범' 낙인이 찍힌다.

특수교사들은 일반교사들의 교권침해 얘기를 들으면 만감이 교차한다. 이들에게 학부모의 악성 민원은 일상이다. 대부분의 장애아동 보호자들은 자녀의 장애를 자기 탓으로 여겨 죄책감에 시달린다. 과도한 죄책감은 종종 교사의 교육활동에 대한 과도한 간섭과 공격, 악성 민원으로 표출된다. 그렇다고 자기가 가르치는 장애아동을 상대로 시시비비를 따지는 것은 교육자의 자존심이 허락하지 않는다. 그렇지 않아도 힘들어하는 보호자에게 피해보상을 요구하느니, 그냥 내 돈으로 치료받고 만다. 하고 싶은 말이 목까지 치밀어 오르지만 말을 꺼내기가 쉽지 않다. 그래서 거의 모든 특수교사는 만성 우울증과 신경쇠약을 앓는다.

'보이지 않는 교장' vs. 'SOS에 응답하는 교장'

심각한 교권침해에는 패턴이 있다. 공통점은 교사들이 악성 민원으로 고통받을 때, 학교관리자인 교장이 보이지 않는다는 것이다. 사건이 터진 뒤 언론 인터뷰에 나오는 교장들의 발언은 봐주기 민망하다. 이런 사람이 학교교육을 책임지고 있었다니 화가 난다. 교권침해를 막으려면 교장의 역할을 다시 생각해야 한다. 사안마다 조금 다르지만 교권침해 사건은 보통 이런 식으로 흘러간다.

학부모 민원 ⇨ 교사, 교장에게 도움 요청 ⇨ 교장, "좋은 게 좋은 거다. 조용히 끝내라" ⇨ 교사, 교권보호위 개최 요구 ⇨ 교장, "학부모가 화났다. 왜 일을 키우냐?" ⇨ 학부모, 사과 요구 ⇨ 교사, 거부 ⇨ 학부모, 교사를 신고 ⇨ 경찰·검찰 조사 ⇨ 교사, 직위해제와 동시에 담임교체 ⇨ 무혐의 처분 ⇨ 학부모, 교육청·청와대·인권위·권익위에 민원 반복 ⇨ 교사, 병가·질병휴직 ⇨ 복직하면 민원재개 ⇨ 교사, 전출·명퇴 또는 극단적 선택 ⇨ 상황 종료

대부분의 경우, 이 과정에서 교장이 하는 일은 학부모를 편들어 교사를 압박하는 것 말고는 거의 없다. 학교에 교장이 왜 있는 것인지 알 수 없다. 이런 교장은 오히려 사태를 악화시킨다. 교장의 책임을 강화해야 한다. 현행 교육공무원법과 교육공무원임용령에 따르면, 교장자격증 따서 점수 챙기고 특별한 결격사유만 없으면 순위에 따라 교장이 된다. 1차 임기가 끝나도 특별한 결격사유만 없으면 4년 중임할 수 있다. '특별한 결격사유'란 시험문제 유출, 성적조작, 생기부 허위기재, 성폭력, 성매매, 음주운전, 학생폭행 등 사안으로 징계처분을 받은 경우를 말한다.

사정이 이렇다 보니, 교장 승진을 앞둔 교감은 납작 엎드려 아무것도 하

지 않으려 한다. 제대 앞둔 말년병장처럼 떨어지는 가랑잎도 조심하는 것이다. 1차 임기 만료를 앞둔 교장도 몸을 사린다. '특별한 결격사유에 걸려 중임에서 탈락하면 평교사로 내려오든지, 그게 싫으면 퇴직해야 한다. 운이 나빠서 파면이라도 당하면 30년 넘게 부어온 연금이 날아갈 수도 있다. 그렇다고 2차 임기에 들어간 교장이 마음껏 소신을 펼치느냐 하면 그것도 아니다. 오랜 세월 몸조심하면서 승진코스를 달리다 보면 소신은 어느덧 사라지고 상급자나 상급기관 눈치를 보는 습성이 몸에 밴다.

학교에서 교장·교감이 악성 민원으로부터 교사를 보호하지 않는 이유는 이 때문이다. 괜히 교사를 보호하겠다고 학부모 심기를 건드리면 교육청에 민원 들어가고, 아차 실수하면 고소당하거나 징계를 받을 수도 있다. 이런 모험을 감수해 가면서 교사를 지켜주는 교장은 승진과 관계없는 공모교장 말고는 거의 없다. 교사의 교육권과 학생의 학습권을 보호해야 할 교장이 법으로 부여된 권한도 행사하지 않고 책임도 지지 않는 것이다.

'무책임한 교장'과 '사나운 학부모'가 만나면 최악의 조합이 이루어진다. 대형 참사가 벌어지는 것은 시간문제다. 스스로 목숨을 끊은 교사들이 근무하던 학교가 대부분 그런 경우였다. 학부모가 민원을 내면 교장은 "선생에게 직접 따져라"며 발 빼고, 학부모는 교사를 찾아가 폭언과 협박을 하고, 교사는 혼자 버티다가 힘이 다하면 쓰러졌다. 교사를 보호하는 시스템은 문서상으로만 존재할 뿐, 실제로 작동하지 않았다.

학교 관리자인 교장은 민원의 적법성과 타당성을 판단하고, 정당한 민원은 수용하되 부당한 민원은 사유를 적시하여 반려해야 할 책임이 있다. 그러나 대부분의 교장은 그렇게 하지 않는다. 학부모의 눈치를 살피며 사건이 커지지 않도록 교사를 먹잇감으로 내주는 경우가 많다. 교사가 폭언과 협박을 당해도 모른 척한다. 결국 벼랑 끝으로 몰린 교사는 극단적 선택의 기로에 놓인다.

학교에서 교권보호 시스템을 작동시키는 스위치는 교장이 쥐고 있다. 아무리 교권보호위원회를 열어달라고 요구해도 교장이 "그것은 교권침해가 아니다. 조용히 끝내라"고 자르면 끝이다. 상급자의 눈치를 살필 수밖에 없는 저 경력 교사나 기간제 교사는 교장의 뜻을 거스르기 어렵다. 법과 제도를 바꾸고 시스템을 보완하는 것도 중요하지만, 교장의 역할도 그에 못잖게 중요하다. 이 점을 간과하면 아무리 완벽한 시스템을 만들어도 무용지물이다. 그런데도 민원처리와 교권보호가 자기 일이라는 사실을 모르는 교장이 많다.

그렇다면 정답은 나와 있는 셈이다. 현행 점수 위주 교장승진제도와 교장자격증 제도를 폐지하고 교장을 보직개념으로 바꾸면 된다. 일정한 경력과 자격을 갖춘 교사 중에서 신망 있는 사람을 교장으로 임명하고, 임기가 끝나면 다시 평교사로 내려오게 하면 된다. 그러면 교장은 학부모와 교육청 눈치 보지 않고 교육적 소신에 따라 학교를 운영하고, 외부의 부당한 간섭으로부터 교사의 교육활동을 보호할 수 있다. 교장이 되기까지 30년 넘게 복종훈련을 시켜서 '교장자격증'을 주고, 한번 교장이 되면 정년까지 '소왕야' 행세를 하게 하는 나라는 우리 말고는 없다. 교직사회가 고인물이 되는 가장 큰 원인은 바로 이것이다.

그런 점에서 2023년 9월 전국 시·도교육감협의회가 교육부에 제안한 「교장 승진제도에 관한 개선방안」은 눈여겨볼 만하다. 교육감협의회는 이 제안에서 교장 승진제도의 큰 방향을 "점수 따서 승진한 사람이 교감 되고 교장 되어서는 안 된다"고 못 박았다. 또 제안이유에 대해 "점수만 챘다고 자동 승진하는 50년 묵은 승진제도를 바꾸어, 신뢰받고 소신 있는 사람이 관리자가 되어 교사를 보호하고 교육권을 지켜야 한다"고 설명했다. 현행 승진제도에서는 교장들이 교육부 눈치나 보는 무소신 행정, 교사에게 책임을 전가하는 무책임 행정의 구습을 탈피할 수 없다는 것이다. 제안서의 골자를 요약하면 다음과 같다.

● 현실적 여건을 고려하여 현행 교장 자격제를 유지하되, 모든 학교의 교장을 공모·추천·선출 등 다양한 방법으로 임용

● 초빙교장의 경우, 2배수 추천자 중 1명을 교육감이 낙점하는 방식이 아니라 정당한 사유가 없으면 1순위자 한 명을 임용

● 현행 점수제에 따른 승진방식을 폐지하고, 대신 교육행정 경험, 연구경력, 위기대처 능력 등을 종합적으로 평가하여 적임자를 교장에 임용

● 현재 필요한 교장 정원의 3배수에 자격을 부여하여 경쟁에 의한 교장공모제 유지

● 교육행정 직원은 학교의 문제상황을 잘 알고 대처능력을 갖춘 사람 중에서 임용

● 교장의 기본 직무는 학교운영, 문제학생과 학부모 대응, 민원처리, 학교폭력 대응

● 교장의 임기는 4년 단임을 원칙으로 하되, 학교구성원 다수가 희망하면 1회에 한해 연임

● 악성 민원과 무고성 소송으로부터 교사를 보호하지 않는 교장은 '소극행정'과 '직무태만'의 책임을 묻고, 연임 대상에서 제외

● 중대한 교권침해를 축소·은폐하거나 교사를 보호하지 않는 교장은 징계

이런 가운데 얼마 전 경기지역 교장·교감들이 "학생생활지도 업무를 교장·교감이 하는 방향으로 매뉴얼을 만들지 말아 달라"고 집단적으로 의사

를 표명한 사실이 알려져 물의를 빚었다. 2023년 11월 15일 교육전문매체 『교육언론 창』의 보도기사 「어려운 생활지도, 교장에게 넘기지 말라'… 회의 결과 시끌」에 따르면, 이들은 '20203년 2학기 교장·교감 지구장학협의회'에서 이런 의견을 모아 경기도교육청에 전달했으며, 경기도교육청은 이것을 공문에 담아 관내 학교에 발송한 것으로 알려졌다. 교사들이 잇따라 목숨을 끊는 참담한 현실을 앞에 두고 자기들 안전과 편익만 앞세운 꼴이다. 이런 교장들이 집단으로 학교를 '장악'하는 한 달라질 게 없다. 공문의 핵심 내용은 다음과 같다.

- 생활지도는 교사의 책임임.
- 교사의 책무를 교장과 교감에게 떠넘기는 매뉴얼이 아니라 교사가 책무성을 갖고 교육활동을 할 수 있도록 지침을 정비해 주기 바람.
- 생활지도가 어려울 경우, 교장과 교감이 하도록 하는 방향의 매뉴얼(지침) 제작은 하지 않도록 해주기 바람.

공문 내용이 알려지자 교사들은 크게 반발했다. 전교조 경기지부는 "학생 분리조치 시 1차 책임자를 교장으로 명시하고 분리공간에 교장실을 포함하라"고 촉구했고, 경기교사노조도 "교장과 교장이 수업방해 학생 분리조치 역할을 하지 않겠다는 것은 법적인 책임을 지지 않겠다는 것으로, 과연 교장·교감 자격이 있는지 묻고 싶다"고 비판했다.

한편, 교장의 역할과 관련하여 2021년 1월 16일, 미국에서 특수학급 보조교사로 일했던 한 필자가 인터넷 공간 『brunch story』에 '날마다 소풍'이라는 필명으로 올린 「한국 아줌마의 미국 학교 생존기, 미국 학교의 신기한 교장 선생님」이라는 글이 뒤늦게 주목을 받았다. 필자는 이 글에서 미국 학교에서 목격한 교장에 대한 경험담을 전했다. 한국의 교장과 미국의 교장은 전혀 다른 세계에서 살고 있었다.

오래전 미국 드라마나 영화에서 문제가 있는 아이들이 교장실에서 교장 선생님과 상담을 나누고 교장 선생님이 아이들의 사사로운 문제들까지 개입하는 장면을 볼 때면 그 모습이 실제인지 궁금했었다. 드라마나 영화 속 교장 선생님과 학생들의 관계는 실제 미국 학교의 모습과 별반 다르지 않음을 미국 학교에서 일하며 경험하게 되었고, 그런 그들의 모습은 내가 한국에서 살면서 가졌던 교장이라는 위치에 대한 편견을 깨 주었다.

특수학급인 우리 교실에서 감당하기 어려운 상황이 발생하는 경우가 간혹 있다. 그런 경우 우리는 교장 선생님에게 SOS를 친다. 아이들을 교장 선생님에게 데리고 가거나 지나가는 교장 선생님을 교실에 모셔 와서 도움을 받는다. 교장 선생님은 스스럼없는 구조 응답으로 교실에 와서 말썽 피우는 아이들을 진정시키기도 하고, 난리법석인 교실 분위기를 바꿔주시기도 한다. 스쿨버스를 타지 않겠다고 버티는 아이를 스쿨버스에 데려다 주기도 하고, 싸우는 아이들 사이에서 중재자가 되어주기도 하는 미국 학교의 교장 선생님은 교사의 SOS에 언제든 손을 내밀어주는, 어쩐지 나와 한편인 존재라는 생각이 들기도 한다.

아이들 이름을 기억하며 교실에도 수시로 들어오는 교장 선생님은 전교생의 문제나 상황에 대해 잘 알고 있어서 도망가는 남다른 꼬마를 쫓아가다 교내에서 마주치면 말 몇 마디에 상황을 대강 눈치채고 해결사가 되어주기도 한다. 그래서 남다른 꼬마의 말썽에 난처한 경우 우연히 마주치는 교장 선생님은 간혹 나와 같은 특수학급 보조교사를 구해주는 수퍼 히어로가 되기도 한다.

교사 5명 중 1명이 자살을 생각한다

학부모로부터 황당한 민원에 시달리는 교사들은 하소연할 곳이 없다. 교사들의 정신건강은 어떤 상태일까? 전교조가 2023년 9월 5일 녹색병원과 공동 실시한 '교사의 직무관련 마음건강 실태조사' 결과는 충격 그 자체였다. 응답자의 66.3%가 "언어 폭력을 경험한 적이 있다"고 답했고, "신체 위협 및 폭력을 경험했다"는 응답도 18.8%나 됐다. '성희롱 및 폭력'을 당했다는 응답이 18.7%, '원치 않는 성적 관심'을 받았다는 응답이 12.9%였다. 일반인의 경우, 언어 폭력 경험이 3~6%, 신체위협 및 폭력 경험이 0.5%인 것에 비하면 20배가 넘는다.

폭력 경험

어려운 업무

폭력 경험은 남교사보다 여교사(69.3%)가 높았고, 유치원교사는 주로 '언어폭력(76.1%)'에, 특수교사는 '신체 위협 및 폭력(54.3%)'에 더 자주 노출된 것으로 드러났다. 또 학부모와 상담횟수가 늘수록 폭력피해도 비례해서 늘어나는 경향을 보였다. 학부모 상담의 상당수가 진짜 상담이 아니라 과도한 민원이었을 가능성을 시사한다. 폭력 주체를 보면 언어폭력 가해자의 63.1%가 학부모였고, 학생은 54.9%였다. 신체폭력 가해자의 96.5%는 학생이었고, 학부모는 21.7%로 나타났다.

교사들의 정신건강에도 적신호가 켜졌다. '경미한 우울증상'을 느낀다는 교사가 24.9%, '심한 우울증상'에 시달린다는 교사가 38.3로 나타났다. 일반인의 경우 '심한 우울증상'이 8~10%인 것을 감안하면 3~4배에 이르는 비율이다. 성별로는 남교사보다 여교사가 더 우울증 증세를 보였고, 급별로는 유치원과 초등교사의 우울증이 더 심각했다. 우울증을 느낀 빈도는 학부모 상담횟수가 증가할수록, 업무 스트레스가 높을수록, 학부모·학생으로부터 폭력을 경험할수록 더 높게 나타났다.

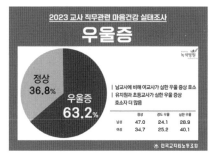

우울증

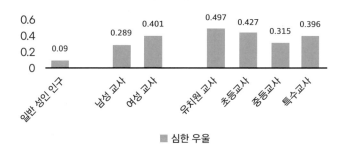

■ 심한 우울

　　또 "자살을 생각한 적이 있다"는 응답이 16%, "자살을 계획한 적이 있다"는 응답이 4.5%나 됐다. 교사 5명 중 1명이 자살을 생각하거나 계획했다는 얘기다. 일반인의 경우 "자살을 생각한 적이 있다"는 응답이 3~7%,

"자살을 계획한 적이 있다"는 응답이 0.5~2%인 것에 비하면 놀라울 만큼 높은 수치다. 교사들이 느끼는 업무영역별 부담은 '학부모 상담과 민원'이 37.5%로 가장 높았고, '학생 생활지도와 상담'이 28.4, '행정업무'가 23.5%로 뒤를 이었다.

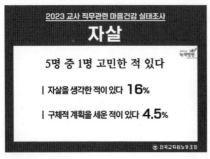

자살충동

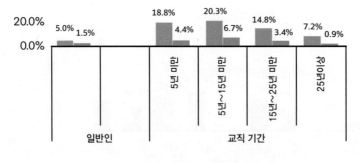

외상후스트레스장애(PTSD)에 관한 응답은 폭력 경험이 있느냐 없느냐에 따라 차이를 보였다. 언어폭력을 경험한 교사의 42.3%, 신체폭력을 경험한 교사의 51.1%, 성희롱을 경험한 교사의 47.5%, 원치 않는 성적 관심을 경험한 교사의 49.9%가 PTSD 고위험군으로 분류됐다. 이것은 스트레스가 높은 직군으로 알려진 경찰·소방관(15%)과 비교해도 월등하게 높은 수치다.

실태조사를 진행한 의료진은 결과를 보고 "깜짝 놀랐다"고 했다. "통계를 잘못 설계했나 싶어 여러 번 검토했지만 결과는 마찬가지였다"면서, "다양한 서비스직군과 의료진을 대상으로 많은 조사를 했지만 이 정도는 아니었다"라며 충격을 감추지 못했다. 의료진은 "제2, 제3의 피해교사가 계속 생길 수 있다. 대책을 서둘러야 한다"고 입을 모았다. 보호받지 못하는 교사들은 이미 소진(Burnout) 상태에 이르렀으며, 이대로 방치하면 공교육 붕괴상황이 닥칠 수 있다. 재앙은 이미 시작됐는지도 모른다.

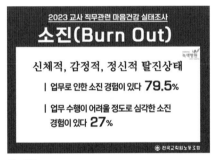

번 아웃

통제 불능의 교실, 교육이 불가능한 학교

2023년 9월 5일 『MBN』 보도에 따르면, 지난 3년간 학부모의 민원으로 학기 중 담임에서 교체된 교사는 129명이고 그중 80%인 102명이 초등 교사였다. 사실상 학부모의 요구에 의한 것이지만 표면적으로 병가·휴직 등 사유로 담임을 그만둔 경우까지 합치면 훨씬 많을 것으로 보인다. 담임 교체를 요구한 이유는 "내 아이만 미워해서", "교육방법이 마음에 안 들어서", "아동학대가 의심돼서" 등 다양하다. 중간에 담임을 그만둔 교사들은 대부분 심리적 충격을 이기지 못하고 상담치료나 심리치료를 받고 있는 것으로 알려졌다.

전교조 초등위원회가 2023년 8월 26일 발표한 '교실 불법녹음기 피해사례' 조사에 따르면 전국에서 200여 건의 사례가 확인됐다. 학교 급별로는 초등학교가 150건으로 가장 많고, 유치원·특수학교·중등학교가 50여 건이다. 불법녹음에 사용된 장치는 '키ㅇ플레이', '파ㅇ드마이키즈', '핑ㅇ어플리케이션' 같은 어플리케이션 프로그램과 스마트폰, 스마트워치, 초소형 녹음기, 보청기 등이었다.

전교조에 따르면, 이렇게 불법 녹음된 파일은 교사 상대 민원이나 소송에 증거자료로 제출됐고, 녹음은 교사의 동의 없이 이뤄진 것으로 확인됐다. 피해교사들은 소송에 대응하는 단계에 와서야 불법녹음 사실을 알게 된 경우가 대부분이었다. 악성 민원에 대응하는 동안에도 자신의 일거수일투족이 감시당하고 있는 것을 몰랐다는 얘기다. 어떤 교사는 학생의 불법 녹음을 제지하다가 학부모로부터 공격을 받기도 했다. 교사들은 "언제든 도청될 수 있다"는 불안을 느끼며, "학생을 대할 때 나도 모르게 책가방을 의심하게 돼 죄책감을 느낀다"고 털어놓았다.

학부모의 악성 민원과 과도한 개입에 대처할 수단이 없는 교사는 교실에서 무기력하다. 학생이 계속 문제행동을 보여도 학부모가 아동학대로 신고할까 봐 적극 나서는 것을 꺼린다. 아이들은 점점 통제 불능의 괴물이 되어 가고, 그것을 지켜보는 교사는 점점 무력감에 빠져든다. 말썽을 피우는 아이는 소수지만, 그 소수가 학급 분위기를 좌우한다. 학습 분위기가 잡힐 리 없고 아이들은 수업에 집중할 수 없다. 교권침해를 넘어 학습권 침해가 일상화되는 것이다. 교사가 무너지면 교육도 무너진다.

불법 녹취

시사주간지 『시사IN』에 소개된 한 24년차 고교교사의 사례는 위기에 처한 교실을 단적으로 보여준다. 이 교사는 누구보다 학생과 소통하려 노력했지만 어느 날 갑자기 교권침해 피해자가 되었다. 이 교사는 학교 안팎에서 꽤 인정받는 사람이었고, 교사가 아이들과 어떻게 소통할지를 다룬 『마음일기』라는 책도 냈다. 이 책은 한 교사의 분투기이자 교육현장 르포이며 학생·교사·학부모에게 띄우는 편지였다. 여러 곳에 강연을 다닐 만큼 많은 공감을 불러일으켰다. 그런데 10년이 지난 지금, 그 교사는 교권침해 피해자가 되어 휴직 중이다.

2년 전, 새 학교에 부임하면서 사건이 시작됐다. 한 학생이 학교에 오지 않았다. 개학 첫날부터 전혀 통제되지 않는 학생이었다. 지각·조퇴·결석이 잦고, 수업 중에도 수시로 무단이탈을 했고, 가정에서의 통제도 전혀 이루어지지 않았다. 그러던 어느 날, 학생이 학교에 오지 않아 쉬는 시간마다 전화를 걸었지만 연락이 닿지 않았다. 그 학생은 학교 인근 편의점에서 술에 취한 채 발견됐다. 학생을 달래는 과정에서 그 교사는 학생으로부터 주먹으로 뺨을 맞았고, 머리채가 잡혀 바닥에 내동댕이쳐졌다. 폭행과 승강이는 2시간이나 계속됐다. 이 사건 뒤 그 교사는 정신적 충격을 받아 공무상 병가를 냈다.

끔찍한 기억을 다시 떠올리게 한 것은 서울 서이초 교사의 죽음이었다. 그는 당시를 생각하면 교장·교감이 떠올랐다. 교권침해를 당하는 동안 교장·교감의 무성의한 대응 탓에 마음에 깊은 상처를 입었다. 교장·교감은 교사를 보호하려 하지 않았다. 교사가 겪은 일을 기록해 교감에게 보냈지만 아무 연락도 없었다. 교사가 학생으로부터 폭행을 당하면 즉시 교육청에 보고해야 하지만 교장은 아무것도 모르고 있었다. 교감이 교장에게 보고도 하지 않은 것이다. 교장이 뒤늦게 알고 미안하다고 했지만 실제로 도와준 것은 없었다. 교육청 보고부터 공무상 병가신청까지 모든 것을 피해당사자인 교사가 했다. 그 교감은 그해 2학기에 교장으로 승진해서 다른 학교로 영전했다.

'교원의 지위향상 및 교육활동 보호를 위한 특별법(교원지위법)'에 따르면, 이런 일이 벌어지면 즉시 피해교원을 격리·보호하고, 교권침해 내용을 조사해야 한다. 교장은 교육청에 보고하고 교권보호위원회를 열어 가해학생에게 제재조치를 취해야 한다. 그러나 이 모든 절차가 이뤄지지 않았다. 학교장이 교권침해를 축소·은폐하는 것은 징계사유에 해당한다. 당사자인 교사가 직접 교육청에 보고한 뒤에야 교권보호위원회가 열려 학생에게 퇴학처분이 내려졌다.

이 학교에는 교권침해 사건이 유달리 많았다. 수업에 들어오지 않으려는 아이를 설득하느라 승강이를 벌이다 교사가 폭행을 당했고 아이도 부상을 입었다. 그러나 학교 관리자는 "아이도 다쳤기 때문에 아동학대가 될 수 있다"면서 "일을 크게 만들지 말라"며 축소·은폐를 시도했다. 우여곡절 끝에 교권보호위원회가 열렸지만 교장·교감의 역할은 기대할 수 없었다. 교권보호위원회가 열려 교권침해로 판단되면 학생에게 징계처분이 내려지고, 학부모가 항의하고 소송을 제기한다. 교장·교감은 피곤해지니 징계수위를 낮추라고 압박했다. 그러면 학생은 마치 승자가 된 것처럼 의기양양해져서 학교를 휘젓고 다닌다. 그런 모습을 바라보는 교사와 다른 학생들은 자괴감을 느낄 수밖에 없다.

그 교사는 "계속 교직에 남아야 하는지 확신이 들지 않는다"며 교단을 떠날 생각을 하고 있다. 앞으로도 변하지 않을 것 같은 교단에 계속 설 자신이 없다고, 이대로 학교에 돌아가면 자신의 삶이 너무 처참해질 것 같다고 했다. 그가 마지막으로 남긴 말은 이렇다.

내가 가장 좋아하는 일이 수업이었다. 시험에 안 나와도 아이들이 꼭 알아야 할 것을 가르칠 때 행복했다. 그런 수업을 하고 교실 문을 나오면 등이 찌릿찌릿할 만큼 뿌듯했다. 얼마 전까지만 해도 이런저런 스트레스로 학교를 그만두겠다는 교사가 있으면 말렸다. 아무리 힘들어도 교사와 학생이 인간 대 인간으로 느끼는 교감, 그 행복감을 맛보면 좋겠다고 말하곤 했다. 지금은 아니다. 교사로서 좋아하는 일을 하지 못해 슬프다. 교사로서 난 실패했다.

익숙한 미래, 일본 '몬스터 학부모'

일본의 학교도 2000년대부터 이른바 '몬스터 학부모(Monster Parents)'라는 학부모들로 몸살을 앓았다. 그들이 제기한 민원은 지금 우리와 놀라울 정도로 비슷하다. "결석한 학생의 출석부를 고쳐 달라", "시험점수를 올려

달라", "실력 없는 담임을 바꿔 달라"는 민원이 쏟아졌고, 교장이 민원을 받아들이지 않자 교육청에 "교장을 바꿔 달라"고 민원을 내기도 했다. 민원에 시달리다 정신질환에 걸려 휴직한 교사가 5,900명에 달했고, 스스로 교직을 그만둔 교사도 있었다. 2013년 문부과학성 조사에서는 '학부모 대응'이 '교장의 고충' 1순위에 올랐다. 학부모에게 구타당한 교사도 있었지만 심각한 피해가 아니면 참거나 합의하는 경우가 많았다. 학교 측이 조용한 해결을 원하는 데다 교사가 학부모에게 소송을 걸거나 손해배상을 요구하는 것을 이해하지 못하는 일본 사회의 보수적인 분위기 탓이었다.

『한국일보』는 2023년 9월 27일, 일본의 교권침해 실상과 정부의 대응방안을 알아보기 위해 오노다 마사토시 오사카대학 명예교수와 화상 인터뷰를 했다. 오노다 교수는 오래전부터 학생·교사·학부모의 권리충돌 문제를 연구해온 교육학자다. 그는 일본의 교권침해 원인에 대해 다음과 같은 분석을 내놓았다.

학부모와 교사 사이의 문제는 오래전부터 있었다. 지난 30, 40년간 일본에서 문제가 커진 것은 학교와 교사에 대한 사회적 책임과 요구만 일방적으로 늘어났기 때문이다. 지난해 12월 문부과학성이 학생지도요강을 개정해 학생이 수업 중에 떠들어도 교사가 책상이나 칠판을 탕탕 치는 등 강하게 주의를 주는 것을 금지한 것이 단적인 예다. '조용히 하라'고 하는 것 외에 다른 방법이 없다. 그 빈틈을 아는 학생들은 '어쩔 건데?'라면서 도발하기도 한다.

10년 전에 만든 '괴롭힘 방지법'도 폐해가 크다. 학생들 간의 사소한 다툼까지 모두 가해자와 피해자가 있는 폭력사건으로 규정해 서로 화해할 수 있는 기회를 박탈하고, 법정다툼으로 키운다. 학교에서 파악하기 어려운 온라인 공간의 괴롭힘, 학원에서 발생한 문제까지 모두 학교가 방치했기 때문이라고 몰아세운다. 이렇게 현장을 반영하지 않은 법과 지침이 교사를 괴롭히는 것은 한국도 비슷해 보인다.

마치 현재 우리 상황을 보면서 하는 말처럼 느껴진다. 일본에서도 교장은 교사를 보호하지 않았고, 학생의 인권을 앞세워 교사의 교육권은 뒷전으로 밀렸고, 학생 간의 사소한 다툼까지 법정싸움으로 키워 교육적 지도가 개입할 수 없게 만들었고, 온라인이나 학교 밖에서 일어난 사건까지 학교 책임으로 몰아갔다. 이쯤 되면 도플갱어가 따로 없다.

오노다 교수는 갈등상황 해법으로 오사카 부 도요나카 시 교육위원회가 운영하는 '학교문제 해결 지원팀'을 제안한다. 여기 포함된 변호사·의사·상담사·사회복지사 등 전문가들이 문제가 발생한 학교를 찾아가 갈등을 조정하고, 학교와 교사를 지원한다. 그러나 유능한 전문가를 모시려면 상당한 유지비용이 들어 재정이 넉넉한 대도시 일부 지역 외에는 불가능하다. 이 제도를 전국으로 확대하려면 국가의 지원이 필요하다.

그는 학부모의 요구를 ▲정당한 요구 ▲학교업무는 아니지만 수용할 수 있는 불만 ▲무리한 악성 민원 등 세 가지로 나누고, 그에 맞는 적절한 방식으로 대응하라고 조언한다. 예를 들어 "자녀가 성소수자인데 치마 대신 바지를 입히고 싶다"는 민원은 정당한 요구이므로 수용하고, "그 학교 학생이 우리 아파트 주차장에서 놀지 못하게 해 달라"는 민원은 학교업무는 아니지만 수용할 수 있다. 그러나 "졸업앨범에서 우리 아이 사진을 가운데에 배치해 달라"는 민원은 무리한 요구이므로 들어주지 말아야 한다는 것이다.

그는 학부모와 교사의 소통방식에 대해서도 조언을 아끼지 않는다. 그는 "일본에서는 10년 전부터 교사의 개인 휴대전화 번호를 일체 공개하지 않는다"면서 한국도 그렇게 하라고 권고한다. 그렇게 해도 학교에 전화를 걸어 몇 시간 동안 끊지 않거나, 학교에 찾아가 다음날 새벽까지 같은 말을 반복하거나, 교사에게 편지나 이메일을 보내 민원을 제기하는 학부모도 있기 때문에 악성 민원 자체는 막을 수 없다고 덧붙인다.

그는 교사 위기의 근본적 해결책에 대해, 학교의 권한범위를 명확히 정하고 그것을 기준으로 학부모의 무리한 요구에 단호하게 대처해야 한다고 조언한다. 교사와 학부모의 권리를 분명히 하고 서로 존중하는 것 외에 다른 해법은 없다는 얘기다. 설득과 협의는 당사자 몫이지만, 그것을 위해 선을 긋고 무단으로 넘어올 때 제재를 가하는 것은 정부의 몫이다.

학교는 만능이 아니라는 점을 학부모들이 알아야 한다. 어디까지가 학교의 책임영역인지를 명확히 하고, 학부모 민원을 무한정 수용할 수 없다는 것을 명시해야 한다. 일본은 그런 노력이 없었던 탓에 '학교가 모든 것을 책임져야 한다'는 인식이 팽배해져 위기를 키웠다. 학부모의 불만 중 무엇이 정당한 요구이고, 무엇이 악성 민원인지, 사회적 합의를 통해 정해야 한다. 교사가 이에 근거해 학부모에게 '그건 저희가 할 수 없는 일입니다'라고 단호하게 말해야 한다.

우리보다 20여 년 앞서 교사 위기를 경험한 일본의 사례는 우리에게 큰 도움이 된다. 특히 교권침해 문제를 교사 개인 문제로 축소하여 사태를 악화시킨 일본 정부의 모습은 우리 정부가 교훈으로 삼아야 할 반면교사다.

2부

교사 위기의
원인을 찾아서

1장

교육시장화 정책

모든 일에는 원인이 있다. 한 초등교사의 불행한 죽음으로 주목받기 시작한 교사 위기에도 뿌리가 있다. 비슷한 시기에 특정 직종 종사자들이 비슷한 이유로 잇따라 목숨을 끊는 것은 개인 문제가 아니라 구조 문제다. 그것을 개인 탓으로 돌리는 것은 진정한 원인을 은폐하여 책임을 회피하는 것이다. 교사의 위기는 1995년 김영삼 정부가 발표한 '5·31 교육개혁' 조치에 담긴 신자유주의 교육시장화 정책으로부터 시작됐다.

판도라의 상자, '5·31 교육개혁'

5·31 조치만큼 우리 교육에 큰 영향을 끼친 정책도 드물다. 거기 담긴 '교육수요자'론은 김영삼 정부에서 김대중-노무현-박근혜-이명박-문재인 정부를 거쳐 현재 윤석열 정부에 이르기까지, 30년간 우리 교육을 관통하는 일관된 기조로 자리 잡았다. 5·31 조치에 담긴 교원평가·성과급·학교 다양화·선택교과 등 경쟁과 차별의 논리는 정권교체와 상관없이 후임 정부에 의해 차례로 현실화됐다.

그 점에서 5·31 조치는 우리 교육에 온갖 악덕과 절망을 안겨준 '판도라의 상자'였다. 상자를 만든 것은 김영삼 정부, 연 것은 김대중·노무현 정부, 악덕이 활개 치도록 허용한 것은 이명박·박근혜 정부였다. 교육이 불가능한 교실, 교육에 대한 학부모의 과도한 개입, 교육 양극화, 그리고 그 총체적 결과물인 교사 위기는 5·31 조치로부터 파생된 결과였다. 교육위기의 책임을 따지자면 진보-보수의 구분은 의미가 없다. 모두가 공범인 셈이다.

김영삼 정부는 오랜 군사정부 시대에 종지부를 찍었다. 정통성 없는 권력의 시녀 노릇을 요구받던 교육에도 변화가 찾아왔다. 변화의 올바른 방향은 교육을 군사정부의 손에서 되찾아 시민에게 돌려주는 것이었고, 구체적으로는 교육활동의 주체인 교사의 교육권 확대, 학습의 주체인 학생의 학습권 보장, 교육의 협력자인 학부모의 참여권 확대가 되어야 했다. 그것은 6월 민주항쟁의 성과를 교육에 반영하여 교문 앞에서 멈춘 민주주의를 학교 안으로 끌어들이는 것이어야 했다.

그러나 김영삼 정부는 전혀 다른 길을 신택했다. 권위적 국가권력이 추구해 온 위계적·폭력적 교육체제 대신, 신자유주의에 입각한 교육시장화의 패러다임을 교육에 도입한 것이다. 그것은 국가가 책임지는 공교육을 경쟁과 선택의 시장원리에 맡기는 실험이었고, '자율화·다양화·특성화' 논리가 그것을 정당화했다.

교육시장화 논리는 사람들에게 무척 생소한 것이었다. 많은 사람은 교육시장화 정책이 약속한 '자율과 선택'에 매료됐다. 기존 권위주의적 교육체제를 대체할 '민주화의 선물'로 이해한 것이다. 민주화에 대한 기대를 등에 업고 등장한 김대중 정부도 '다양화·특성화', '개성존중', '교육수요자의 권리'를 민주주의의 진전으로 받아들였다. 교육민주화운동 일각에서도 '신자유주의 활용론'을 들고 나왔다. 김대중 정부 때 교육시장화 정책이 본격화한 것은 우연이 아니다.

그러나 우리보다 먼저 신자유주의 교육개혁을 시도한 영국과 미국에서는 이미 공교육 황폐화가 진행 중이었고, EI 등 국제교직단체들도 교육시장화 정책의 위험성을 경고하고 있었다. 그런 사정을 몰랐던 우리는 후발주자의 이점을 살리기는커녕 마술피리에 홀린 소년처럼 신자유주의를 따라 교육시장화의 길을 걸어갔다.

신자유주의는 사회주의권 몰락 이후 등장한 자유주의의 새 버전이다. 초기 자본주의 시대의 구 자유주의와 구분하기 위해 신자유주의라고 부르지만, 자유경쟁의 시장원리와 자본의 자유로운 운동, 국가의 시장개입 축소를 지향한다는 점에서 구 자유주의와 기본 작동원리는 동일하다. 신자유주의가 본격 도입된 시기는 1997년 IMF 구제금융 사태 직후다. 국제 금융자본이 요구한 자본 통폐합, 구조조정, 정리해고가 광범위하게 진행됐다. 공공부문도 직격탄을 맞았다. 공공부문 효율화라는 이름으로 전기·수도·교통·의료 등을 자본에 넘겨주는 민영화가 추진됐고, 정부는 시민의 삶과 직결된 공공부문에 대한 투자부담과 책임을 덜었다. 자본의 자유로운 활동을 억제하던 공적 통제가 완화되고, 대신 자유경쟁의 시장논리가 새로운 미덕으로 자리 잡았다. 그러나 밀림에서의 자유경쟁은 포식자에게 무제한의 기회를 부여했지만, 약자로부터는 그나마 남아 있던 안전망을 빼앗았다.

교육부문은 이미 절반 가까이 사학 자본에 분할 점령된 상태였기 때문에 민영화는 필요 없었다. 대신 교육도 서비스 상품으로 간주하여 수요-공급의 시장원리를 적용했다. 학교와 교사는 공급자, 학부모·학생은 수요자로 규정됐다. 공교육의 주도권은 시장과 힘 있는 집단에게 넘어갔고, 국가는 책임으로부터 자유로워졌다. 교육의 실패는 국가의 잘못이 아니라 공급자인 교사의 무능 탓으로 돌려졌다.

한 명을 위해 백 명을 버리는 '수월성 교육'

'교육경쟁력'이라는 신조어가 등장하면서 경쟁에 참여하지 않으면 변화를 거부하는 뻔뻔한 교사로 낙인찍혔다. "자원도 기술도 변변찮은 나라가 국제경쟁에서 살아남으려면 인재를 길러야 한다"는 '인재구국론'이 유포되고, '제 힘으로 먹고 사는 백 명의 독립적 시민'을 기르는 것보다 '백 명을 먹여 살릴 한 명의 인재'를 기르는 것이 더 중요했다. 공교육의 목표는 '민주시민 양성'에서 '우수인재 육성'으로 바뀌었고, '소수를 위한 특별한 교육'이 '모두를 위한 보통교육'을 밀어냈다.

소수의 승자에게 특권을 몰아주려면 모두가 수긍할 수 있는 '공정한' 선발방식이 필요했다. 승자독식의 경쟁논리가 이 문제를 해결해 주었다. 승자의 특권은 노력에 따른 정당한 대가로 인정받았고, 패자가 당하는 차별과 불이익은 본인의 게으름 탓으로 여겨졌다. 경쟁은 승자와 패자를 가르는 공정하고 합리적인 수단으로 인식됐고, 초·중·고 모든 단계에 걸쳐 경쟁이 도입됐다. 초등에는 영어회화와 일제고사가 도입되고 중등에는 특목고·자사고·국제고 같은 귀족형 특권학교가 들어섰다.

특목고·자사고·국제고가 가장 먼저 우수학생을 뽑아갔고, 입시명문 사립학교와 자율형 공립고가 다음으로 우수학생을 쓸어갔다. 남은 학생들이 갈 곳은 실업학교와 일반고밖에 없었다. 갈 곳 없는 학생들을 마지막으로 수용하는 일반고는 슬럼화 돼 정상적인 교육이 불가능했다. 교육의 부익부빈익빈 현상이 날로 심해져 '교육 양극화'로 이어졌다. 그것은 한 명의 인재를 뽑기 위해 백 명의 보통학생을 버린 결과였다.

입시제도는 소수의 인재를 더 효과적으로 선발하여 더 많은 혜택을 몰아주는 쪽으로 다시 짜여졌다. 대입제도는 부유층에게 유리한 방향으로 개편에 개편을 거듭했고, 대학은 복잡하기 짝이 없는 대학별 고사를 창안함으로써 그런 움직임을 적극 주도했다. 대학은 부유층에게 더 많은 기회를 주기 위해, 일반고에 유리한 학종 대신 과외 약발이 잘 먹히는 수능·논술·심층면접 비중을 늘렸고, 특목고 졸업생을 선점하기 위해 은밀하게 고교등급제를 적용했다. 부유층이 고등교육 기회를 독점하다시피 했고, 부유한 특목고 출신 학생들이 수도권 명문대 입학생의 다수를 차지했다.

5·31 교육개혁을 설계한 인물 중 하나인 안병영 당시 교육부총리는 2023년 5월 25일자 『동아일보』에 기고한 「특별기획 - 5·31 교육개혁의 배경과 의미」라는 글에서 5·31 조치가 신자유주의에 경도돼 있었으며 형평성보다는 수월성 쪽에 기울어 있었음을 뒤늦게 실토했다.

> 5·31 교육개혁을 돌이켜보면 세계화라는 시대적 추세에 영향을 받았고, 어느 정도는 신자유주의에 경도돼 있었던 것이 사실이다. … 당시 시대사조의 영향으로 신자유주의적 정책요소들이 많이 포함되다 보니 거시적 정책지형은 형평성에 비해 수월성 쪽으로 기울었고, 정책 내용 중 협력과 공존능력의 제고나 교육소외의 극복과 인간화를 위한 프로그램은 상대적으로 적거나 뒤로 밀렸다.

평등한 보통교육의 종말

신자유주의 교육시장화 정책이 본격화하면서 학교에 많은 변화가 한꺼번에 몰아닥쳤다. 수준별 학습, 맞춤형 수업, 선택교과라는 이름으로 우수학생을 위한 특별한 교육과정이 강화됐다. 부진학생을 위해 더 많은 투자와 배려를 제공하겠다는 정부의 약속은 지켜지지 않았다. 그것은 사실상 소수의 우수학생은 건지고 다수의 보통학생을 버리는 것이었다. 이명박 정부는 '학교 다양화'라는 명분으로 특목고·자사고·국제고 같은 귀족형 특권학교를 만들어 학교 서열화의 길을 열었다. 자사고 특혜논란이 불거지자 공립형 자사고인 자율형 공립고와 학교 선택제를 시행했지만, 이것은 학습욕구가 남아 있는 학생들을 한 번 더 선별함으로써 나머지 학교를 '구제불능의 학교'로 만들었다. 평등한 보통교육의 원칙이 무너지고 있었다.

이명박 정부는 "아린쥐~" 영어회화 교육과 학업성취도평가(일제고사)를 도입해 초등교육 단계부터 경쟁에 불을 지르기도 했다. 일제고사는 학교와 학생을 성적순으로 한 줄로 세웠고, 성적부진 학생을 위한 별도의 지원은 없었다. 개인별·학교별 평가결과는 마음만 먹으면 누구나 알 수 있었고, 학원은 학교와 학생에 서열을 매겨 학부모의 불안을 자극했다. 초등학교 때부터 사교육을 받지 않으면 특목고·명문대 진학은 꿈도 꾸지 말아야 했다. '과외 망국병'이 망령처럼 떠돌던 70~80년대로 돌아간 꼴이었다.

비싼 학원에 갈 수 없는 가난한 학생을 위해 '방과 후 학교'와 '자율학습', '0교시'가 부활했다. 고액의 족집게 과외를 받을 수 없는 학생들을 위해 'EBS 수능방송'도 시작됐다. 교육부는 방송에 나온 문제의 일부를 수능에 출제하도록 했기 때문에 학생들은 수업시간에 유명 일타강사의 방송강의를 들었고, 교사들은 일타강사의 방송수업을 위해 학습 분위기를 잡아주는 신세가 됐다. 그것은 '공교육에 대한 사교육의 승리'를 상징적으로 보여주는 장면이었다. 수능은 저항할 수 없는 힘으로 고교교육을 지배했고, 교육의 주도권은 학원과 EBS라는 일개 방송사로 넘어갔다.

EBS 수능방송이 시작되면서 변별력을 신뢰할 수 없다는 목소리가 터저 나오자, 변별력을 높인다는 명목으로 수능에 '킬러문항'이 등장했다. 그것은 사교육에 새로운 블루오션을 열어주었다. 킬러문항 대비 특별과외가 개설됐고 수강료는 천문학적 수준으로 올라갔다. 결국 킬러문항이 명문대 합격을 갈랐고, 대학도 수능 변별력을 보완한다는 명목으로 더 많은 입시 자율권을 요구했다. 그것은 3불정책(고교등급제·지필본고사·기여입학제 금지)의 폐지를 의미했다. 고교등급제는 공식적으로는 허용되지 않았지만 많은 대학이 전국 고등학교에 서열을 매겨 은밀하게 반영하고 있다는 의혹이 끊이지 않았다. 대학은 '영업비밀'이라는 이유로 상세한 반영기준을 공개하지 않았지만, 입시지도 교사들은 일반고 학생이 수능에서 더 높은 점수를 받고도 외국어고·특목고 학생에게 밀리는 것을 보면서 고교등급제를 의심했다. 난도 높은 논술고사와 심층면접은 탄력적 교육과정을 운영하는 특권학교에 더 유리했다. 평등한 보통교육의 원칙이 그렇게 무너져 갔다.

학교는 자주 학원과 비교됐다. '점수 올리기'가 목적인 학원과 '민주공화국 시민양성'을 목적으로 하는 학교는 애당초 비교 대상이 아니었지만, 수월성론과 경쟁주의가 그것을 가능하게 만들었다. '실력 있는 학원강사'와 '무능한 학교선생'이 비교됐고, 학원의 '맞춤형 교육'과 학교의 '획일적 교육과정'이 비교됐다. 정부와 언론은 교사에게 더 분발하라고 요구했고, 학부모들도 수요자의 권리를 내세워 당당하게 '성적 올리기'를 요구했다.

사교육 의존이 깊어지면서 성적향상에 별로 도움 안 되는 학교는 적당히 시간 때우다 졸업장 따는 곳이 됐다. 선택하지 않은 과목의 수업시간은 취침시간이었고, 교사도 피곤에 찌든 학생의 단잠을 방해하지 않으려고 했다. 교사가 수행하는 교육활동의 가치는 인정받지 못했고, 교사는 학생으로부터도 존중받지 못하는 천덕꾸러기가 돼 갔다. 교사들은 모멸감과 수치심에 몸을 떨었지만 방법이 없었다. 경쟁이 교사가 딛고 선 땅을 무너뜨리고 있었다.

유치원과 초등학교의 사교육은 중·고등학교와는 결이 좀 다르게 나타났다. 중·고등학교 사교육이 입시경쟁에서 남들보다 앞서 나가려는 '성적 올리기'의 양상으로 진행됐다면, 유·초등학교 사교육은 학부모가 담당하던 보육과 가정교육을 떠안는 양상으로 나타났다. 그것은 취업 여성인구 증가에 따른 자연스러운 요구였지만, 국가는 공립유치원을 증설하고 재정지원을 확대하는 방법 대신 사립유치원과 어린이집에 '묻지 마' 지원을 늘리는 방식으로 대응했다.

초등학교에 일제고사와 영어회화 교육이 도입되면서, 일부 사립유치원과 어린이집은 학력신장을 내걸고 사업을 확장해 갔다. 그들은 자녀양육에 대한 취업여성의 불안감과 죄책감을 부추기며 '질 높은 케어'를 내세워 가정의 보육기능을 자진해서 떠맡았다. '영어 조기교육'은 교육적 타당성 여부와 무관하게 학부모의 불안감과 죄책감을 덜어주는 단골 메뉴였다. 그리고 그것은 다시 공립유치원에 대한 그들의 비교우위를 입증하는 증거로 활용됐다.

가정에서의 보육과 초기 가정교육을 위해서는 취업여성의 근무시간 단축, 유급 육아휴직 확대, 경력단절 보완, 임금인상 등 노동조건의 전반적 개선이 필요했지만, 그것은 자본의 이익에 반하는 것이었다. 정부는 자본에 압박을 가해 취업여성의 노동조건을 개선하기보다는 취업여성의 절박한 요구를 시장에 맡겨 해결하는 손쉬운 방법을 택했다.

이 정책은 교육과 보육, 학교교육과 가정교육의 경계를 모호하게 만들었다. 바쁘고 피곤한 육아맘을 위해 '돌봄'을 학교로 떠넘겼고, 그 비용도 시·도교육청에 떠넘겼다. 자녀의 보육과 초기 가정교육을 사교육에 맡긴 학부모들은 자녀가 초등학교에 입학한 뒤에도 자연스럽게 '케어'를 요구했고, 성에 안 차면 "유치원에서는 다 해주었는데 학교는 왜 안 해주느냐?"고 따졌다. 또 초등교육이 당연히 해야 하는 예절교육과 질서교육, 타인에 대한 존중과 배려 등 기본교육도 "아이가 불편해 한다"는 이유로 거부하기 일쑤였다.

공교육보다 먼저 사교육에 익숙해진 학부모가 '수요자의 권리'를 주장하는 것은 하나도 이상한 게 아니었다. 정부가 투자를 회피하기 위해 유아교육을 사교육 시장에 맡긴 결과가 무분별한 '수요자의 권리'로 표출됐고, 이것이 다시 초등학교 저학년에서 심각한 교권침해를 야기한 것이다. 해법은 국가가 유아교육을 공교육 영역으로 끌어들여 공공성을 강화하고, 유아교육 종사자의 권리와 교육활동을 보호하는 것이다.

이처럼 유치원부터 고등학교까지 공교육의 모든 단계에 걸쳐 사교육이 전면적으로 개입하기 시작하면서 공교육에 대한 폄하와 불신이 일반화됐고, 그로 인한 공교육 위기는 교사의 사회적 신뢰 하락, 교육활동에 대한 침해로 나타났다. 누구도 통제할 수 없을 정도로 비대해진 사교육이 공교육기관인 학교와 공교육 종사자인 교사의 존립 근거를 흔들고 있다.

범국민 스포츠가 된 '교사 때리기'

교육시장화 정책을 추진하는 데 가장 큰 걸림돌은 교사들의 반발과 저항이었다. '평등한 보통교육', '민주시민 양성'이라는 공교육의 이념과 목표를 신념화한 교사들은 소수를 위한 수월성 교육과 과도한 경쟁교육에 비판적 태도를 견지했고, 나아가 신자유주의 교육시장화 정책이 공교육에 미칠 위험성을 경고했다. 정부는 교육시장화 정책의 성공적 정착을 위해서는 교사들의 저항을 분쇄하는 일이 급선무라 생각했고, 교사집단을 개혁에 저항하는 이기적인 집단으로 몰아갔다. 그것은 다분히 의도적인 '교사혐오 캠페인'으로 나타났다.

2000년대 초부터 언론에서는 연일 촌지교사, 폭력교사, 무능교사 시리즈가 단골 메뉴로 올랐다. 특정 교사 개인의 일탈행위는 교사집단 전체의 문제로 환원됐다. 교사에게는 '개혁의 장애물', '잇속이나 챙기는 철밥통', '국민혈세 축내는 식충이' 따위의 이미지가 덧씌워졌고, 언제부턴가 '교사 때리기'가 범국민 스포츠로 자리 잡았다. 신자유주의에 경도된 지식인들도 과거 학창시절의 폭력경험을 떠올리며 교사 공격에 가담했다. 그들은 교사를 공격하는 것이 진보적 징표라도 되는 것처럼 생각했다.

교사혐오 캠페인은 김대중-노무현-이명박-박근혜-문재인 정부 내내 이어졌다. 1998년 단행된 '교원 정년단축'이 그 신호탄이다. 민주화운동 경력이 있는 이해찬 교육부총리가 총대를 멨다. 정부 관계자 입에서 "늙은 교사 한 명을 내보내면 젊은 교사 세 명을 채용할 수 있다"는 듣기 민망한 말이 흘러나왔다. 고 경력 교사들은 '일은 안 하고 월급이나 축내는 식충이'로 지목돼 고려장을 당했고, 교사의 교육활동은 비용절감을 위해 얼마든지 저렴한 노동력으로 대체될 수 있는 것으로 평가됐다. 그러나 퇴직한 교사의 뒷자리를 젊은 교사 세 명이 채우는 일은 결코 일어나지 않았다.

공무원 또는 준공무원 신분인 교사들은 직접적인 정리해고로부터 비켜나 있었지만, 교사혐오 분위기가 만연하면서 명예퇴직을 선택함으로써 자신을 정리해고했다. 나이든 교사들이 썰물처럼 빠져나간 뒤에도 교원의 법정 정원은 채워지지 않았고, 교사에 대한 공격도 멈춰지지 않았다. IMF 직격탄을 맞아 하루아침에 직장에서 쫓겨난 사람들은 신분이 안정된 교직사회를 화풀이 대상으로 삼았고, 그 분노는 교육시장화 정책에 마르지 않는 연료를 제공했다. 신자유주의 구조조정의 피해자들이 신자유주의 교육정책의 피해자들을 향해 집단 린치를 가했다. 교사들은 안정된 직장이 있다는 이유만으로 '공공의 적'이 되었다.

교원 정년단축 파동은 특정 집단을 지목하여 공격을 유도하는 마녀사냥이었고, 신자유주의의 피해자들을 서로 치고받게 만드는 전형적인 수평적 폭력이었다. 비슷한 일이 민간부문과 다른 공공부문에서도 벌어졌다. 수평적 폭력은 정규직 노동자와 비정규직 노동자를 갈라 치고 정리해고의 공포를 일상화함으로써 경제 실패의 책임을 개인에게 전가했다. 교육부는 고 호봉 교사들을 퇴출시킴으로써 정부의 개혁의지를 과시했고, 교육재정 지출을 줄이는 데 성공했다. 교사들이 남은 정년을 따지며 연금과 명퇴지원금을 저울질하기 시작한 것은 이때부터다. 교직에서 마음이 떠난 교사에게 헌신을 요구하기는 어렵다. 교원 정년단축은 많은 교사의 등을 떠밀어 '떠날 결심'을 하게 만들었고, 교직에 남은 교사들을 '한심한 인간'으로 만들었다.

교원평가는 2005년 노무현 정부가 처음 도입했고, 2010년 이명박 정부가 전면화했다. 처음엔 '부적격교사 퇴출'을 명분으로 내걸었지만, 교육공무원 징계규정과 중첩되어 이중처벌이라는 비판이 나오자 슬그머니 '교육전문성 신장'으로 목표를 바꾸었다. 그러나 교육전문가도 아니고 교육과정에 대한 기본적인 이해도 없는 학부모와 학생에게 교사의 전문성을 평가하게 한다는 발상 자체가 어불성설이었다. 교원평가는 처음부터 피상적 인상비평이나 악의적 교사공격 수단으로 전락할 운명이었다.

몇 번 엎치락뒤치락하다 교원평가가 도입됐고, 학부모와 학생은 객관적 지표나 신뢰할 만한 기준도 없이 교사를 평가하기 시작했다. 우려했던 대로 대부분의 평가는 교육활동보다는 교사의 태도나 용모에 집중됐다. 이런 평가결과로 뭔가를 하겠다는 발상 자체가 코미디였다. 그런데도 평가

성적이 나쁜 교사는 부적격자로 지목돼 재교육 대상자가 됐고, 여기서도 밀리면 퇴직을 권고받았다. 재교육 대상에 오른 교사들은 대부분 굴욕을 당하느니 퇴직을 선택했다. 그것은 현대판 고려장이었다.

많은 사립학교는 눈엣가시 같은 교사를 퇴출시키는 수단으로 교원평가를 악용했고, 일부 교장은 교사를 통제하는 손쉬운 수단으로 이용했다. 일부 학부모들도 순종하지 않는 교사에게 압박을 가하는 수단으로 교원평가를 활용했다. "선생님, 계속 그렇게 하시면 평가점수 낮게 줄 거예요" 하는 식의 노골적인 협박이 그것이다. 평가에 참여하는 학부모가 워낙 적다 보니 몇 명만 담합하면 그런 일이 가능했다. 재교육 대상에 오른 교사 중 상당수가 교장이나 유력 학부모에게 미운털 박힌 교사들이었다. 일부 악동들도 교원평가를 빙자해 교사를 위협했다.

세종시의 한 학교에서는 한 남학생이 서술형 평가를 악용해 여교사를 성적으로 비하하고 성희롱을 하는 일이 벌어졌다. 그러나 평가의 익명성을 보호한다는 이유로 그 학생에게는 아무런 제재도 가해지지 않았고, 피해 여교사는 "교육에 희망이 없다"는 말을 남기고 학교를 떠났다.

교사를 발가벗겨 도마에 올려놓고 공개적으로 모욕한 것 말고, 교원평가가 교육의 질 향상에 기여했다는 증거는 어디서도 나온 적이 없다. 마음 놓고 교사를 공격하라고 멍석을 깔아준 셈이다. 교원평가는 교육자와 피교육자의 지위를 바꾸어 놓았고, 학부모와 학생에게 교사를 공격해도 좋다는 잘못된 신호를 보냄으로써 교사의 존엄성과 신뢰를 크게 흔들어 놓았다. 그것은 평가를 빙자한 교사혐오에 지나지 않았다.

서이초 사건 뒤 교육부는 교원평가를 잠정적으로 중단하겠다고 밝혔다. 교원평가가 교사혐오와 교사공격 수단으로 악용된다는 사실을 뒤늦게 깨달은 것이다. 교사들의 분노가 가라앉으면 교원평가를 다시 실시할지는 미지수다. 그러나 분명한 것은, 현행 교원평가는 교원의 전문성 신장에 전혀 도움이 되지 않을뿐더러, 교사에 대한 비열한 공격에 면죄부를 줌으로써 교육활동을 위축시키고 교사의 자부심에 상처를 준다는 사실이다. 이런 백해무익한 적폐 하나 없애지 못하면 교권을 보호한다는 말은 아예 안 하는 게 낫다.

성과급은 학교사회에 일대 파란을 몰고 왔다. 교사의 교육활동은 장기간에 걸쳐 결과가 나타나고, 교육의 성과도 계량적 수치로 환산하기 어려운 특성이 있다. 또 교육적 성취는 여러 교사의 협력을 통해 이루어지기에 특정 개인의 성과로 귀결되지 않는다. 교직의 이런 특성을 무시한 성과급 제도는 큰 충격파를 몰고 왔다.

성과급은 집단의 성과가 아닌 교사 개인의 성과를 측정하고, 그 결과에 따라 모든 교사를 등급으로 나누어 액수에 차등을 두어 지급하는 방식을 취했다. 평가지표를 둘러싸고 분쟁이 일어날 것은 불 보듯 뻔했다. 분쟁의 소지를 줄이자면 주관적 판단이 개입할 수 있는 것보다는 객관적 지표로 측정할 수 있는 담임 여부, 보직 유무, 수업시간, 근태를 기준으로 삼을 수밖에 없었다. 그것은 교원의 전문성과는 아무 관련이 없는 것들이었다. 그 결과, 담임교사와 비 담임교사, 보직교사와 비 보직교사, 건강한 교사와 자주 아픈 교사, 수업 많은 교사와 수업 적은 교사 사이에 격렬한 대립과 갈등이 불거졌다.

당초 의도한 교원의 전문성, 교육역량을 평가지표에 반영하는 것은 애당초 불가능한 일이었다. 독립된 교실에서 벌어지는 다른 교사의 수업을 몇 번 참관한다고 그 교사의 교육활동을 파악할 수 있는 것은 아니었다. 결국 무난한 평가를 서로 주고받거나, 균등분배 또는 순환등급제를 적용하는 수밖에 없었다. 그 과정에서 불거진 크고 작은 갈등은 교직사회 특유의 협력과 소통의 문화를 뿌리째 흔들었다.

성과급은 교직사회에 존재하던 협력적 공동체성을 파괴하고 교사를 개별화시켰다. 그 결과 교사 개인의 능력을 벗어난 문제가 일어나면 제대로 대처하기 어려워졌다. 학부모가 악성 민원을 내거나 학생이 수업을 방해해도 조언해줄 사람이 마땅찮았고, 선배교사에게 도움을 청하자니 관계가 너무 소원했다. 담임교사가 자기 교실을 가지고 있는 초등의 독립적인 근무환경도 문제 악화에 일조했다.

이전에는 학부모의 악성 민원이나 관리자의 횡포 같은 상황이 벌어지면, 경험 많고 발언권 있는 선배교사가 사태가 악화하기 전에 문제를 해결해 주는 경우가 많았다. 학년협의회나 교과협의회도 개별 교사가 처한 곤경에 함께 대처하며 문제해결에 도움을 주었다. 교사는 개인이면서 학교 공동체의 일원이었고, 선배교사의 경험은 후배교사에게 자연스럽게 전수되면서 시행착오를 줄일 수 있었다.

그러나 성과급이 교직사회의 공동체성을 파괴하면서부터 모든 문제는 교사 개인의 문제로 떨어졌다. 선배교사에게 도움을 받고 싶어도 먼저 손을 내밀기 어려웠고, 선배교사도 평소 후배교사와 긴밀한 소통이 없으면 상황 자체를 알 수 없었다. 경력도 짧고 발언권도 약한 또래교사는 문제해결에 별 도움이 되지 않았다. 결국 곤경에 빠진 교사는 누구의 도움도 받지 못한 채 혼자 고통받다가 극단적 선택의 상황으로 내몰렸다.

젊은 교사들의 불행한 죽음을 보면서, 많은 사람이 "주위에 도움을 주는 사람이 한 명이라도 있었더라면…" 하고 안타까워했다. 성과급 제도는 교사들의 집단적 문제해결 능력을 결정적으로 약화시킨 주원인이다.

'소비자의 권리'와 '공민의 권리'

5·31 조치가 내포한 '교육수요자론'은 기존 교육질서를 완전히 바꾸는

혁명적 접근법이었다. 교사와 학부모의 관계는 종래의 협력적 관계에서 상품을 매개로 하는 소비자와 공급자 관계로 바뀌었다. 학부모·학생의 선택권이 교사의 교육적 권한과 판단에 우선했고, 교사는 교육에 대한 주도적 역할을 빼앗겼다. 고객이 외면하는 상품이 시장에서 퇴출되듯 학부모의 요구에 부응하지 못하는 교사는 '부적격 교사'로 낙인찍혔다. '시장의 왕'인 소비자에게는 권리만 있을 뿐 책임이 없었고, 공급자에게는 책임만 있을 뿐 권리가 없었다.

그러나 학부모·학생의 권리는 아동의 성장과 공동체의 발전을 위해 교육활동에 참여하고 함께 책임지는 '공민의 권리'가 아니라, 교육서비스를 소비하고 불평을 늘어놓는 '소비자의 권리'에 가까웠다. 그것은 자신의 교육적 책임을 회피하고 절제되지 않은 개인적 욕구를 표출하는 방식으로 나타났다. 교실은 인간적 유대와 협력을 통해 구성원 모두가 함께 성장하는 곳이 아니라, 만인과 만인이 투쟁하는 곳으로 바뀌어 갔다. '악성 민원의 시대'가 막이 오른 것이다.

시장이 모든 소비자에게 행복을 안겨 준 것은 아니었다. 학부모는 교육의 수요자면서 자신도 힘겨운 경쟁의 당사자였다. 상품은 마음에 안 들면 환불을 요구하거나 별점테러를 가하면 되지만, 자식 교육은 그렇게 할 수 없었다. 교사가 마음에 안 든다고 학교를 그만둘 수도 없고, 혹시라도 잘못된 선택을 하면 돌이키는 것은 불가능했다. 그것은 학부모를 더 예민하게 만들었다. 참을성 없는 일부 학부모들은 자녀의 교육적 권리를 확보하기 위해 교사와 협력하기보다는, 마음에 들지 않는 교사를 공격하여 잠재적 위험을 제거하는 쪽을 선택했다. 그렇다고 더 나아질 거라는 보장은 없지만, 최소한 위험은 줄일 수 있다고 생각한 것이다.

신자유주의 교육시장화 정책은 '공민의 권리'를 제약함으로써 교육에 대한 학부모의 책임을 희석했고, '수요자의 권리'를 강조함으로써 학부모의 무분별한 욕망의 투영을 정당화했다. '모두가 불행한 학교'는 그렇게 현실이 됐다.

현직 고등학교 교사이자 (사)따돌림사회연구모임 대표인 박종철은 2023년 9월 1일 교육전문지 『교육 플러스』에 기고한 「서이초 비극의 주범, 신자유주의와 자유주의」라는 글에서 교실해체의 원인을 다음과 같이 지적했다.

교실해체는 여러 가지 원인이 복합적으로 작용한 결과다. 하지만 가장 큰 원인을 꼽자면 1995년 5·31 교육개혁으로 시작된 신자유주의적 수요자 중심주의와 자유주의적 학생 중심주의의 합작품이라고 할 수 있다. 5·31 교육개혁은 신자유주의 교육선언과 다를 바 없었다. 이때부터 학생과 학부모는 수요자 또는 소비자가 되고, 교사는 공급자로 자리매김했다. 대부분의 교사들은 이와 같은 변화를 원치 않았다. 그러나 정부는 교육정책 수립과정에서 교사를 배제했을 뿐 아니라 교사를 개혁의 대상으로 몰아붙였다. 학부모는 교사가 안정적인 직장생활에 안주하여 노력하지 않는 존재라고 생각하게 되었다. 또한 선택권을 보장해주겠다는 정부의 말을 반복적으로 들으며 무엇이든 요구해도 된다고 생각하게 되었고, 학교가 할 수 없는 것까지 요구하는 지경에 이르렀다. 예를 들어 학생에게 불리한 생활기록부 기재 내용을 바꿔 달라는 요구는 교사의 평가권을 침해하는 것이지만 소비자로서 당연히 요구할 만한 권리라고 생각하게 되었다. 애초에 교사의 권리는 관습적으로만 존재했지 법적 근거가 없었다. 그러나 신자유주의적 교육정책은 관습적으로 존재하던 교권마저 사라지게 만들었다.

바람에 흔들리는 촛불, 교육의 공공성

학교교육을 공교육이라고 부르는 데는 이유가 있다. 교육에 필요한 건물과 시설, 비용과 교원을 국가가 공급하고, 아동의 발달단계에 맞춰 교육과정을 편성한다. 교육과정에 담긴 보편적 가치와 지식은 후세에 전수되어 공동체의 지속적 발전의 토대가 된다. 학교교육은 이렇듯 특정 개인이 아닌 사회구성원 전체의 이익을 위해 봉사하고, 사회적 지위나 경제능력과 무관하게 모든 개인에게 균등한 교육기회를 부여함으로써 공동체의 조화로운 발전과 구성원의 분발을 촉진한다. 능력 있는 개인이 교육을 통해 특별한 성취를 이룰 수는 있지만, 공교육의 주된 목적은 구성원 모두에게 균등한 기회를 줌으로써 공동체의 균형적 발전을 도모하는 것이다. 그것은 공교육이 어떤 상황에서도 견지해야 할 '공공성'이고, 우리 사회가 비싼 세금 들여가면서 공교육 제도를 유지하기로 합의한 이유다.

그런데 신자유주의 교육시장화 정책은 공동체 전체의 발전보다는 능력 있는 개인의 발전을 우선함으로써 이런 합의를 부정했다. 교육의 기회균등 원칙을 비효율적이고 시대에 뒤떨어진 낡은 관념이라고 공격했다. 경쟁은 더 많은 기회를 선점하기 위해 '더 많은 경쟁'을 낳는다. 학교교육만으로는 남보다 앞서나갈 수 없다고 생각한 부유층은 곧바로 사교육 경쟁에 뛰어들었고, 그것은 잔잔한 호수에 떨어진 돌멩이가 파문을 일으키듯 사회 모든 계층으로 번져 갔다. 부유층은 더 많은 기회를 선점하기 위해, 중간층은 현재의 지위를 유지하기 위해, 빈곤층은 조금이라도 불이익을 줄이기 위해 사교육 경쟁에 뛰어들었다.

그러나 결과는 바뀌지 않았다. 강남의 족집게 과외학원과 변두리 동네의 보습학원이 같을 수 없었다. 사교육 경쟁은 곧 비용 경쟁이었고, 비싼

비용을 감당할 능력이 있는 자와 그렇지 못한 자의 간격은 더 벌어졌다. 경쟁은 부와 권력을 유지하려는 상류층의 이기적 욕망에서 시작되어 중간층의 위기감으로 확산했고, 교육을 통해 신분상승을 이루려는 서민층의 절망적인 집착으로 뒷받침됐다.

경쟁은 교육의 퇴행을 강화했다. 일부 사립학교는 입시명문으로 발돋움하기 위해 학생체벌과 인권유린을 일상화했고, 일부 공립학교도 이 대열에 뛰어들었다. 입시성적은 모든 허물을 덮어주는 면죄부가 되었다. 경쟁은 우리 사회가 피땀 흘려 이룬 민주화의 성과를 부정하고 전근대적 악폐를 되살렸다. 교육으로 사회를 바꾸기는커녕, 교육 때문에 사회가 퇴보하는 지경에 이른 것이다.

아동은 교육을 통해 행복해지기는커녕 더 많은 고통에 시달리게 됐고, 위태로운 아동이 더 늘었다. 탈락의 두려움에 떠는 학생에게 타인을 존중하고 배려하라는 것은 부질없는 일이었다. 학부모들이 화를 낼 일도 점점 많아졌다. 질 높은 사교육을 구매할 능력이 없는 가난한 학부모는 불안과 공포에 시달리며 교사를 원망했고, 부유하고 능력 있는 학부모는 교사의 교육활동을 간섭으로 여겼고, 먹고살기 바쁜 학부모는 가정에서 담당해야 할 가정교육과 기초교육을 교사에게 떠넘겼다. 그리고 모든 학부모가 자기 요구가 받아들여지지 않으면 교사를 향해 분노를 쏟아냈다.

정부는 가성비 떨어지는 보통학생을 위해 돈을 투자하지 않았고, 교육복지 수준은 우리보다 경제력이 떨어지는 나라와 비교해도 낯 뜨거운 수준에 머물렀다. 학급당 학생 수는 제자리걸음을 면치 못했고, 정부는 인구감소로 취학아동이 자연감소해 문제가 저절로 해결될 때까지 기다릴 생각이었다. 무상교육은 겨우 중등교육 중간까지 가다 멈췄고, 대학 등 고등교육과 평생교육의 무상화는 언감생심 꿈도 못 꾸는 상태다.

특별한 관심과 배려가 필요한 빈곤학생·학습결손아동·이민아동·장애아동 등 교육약자에 대한 지원도 축소됐다. 그 결과 교육약자들은 의무교육을 마친 뒤에도 공동체의 일원으로 자리 잡지 못하고, 취업기회를 얻지 못해 가난을 대물림하는 악순환을 벗어나지 못했다. 장애아동을 위해 특수교육기관과 통합교실이 만들어졌지만 재정지원이 뒤따르지 않아 보호자와 특수교사가 모든 부담을 떠안았다. 예산과 인력의 뒷받침도 없이 만들어 놓은 통합교실은 장애 이해라는 원래 취지와 반대로 장애아동에 대한 차별적 인식을 더 심화시켰다. 절망에 빠진 장애아동 보호자는 같은 피해자인 특수교사를 향해 거칠게 분노를 표출했다. 효율성을 앞세운 신자유주의 시장논리가 교육약자를 더 불행하게 만든 것이다.

신자유주의 교육시장화 정책은 공교육을 각자도생의 밀림으로 바꾸어 놓았다. 국가가 책임지고 사회구성원 모두에게 균등한 교육기회를 제공하고, 능력을 발휘하도록 인적·물적 지원을 한다는 공교육의 기본 원리는 잊혀졌다. 교육은 사회 공동선을 실현하는 수단이 아니라 유력한 개인이 타인의 기회를 가로채 자기 이익을 극대화하는 수단으로 변질됐다.

공교육 종사자인 교사는 자신이 수행하는 교육활동의 정당성에 근본적인 의문을 품게 됐고, 그것은 교육역량의 전반적 약화로 이어지고 있다. 바람에 흔들리는 촛불처럼, 공교육이 위기에 처한 것이다.

2장

교육당사자 간 권리와
책임의 불균형

　학교는 학원처럼 입시상품을 판매하는 가게도 아니고, 보육원처럼 가정이 방치한 학생을 대신 돌봐 주는 곳도 아니다. 학교는 민주공화국의 시민을 기르는 공교육 기관으로서 고유의 역할이 있다. 교사는 그것을 위해 있는 사람이고, 학부모는 자녀를 주체적이고 독립적인 인간으로 길러 달라고 위임한 사람이고, 학생은 이런 합의에 따라 어린 시민으로서 권리를 보장받으며 안전한 환경에서 교육받는 존재다. 교사는 교육활동을 담당하는 '교육의 주체'이고, 학생은 교육을 받는 '학습의 주체'이며, 보호자는 자녀의 교육을 돕는 '협력의 주체'이다. 이들은 역할과 책임은 다르지만 모두 교육의 당사자다.

　학교교육이 성공하려면 학생·학부모·교사의 이해와 협력은 필수적이다. 어느 일방의 요구가 다른 당사자의 권리와 권한을 침해하거나 자신에게 부여된 책임과 의무를 다하지 않으면, 학교교육은 불가능하다. 내 권리가 타인의 권리에 앞설 수 없고, 교사든 학생이든 학부모든 특정인을 위한 특별한 배려는 정당한 사유가 없는 한 용납될 수 없다.

그런데 교육시장화 정책이 이 협력관계를 힘과 힘이 충돌하는 적대관계로 바꿔 놓았다. 권위주의 정부 시절에는 교사의 권위에 기대어 갈등과 충돌을 조정해 왔지만, 민주화 이후 그런 방식은 먹히지 않았다. 새로운 환경에 부응하여 교육 당사자의 권리와 책임을 재규정하고, 새로운 형태의 협력관계를 구축할 필요가 있었지만, 그런 노력은 없었다.

교육시장화 정책은 수요자로서 학부모의 권리를 대폭 강화했지만, 협력자로서 책임은 희석시켰다. 학생인권운동은 학생의 권리를 크게 신장시켰지만, 학습 주체로서 책임과 의무를 소홀히 했다. 교육활동의 원활한 수행을 위한 교사의 주도적 역할은 과소평가됐고, 학부모와 학생의 협조를 요구할 교육적 권한보다는 공급자의 책임만 더 강조됐다. 권리와 책임의 불균형은 교육 당사자의 관계에 지각변동을 일으켰다.

학생의 권리와 의무

교육기본법에 따르면 학생은 다음과 같은 권리와 의무가 있다.

교육기본법

제12조(학습자) ① 학생을 포함한 학습자의 기본적 인권은 학교교육 또는 평생교육의 과정에서 존중되고 보호된다.

② 교육내용·교육방법·교재 및 교육시설은 학습자의 인격을 존중하고, 개성을 중시하여 학습자의 능력이 최대한으로 발휘될 수 있도록 마련되어야 한다.

③ 학생은 학습자로서의 윤리의식을 확립하고, 학교의 규칙을 지켜야 하며, 교원의 교육·연구활동을 방해하거나 학내의 질서를 문란하게 하여서는 아

니 된다. (밑줄 친 부분은 원래 "준수하여야"였으나, 학교의 정당한 교육활동에 협조하고 존중할 학생의 의무를 더 명확하게 한다는 이유로 2023년 9월 27일 "지켜야"로 개정되었다.)

이 조항에 따르면, 학생은 학습의 주체로서 인권과 인격을 존중받을 권리, 교육여건을 요구할 권리가 있다. 또 학교규칙을 지키며 교사의 교육·연구활동을 방해하지 않고 학내질서를 지킬 의무가 있다. '교육받을 권리'와 함께 '교육활동 존중'의 의무를 부과한 것이다. 이는 교육에 대한 권리와 책임의 조화를 규정한 것으로, 교육목적 달성을 위해 학습자인 학생의 적극적인 협력이 필요함을 강조한 것이다. 그러나 이 조항의 '교육활동 존중' 의무는 너무 포괄적이어서 학교현장에 적용하는 데는 한계가 있다.

일부 지자체가 만든 학생인권조례는 학생의 권리를 대폭 확대하여 상세히 규정했다. 구체적인 내용은 지자체마다 다르지만 대체로 비슷하다. 서울특별시 학생인권조례는 24개 조에 걸쳐 학생의 권리를 정하고 있다. 너무 많아서 제목만 뽑으면 다음과 같다.

서울특별시 학생인권조례의 학생의 권리

제5조(차별받지 않을 권리)

제6조(폭력으로부터 자유로울 권리)

제7조(위험으로부터의 안전)

제8조(학습에 관한 권리)

제9조(정규교육과정 이외의 교육활동의 자유)

제10조(휴식권)

제11조(문화활동을 향유할 권리)

제12조(개성을 실현할 권리)

제13조(사생활의 자유)

제14조(개인정보를 보호받을 권리)

제15조(개인정보를 열람할 권리 등)

제16조(양심·종교의 자유)

제17조(의사 표현의 자유)

제18조(자치활동의 권리)

제19조(학칙 등 학교규정의 제·개정에 참여할 권리)

제20조(정책결정에 참여할 권리)

제21조(학교복지에 관한 권리)

제22조(교육환경에 대한 권리)

제23조(급식에 대한 권리)

제24조(건강에 관한 권리)

제25조(징계 등 절차에서의 권리)

제26조(권리를 지킬 권리)

제27조(상담 및 조사 등 청구권)

제28조(소수자 학생의 권리 보장)

그에 비해 학생의 책임에 대한 규정은 아래가 전부다.

서울특별시 학생인권조례

제4조(책무)

⑤ 학생은 인권을 학습하고 자신의 인권을 스스로 보호하며, 교사 및 다른 학생 등 다른 사람의 인권을 침해하여서는 아니 된다.

⑥ 학생은 학교의 교육에 협력하고 학생의 참여 하에 정해진 학교규범을 존중하여야 한다.

학생의 권리와 책임이 균형과 조화를 이루지 못하고 있음을 한눈에 알수 있다. 이 조례는 2010년 경기도교육청(교육감 김상곤)의 학생인권조례를 참고한 것이고, 경기도 학생인권조례는 미국 뉴욕시의 「권리와 책임의 학생장전(Student Bill of Rights and Responsibilities)」을 참고해 만든 것으로 알려져 있다. 그러나 뉴욕시 권리장전에는 학생의 권리와 함께 책임·의무가 비슷한 비중으로 강조된 것에 비해, 우리나라 학생인권조례는 학생의 책임·의무는 소략하게 언급하고 주로 권리를 강조한다.

그 결과 권리와 책임의 불균형이 발생해, 학생에게는 최대한의 자유와 권리가 부여됐지만 교사에게는 학생의 권리를 존중할 의무만 부과됐다. 학생의 권리신장에 따라 교사의 생활지도를 뒷받침할 새로운 근거와 기준이 필요했지만, 교사에게는 체벌금지, 두발규제 금지, 휴대전화 압수 금지, 소지품 검사 금지 등 새로운 의무만 추가됐다. 결국 많은 교사는 위험을 무릅쓰기보다는 생활지도를 포기하는 쪽을 선택했다. 권리와 책임의 불균형이 교사의 생활지도를 어렵게 만든 것이다. 학생인권조례가 학생의 자유와 권리만 강조하여 교사의 학생 생활지도를 불가능하게 만들었다는 지적이 나오는 이유는 이 때문이다.

학부모의 권리와 의무

교육기본법은 학부모 등 보호자의 권리와 책임에 대해 다음과 같이 정해 놓았다.

교육기본법

제13조(보호자) ① 부모 등 보호자는 보호하는 자녀 또는 아동이 바른 인성을 가지고 건강하게 성장하도록 교육할 권리와 책임을 가진다.

② 부모 등 보호자는 보호하는 자녀 또는 아동의 교육에 관하여 학교에 의견을 제시할 수 있으며, 학교는 그 의견을 존중하여야 한다.

이 조항에 따르면, 학부모나 아동의 보호자는 자녀교육을 학교에 위임한 당사자로서 안전하고 교육적인 환경을 요구하고, 그에 관해 의견을 개진할 권리가 있다. 또 자녀의 바른 인성과 성장을 위해 가정교육의 책임을 지고, 교육의 성취를 위해 교사의 지도를 존중하고 협조할 의무가 있다. 그러나 그 내용이 너무 추상적이어서 교사와 학부모의 다양한 소통방식과 관계형성을 정하는 데는 턱없이 부족하다. 학부모는 자녀교육에 관해 의견을 개진할 권리는 있지만, 그 의견이 정당한 것인지 아닌지 판단할 기준은 없다. 어떤 경로를 거쳐 누구에게 의견을 전달해야 하는지도 없고, 결과가 어떻게 처리됐는지 알 방법도 없다.

서이초 사건 이후 교사들이 거리로 쏟아져 나오기 시작하자, 정부는 2023년 9월 27일 서둘러 법을 개정해 다음과 같이 ③항을 신설했다.

교육기본법

제13조(보호자) ③ 부모 등 보호자는 교원과 학교가 전문적인 판단으로 학생을 교육·지도할 수 있도록 협조하고 존중하여야 한다.

법제처가 밝힌 개정 이유는 "부모 등 보호자가 학교의 정당한 교육활동에 협조하고 존중할 의무를 명확하게 규정하는 등, 현행제도의 운영상 나타난 일부 미비점을 개선·보완"하기 위해서다. 학부모의 책임과 의무를 우리 교육사상 처음으로 법에 명시한 것이다. 이전보다 진일보한 것이지만, 이 조항 역시 추상적 선언에 불과해 실효를 기대하기 어렵다. 자칫하면 교사의 지도가 정당한 것인지를 놓고 끝없이 소송이 이어질 수도 있다. 불필요한 논란의 소지를 없애려면 권리와 책임을 분명히 해야 한다.

①의 '가정교육' 영역이 분명치 않으니 가정교육과 학교교육의 경계가 모호해지고, 학생의 문제행동에 대한 책임소재가 불명확해진다. 심한 경우, 학생지도의 권한범위를 놓고 학부모와 교사 간 갈등이 빚어지고, 가정교육 실패의 책임을 교사에게 전가하는 일도 벌어진다.

② ③의 '의견개진', '협조·존중'도 마찬가지다. 어떻게 의견을 개진하는 것이 교사의 교육활동을 존중하는 것인지 분명치 않아서 정당한 의견개진과 교육활동 침해의 경계가 모호하다. 이래서는 학부모와 교사 사이에 갈등과 충돌이 계속될 수밖에 없다.

권리는 없고 의무만 있는 교사

교육기본법은 교원의 권리와 책임에 대해서도 다음과 같이 정해 놓았다.

교육기본법

제14조(교원) ① 학교교육에서 교원의 전문성은 존중되며, 교원의 경제적·사회적 지위는 우대되고 그 신분은 보장된다.

② 교원은 교육자로서 갖추어야 할 품성과 자질을 향상시키기 위하여 노력하여야 한다.

③ 교원은 교육자로서 지녀야 할 윤리의식을 확립하고, 이를 바탕으로 학생에게 학습윤리를 지도하고 지식을 습득하게 하며, 학생 개개인의 적성을 계발할 수 있도록 노력하여야 한다.

④ 교원은 특정한 정당이나 정파를 지지하거나 반대하기 위하여 학생을 지도하거나 선동하여서는 아니 된다.

⑤ 교원은 법률로 정하는 바에 따라 다른 공직에 취임할 수 있다.

⑥ 교원의 임용·복무·보수 및 연금 등에 관하여 필요한 사항은 따로 법률로 정한다.

말만 '권리와 책임'일 뿐, 실제로는 ①을 뺀 나머지 ②∼⑥이 모두 책임과 의무로 구성돼 있다. 그나마 권리를 언급한 ①도 교원의 '전문성', '경제적·사회적 지위', '신분보장'을 말하지만 실효성 없는 선언에 그친다. 한마디로 교원에게는 의무만 있을 뿐, 권리는 없는 것이나 마찬가지다.

이처럼 실속 없는 말잔치의 원조는 대한민국 헌법이다. 헌법 제31조에는 "교육의 자주성·전문성·정치적 중립성은 법률이 정하는 바에 의하여 보장된다"고 규정했지만, 그 위임을 받은 교육기본법에서는 같은 말만 되풀이한다. 교원지위법에도 교원의 교육활동이 구체적으로 무엇을 뜻하는지, 교사는 어떤 권리가 있는지, 책임범위는 어디까지인지 언급이 없다.

결국 최상위법부터 최하위법에 이르기까지 교사의 교육활동과 교사의 권리를 제대로 규정한 법률조항은 없는 셈이다. 대한민국의 교사는 해방 후 80년이 되도록 교육활동을 뒷받침할 법적 권한도 없이 학생을 가르쳐 왔다는 얘기다. 이러니 교사의 권리는 고사하고, 어디까지가 '정당한 교육활동'인지, 어떤 행위가 '교육활동 침해'에 해당하는지도 모호해질 수밖에 없다. 법을 이렇게 만들어 놓고 교권침해가 일어나지 않기를 바라는 것은 낯 뜨거운 일이다.

그런데 교사의 교육활동을 상세하게 규정한 법이 하나 있다. 엉뚱하게도 '학교안전사고 예방 및 보상에 관한 법률(학교안전사고예방법)'과 그 시행령이다. 이 법은 학교 교육활동 중에 일어난 안전사고의 피해를 배상하기 위해 만든 법이다.

학교안전사고 예방 및 보상에 관한 법률

제2조(정의) 이 법에서 사용하는 용어의 정의는 다음과 같다.

4. "교육활동"이라 함은 다음 각 목의 어느 하나에 해당하는 활동을 말한다.

가. 학교의 교육과정 또는 학교장이 정하는 교육계획 및 교육방침에 따라 학교의 안팎에서 학교장의 관리·감독 하에 행하여지는 수업·특별활동·재량활동·과외활동·수련활동·수학여행 등 현장체험활동 또는 체육대회 등의 활동

나. 등·하교 및 학교장이 인정하는 각종 행사 또는 대회 등에 참가하여 행하는 활동

다. 그 밖에 대통령령으로 정하는 시간 중의 활동으로서 가목 및 나목과 관련된 활동

학교안전사고 예방 및 보상에 관한 법률 시행령

제2조(교육활동과 관련된 시간) 법 제2조 제4호 다목에서 "대통령령이 정하는 시간"이란 다음 각 호의 어느 하나에 해당하는 시간을 말한다.

1. 통상적인 경로 및 방법에 의한 등·하교 시간
2. 휴식시간 및 교육활동 전후의 통상적인 학교 체류시간
3. 학교장의 지시에 의하여 학교에 있는 시간
4. 학교장이 인정하는 직업체험, 직장견학 및 현장실습 등의 시간
5. 기숙사에서 생활하는 시간
6. 학교 외의 장소에서 교육활동이 실시될 경우, 집합 및 해산장소와 집 또는 기숙사 간의 합리적 경로와 방법에 의한 왕복시간

교육기본법과 교원지위법, 유아교육법과 초·중등교육법에도 없는 '교원의 교육활동'에 대한 정의가 어떻게 학교안전사고예방법에 나오게 됐을까? 그 이유는 돈 때문이다. 학교 안전사고에 대해 피해배상을 하려면 사고와

교육활동의 관련성을 먼저 살펴야 하고, 그러려면 교육활동의 정의와 범위부터 정해야 한다. 그런데 법령을 아무리 뒤져봐도 교원의 교육활동에 대한 규정이 없다 보니, 목마른 사람이 우물 파는 격으로 교육활동의 정의를 학교안전사고예방법에 집어넣은 것이다. "울고 싶은데 웃음이 나온다"는 말은 바로 이런 경우를 두고 하는 말이다.

그러나 학교안전사고예방법은 어디까지나 안전사고에 대한 치료비 지급을 위해 만든 법일 뿐, 교원의 교육활동을 정의하거나 보호하기 위한 법이 아니다. 따라서 치료비와 관련 없는 교육활동은 대상도 아니고, 교육활동 침해행위 금지나 피해교원 지원대책도 당연히 없다.

이렇듯 교육당사자인 교사, 학생, 학부모의 권리와 책임이 분명치 않으면 서로 경계를 넘나드는 일이 수시로 벌어진다. 그 점에서 지금 학교는 차선이 없는 고속도로 같다. 중앙선이 없으니 마주보고 달리는 차들이 정면충돌하고, 차선이 없으니 밀고 들어와 접촉사고를 낸다. 권리와 책임이 뒤섞여 누가 잘못했는지 가리기도 어렵고, 당사자도 쉽게 수긍하지 않는다. '꼭 해야 할 일'과 '절대 하면 안 되는 일', '해도 되는 일'과 '안 해도 되는 일', '하면 좋은 일'과 '가급적 하지 말아야 할 일'의 경계가 무너진다. 교권침해도 그런 '차선 위반'의 한 유형이라고 볼 수 있다. 서로를 존중하기 위해서라도, 교육 당사자의 권리와 책임, 의무는 명확히 해야 한다.

3장

책임 없는 권리,
자유주의적 학생인권운동

누구도 원치 않은 충돌,
학생인권과 교권

민주화 물결이 학교에 불어오면서 2010년 경기도의회는 처음으로 학생인권조례를 만들었다. 이명박 정부는 오장풍 교사 체벌사건을 계기로 2011년 학교 내 모든 체벌을 법으로 금지했다. 보수 교직단체를 제외한 다수의 교직단체와 학부모단체, 인권운동단체와 진보적 지식인들은 이 조치를 민주화의 큰 진전으로 인식하고 지지했다.

젊은 교사의 상당수도 이전부터 체벌을 학생지도 수단으로 사용하지 않고 있었다. 그것은 교사의 인권의식이 어느 날 갑자기 신장되어서가 아니라, 민주주의의 세례를 받은 세대가 교직에 진출하면서 나타난 자연스러운 변화였다. 그 교사들은 강압적 훈육이나 체벌보다는 학생을 존중하며 소통으로 문제를 해결하려 했다. 나이 든 교사들도 체감온도는 조금 달랐지만, 이런 변화를 긍정적인 눈으로 바라보며 체벌을 자제하는 분위기였다.

보수적 분위기가 아직 남아 있었지만, 체벌금지는 교육민주화 운동이 이뤄낸 소중한 가치 중 하나였고 거스를 수 없는 시대의 흐름으로 받아들여졌다. 학교도 이런 변화에 발맞춰 체벌이나 강압적 훈육이 아닌 학생의 인권을 보장하는 방식으로 지도해야 한다는 공감대가 확산하고 있었다. 체벌금지 조치와 학생인권조례 제정은 그런 자발적 노력이 국가의 정책의지로 발현된 것이다.

학생인권조례가 만들어지면서 학생의 인권을 보장하는 교육방식이 권장되고, 체벌이나 강압적 훈육에 의존하지 않는 생활지도 방식이 장려됐다. 학생들에게 이전보다 많은 자율권이 주어지고, 학생은 교사의 부당한 지시를 거부할 수 있게 됐다. 교사에게는 새로운 지도방식이 필요했지만, 학생에게 학교규칙 준수와 교육활동 협조를 요구하는 제도보완은 이루어지지 않았다.

훈육과 체벌에 의존하던 종래 방식의 대안과 학생·학부모의 책임은 누구도 말하지 않았다. 교사들은 법과 현실의 간격을 몸으로 메워야 했고, 몇 번의 갈등을 겪고 난 뒤 학생 생활지도를 포기하는 교사들이 점점 늘어갔다. 눈치 빠른 학생들은 교사가 '무장해제'당했음을 간파하고, 인권을 내세워 정당한 지시마저 거부하기 일쑤였다. 학생인권의 이름으로 교사의 수업이 침해되고 다른 학생의 학습권이 침해돼도 교사에게는 마땅한 제재수단이 없었다. 위기는 현실이 됐고 교실은 점점 통제 불능 상태로 빠져들었다.

시대의 변화를 따라가지 못하는 일부 교사들의 구태의연한 지도방식도 문제를 일으켰다. 일부 사립학교들은 변화를 거부하고 여전히 체벌을 주된 훈육수단으로 사용했다. 공교롭게도 전국 중·고등학교의 거의 절반이 사립학교였고, 체벌을 훈육수단으로 사용하는 학교들은 대부분 사립학교였다. 그들은 교육청의 지시에도 아랑곳 않고 자기만의 왕국에서 문을 걸어 잠그고 변화를 거부했다. 그것은 '학생인권의 문제'였지만 동시에 공적 통제가 먹히지 않는 '사립학교의 문제'이기도 했다.

결국 일부 사립학교의 체벌과 인권유린은 교사집단 전체를 학생인권의 '잠재적 가해자'로 몰아가는 빌미가 됐다. 체벌사건이 터질 때마다 교사들은 개혁 대상으로 간주됐고, 교사들은 기존 지도방식을 포기하는 것 말고는 뾰족한 대안이 없었다. 질책과 훈계는 학생의 인권을 침해하는 것으로 간주됐고, 다급한 상황이 벌어져도 신체적 제재는 일체 허용되지 않았다.

문제행동을 일삼는 학생을 말로 타이르자니 효과가 없고, 교실 밖으로 내보내자니 "학습권 침해"라고 항의하면 꼼짝없이 뒤집어썼다. 그런 판례가 잇따라 나오면서 교사들은 움츠러들었다. 그렇다고 말썽쟁이들을 대신 맡아 지도해 주는 교장·교감은 없었다. 교실붕괴가 눈앞의 현실로 다가온 지금에야 교육부가 '문제 학생 분리방안'을 내놓았지만, 당시엔 어림도 없는 얘기였다. 다른 학생에게 폭력을 휘두르지 않는 한 수업방해는 징계사유도 아니었다. 교사들은 서서히 무기력감에 빠져들었고 교실도 통제 불능의 무법지대가 되어 갔다. '책임 없는 권리'가 교실을 무너뜨리고, 교사를 주저앉히고 있었다.

학생인권의 '잠재적 가해자'가 된 교사

모든 권리가 그렇듯, 하나의 권리는 다른 권리와 종종 충돌을 일으킨다. 그 권리가 정당한 것이라면 어쩔 수 없다. 불필요한 충돌을 최소화하고 피해를 줄이기 위해 타협하고 조정하는 수밖에 없다. 두 권리가 상충

하면 본질에 해당하는 권리가 다른 권리에 우선한다. 동등한 권리라면 약자의 권리가 강자의 권리에 우선한다. 또 나의 권리행사는 타인의 권리를 침해할 가능성을 항상 내포하기에, 타인의 권리와 공동선을 해치지 않도록 세심한 주의를 기울여야 한다. 이렇듯 권리와 책임은 동전의 양면처럼 서로 모순되면서 하나로 통일되는 존재다. 그것이 민주공화국 시민이 권리를 누리는 방식이다.

그 점에서, 학생인권조례는 많은 문제를 내포하고 있었다. '학생이 할 수 있는 것'은 많아졌지만 '학생이 해야 하는 것'과 '학생이 하면 안 되는 것'에 대한 관심은 적었다. 반대로 '교사가 하면 안 되는 것'은 많아졌지만 '교사가 할 수 있는 것'은 별로 없었다. 권리와 책임의 불균형은 학생과 교사의 관계에 혼란을 초래했다.

소지품검사 금지, 휴대전화 압수 금지, 학생의 항변권 보장 등 학생의 인권을 보장하는 세부적인 조항이 새로 생겼지만, 학교라는 교육공간에서 지켜야 할 학생의 책임과 의무는 추상적인 규정 몇 줄이 전부였다. 수업 방해학생을 제지하면 인권침해였지만 정작 학생의 수업방해에 교사가 취할 수 있는 제재조치는 없었다. 심지어 "수업시간에 엎드려 자는 학생을 깨우면 휴식권 방해"라는 납득하기 어려운 주장까지 등장했다.

교육청은 학교가 복장과 두발에 관한 학생생활규정을 고치라고 지시했지만, 학생들은 규정이 바뀌기도 전에 더 많은 권리를 요구하기 일쑤였다. 학부모들은 부실한 가정교육의 공백을 메우기라도 하듯 오히려 더 강한 통제를 요구했다. 교사들은 그 틈바구니에 끼어 이러지도 저러지도 못하는 신세가 됐다. 학생의 요구에 따르면 '무책임한 교사', 학부모 의견에 따르면 '반인권 교사', 가만히 있으면 '무능한 교사'가 됐다.

학생인권과 성폭력 교육도 종종 문제를 일으켰다. 일부 강사들은 강연이 끝난 뒤 종이를 나눠주고 '내가 겪은 인권침해'를 써내게 했고, 여기서 가해자로 지목된 교사들은 교육청에 보고돼 징계를 받거나 경찰에 신고돼서 조사를 받았다. 그런 방식은 교육청의 지시에 의한 것은 아니었지만, 일부 학생인권 운동가들에게는 학생인권은 어떤 대가를 치르더라도 지켜야 할 덕목이었고, 교사의 인권과 교육권은 개혁에 저항하는 구시대적 권위의식으로 간주됐다. 학생인권 수호라는 목적을 위해서는 폭력적인 수단도 정당화했다. 그들은 한 명의 피해자를 보호하기 위해 열 명의 무고한 교사를 잠재적 가해자로 만드는 방식의 위험성을 간과했고, 교육활동의 어려움을 호소하는 교사의 목소리에 귀를 기울이지 않았다. 그것은 폭력을 또 하나의 폭력으로 제압하는 것이었다.

결과적으로 학생인권조례는 학생의 인권과 교사의 수업권을 조화롭게 보호하지 않았다. 학생인권조례는 학생에게는 보호막이었지만, 교사의 정당한 교육활동을 어렵게 만드는 장애물로 기능하기도 했다. 교직사회 일각에서 교권과 학생인권을 대립적으로 바라보는 시각이 자리 잡게 된 데는 이런 사정이 숨어 있다.

교사는 서서히 고립됐고 학교도 교육청도 손을 내밀어주지 않았다. 사건이 터지면 교육청은 학생과의 분리를 위해 즉시 담임부터 교체했고, 교사의 출근을 막기 위해 연가·병가를 내게 하거나 직위해제 조치를 내렸다. 2차 가해를 막는다는 이유로 학생에게 경위를 설명할 기회도 주어지지 않았다. 징계위원회나 법정에 가서야 자기 혐의가 무엇인지 알게 된 교사도 있었다. 가해자로 지목되는 순간부터 교사가 할 수 있는 일은 없었다.

어떤 학교에서는 생활지도 때문에 학생과 갈등을 빚던 교사가 학생인권 가해자로 지목돼 경찰 조사를 받는 과정에서, 몇몇 학생의 공모에 의한 허위고발임이 밝혀져 무혐의로 종결됐다. 그 학생은 뒤늦게 사과했지만 교사의 가슴에 든 피멍은 가시지 않았다. 가르치던 제자들을 차마 무고 죄로 고소할 수 없어 그냥 가슴에 묻었다. 그 일이 있고 난 뒤 교사는 "아이들이 무섭다"고 털어놓았다.

주위에서 이런 일들을 목격하게 된 교사들은 극심한 좌절감과 배신감에 사로잡혔다. 학생의 인권을 존중해야 한다고 생각하면서도, 교사집단 전체를 잠재적 가해자로 전제하고 투망을 던져 훑는 방식에는 동의할 수 없었다. 그것은 교육도 아니고 정의도 아니었다. '학생인권을 앞세운 또 하나의 폭력'이라는 생각을 지우기 어려웠다. 처음에 학생인권 보호에 호의적이던 교사들이 학생인권조례나 학생인권단체에 대해 유보적인 태도로 돌아선 것은 그 때문이다.

'학생인권 지상주의', 그 소박하고 확고한 믿음

학생인권운동을 주도한 자유주의적 인권운동가들에게 학교는 구조적 폭력을 재생산하는 거대악이었고, 교사들은 그 시스템을 가동하는 집행자로 여기는 경향이 강했다. 그들은 교사의 학생 생활지도 자체를 위계적 폭력으로 인식하고 교사의 학생 생활지도 권한 자체를 인정하지 않았다. 그들의 신념은 아동의 교육과 학습에도 그대로 적용됐다. 그들은 학생에 대한 간섭을 최소화하면 학생들이 스스로 성장할 것이라는 강력하고도 소박한 믿음이 있었다. 모든 아동은 지적 욕구를 지니고 태어나며 적절한 흥미와 호기심을 느끼면 스스로 학습을 통해 성장하는 존재로 여겨졌다. 설령 잘못된 선택을 하더라도 시행착오는 청소년기의 특권과도 같은 것이었다.

교사의 역할은 뭔가를 '가르치는 것'이 아니라 학생이 스스로 학습에 주체로 나설 때까지 '참고 기다려주는 것'이었다. 그들은 교사가 학생에게 공부하라고 요구하는 것 자체를 인권침해의 하나인 '학습노동 강요'로 간주했고, 심지어 수업에 참여하지 않는 학생의 '자기 결정권'도 보장하라고 요구했다. 학습에 대한 흥미를 제대로 유발하지 못하는 무능한 교사에 대한 비난은 덤으로 따라왔다.

그런 극단적 경향은 학생의 인권을 존중하는 차원을 넘어 학생의 인권을 절대시하는 '학생인권 지상주의'로 나아갔다. 그 속에는 교사의 교육적 역할을 거부할 학생의 권리는 있었지만, 교육공동체 내에서 교사의 원활한 교육활동을 위해 학생이 지켜야 할 책임과 의무 따위는 없었다. 국가인권위원회도 학생의 휴대전화 통제와 소지품 검사가 인권침해라며 그들의 손을 들어주었다. 나아가 모든 학교의 학생생활규정을 점검하여 인권침해 소지가 있는 부분을 개정하라고 시·도교육청에 권고문을 보냈다. 인권위 권고문은 법적 강제력은 없었지만, 권고를 무시하는 교육감과 학교장은 '학생인권 침해범' 낙인이 찍힐 수도 있기에 막강한 힘을 발휘했다.

학생은 학습의 주체지만, 교사는 단순히 학습을 돕는 지원자가 아니다. 교육활동은 교사가 학생에게 지식과 가치를 전달하고 주입하는 일방적 과정은 아니지만, 학습은 교사가 조직하고 운영하는 일련의 교육활동을 통해 이루어진다. 교사가 교육활동 전반에 대해 학생의 의견을 수렴하고 반영할 수는 있지만, 학생이 세부적인 수업내용과 수업방식, 평가방식까지 결정할 수 있는 것은 아니다.

교사는 학생의 학습권 보장을 위해 수업내용·수업방식·평가방식에 대한 결정권을 가질 수 있고, 학생은 교사가 조직한 일련의 교육활동 과정을 존중해야 한다. 학생은 학습권의 주체인 동시에 책임의 주체이며, 교사도 교육권의 주체인 동시에 책임의 주체다. 교사는 당연히 학생의 인권을 보호해야 한다. 그것은 교육자의 의무다. 그것은 그동안 파시즘 체제가 강요해 온 교사와 학생의 왜곡된 관계를 정상화하는 것이고, 공교육을 원래 주인인 시민에게 돌려주는 것이다.

교사가 원하는 것은 '학생인권 폐지'가 아니라, '학생의 인권과 교사의 교육권이 조화롭게 공존하는 학교'였고, 그것을 통해 교사와 학생 간 교육적 관계를 회복하는 것이었다. 그것마저 의심한다면 진흙탕 싸움 말고는 할 게 없다. 그러나 학교 밖에서 학생인권운동을 주도한 사람들은 이 점을 간과했다. 그들은 '학생인권 보호'라는 목적을 위해 '교육활동 침해'라는 극단적 수단을 용인했다. 선한 목적을 위해 악한 수단을 정당화한 것이다. 그 결과 학생의 인권과 교사의 교육권은 양자택일의 대립적 위치에 놓이게 됐고, 두 가치의 평화로운 공존을 모색하려는 노력은 학생인권에 대한 우회적 공격으로 오해받았다. 교육권 보호를 요구하는 교사는 학생인권에 반대하는 기득권 집단이라는 공격을 받았다. 교사가 교육활동과 생활지도에 개입할 여지는 점점 좁아지고 있었다.

학생인권조례는 많은 내용을 담고 있지만 대부분 선언적 의미에 그쳤고, 그나마 실제로 효력을 발휘한 것은 '간섭받지 않을 자유'에 관한 배제 조항이었다. 거기에는 두발·복장 단속, 소지품 검사, 휴대전화 소지·사용 제한 등 '소극적 자유'는 있지만, 정작 학생인권 신장을 위해 지향해야 할 '적극적 권리'는 없었다. 예를 들면 다음과 같은 것들 말이다.

- 유치원부터 대학까지 무상교육을 받을 권리
- 부당한 간섭으로부터 학습권을 침해당하지 않을 권리
- 교육기회를 차별받지 않을 권리
- 부당한 폭력으로부터 자유로울 권리

- 위험으로부터 안전할 권리
- 학원 등 학습노동을 강요당하지 않을 권리

대학 문턱이 낮아져 고등교육이 보편화되고 있지만, 일반적인 가정이 감당할 수 없는 수준의 대학등록금은 고등교육 기회를 부유층의 전유물로 제한했다. 가난이 학생의 학습권을 제약하고 있었지만 학생인권운동의 주된 관심은 두발·복장 자유화, 휴대폰 사용제한 금지, 소지품 검사 금지에 꽂혀 있었다. 날로 치솟는 사교육비가 서민의 삶의 질을 떨어뜨리고, 학원의 심야학습이 학생의 건강권을 위협하지만, 학생인권운동가들의 시선은 학교 담장을 넘지 못한 채 주로 교사를 겨냥했다.

그것은 학생인권운동이 과거 파시즘 시대의 억압으로부터의 '소극적 자유'를 넘어 '적극적 권리'로 나아가지 못하고 있음을 보여준다. 그것은 인권 개념을 '소극적 자유'에서 '적극적 권리'로 확장하려는 최근 인권운동의 흐름과도 배치된다. 결국 학생인권운동은 학생의 소극적 자유를 우선적 과제로 설정함으로써 학교와 교사의 역할을 부정하는 것으로 나아갔고, 신자유주의와 손잡고 '수요자의 권리'라는 울타리에 스스로를 가둠으로써 교육의 공공성 약화, 교육시장화에 일조했다. 그것은 소박한 의도와 무관하게 자유주의에 경도된 학생인권운동의 편협한 시야와 한계를 고스란히 보여주는 것이었다.

4장

민원 만능주의가 낳은 '학교의 사법화'

'학교의 사법화' 현상은 학교에서 일어난 일을 교육적 관점에서 바라보며 해결책을 찾으려 하지 않고, 법의 관점에서만 바라보고 해결하려는 것이다. 그런 경향은 학생으로부터 갈등해결을 통한 성숙의 기회를 빼앗고, 교사로부터 교육적 판단과 개입의 기회를 빼앗고, 학부모에게 쟁송비용과 감정소모를 남긴다. 거기에는 교육이 들어설 공간이 없다.

내 새끼 지상주의, '금쪽이'의 등장

민주화가 가져다준 권리의식의 성장, 수요자 중심주의가 낳은 교육수요자의 권리확대는 자녀에 대한 절제 없는 사랑을 정당화했다. 어떤 형태의 권리침해도 허용하지 않는 '금쪽이'의 탄생, 내 자식의 안전과 이익을 최우선에 놓는 '내 새끼 지상주의'가 그것이다. 특히 IMF 구제금융 이후 성장기를 경험한 세대는 자기 삶이 송두리째 파괴되는데 아무도 도와주지 않는 혹독한 환경에서 각자도생의 형질을 획득했고, 그것이 부모가 된 뒤 자식의 안전한 환경에 대한 과도한 집착과 과보호로 나타났다는 시각도 있다.

그들은 "아이가 불편해 한다" 또는 "내가 원치 않는다"는 이유만으로 헌법이 정한 만민의 평등한 권리를 부정하고, 자기 자식에 대한 특별한 대우를 당당하게 요구했다. 국가가 정한 교육과정에 담긴 내용을 다루지 말라고 요구하는가 하면, 내 새끼의 '케어'를 위해 다른 아동의 자유와 권리를 침해했다. 그것은 수요자의 정당한 권리로 여겨졌고, 그에 반하는 교사의 행위는 아동에 대한 부당한 폭력이나 학대로 간주됐다. 대부분의 교권침해 사건에서 학부모가 교사를 공격하기 위해 동원한 논리는 '자식에 대한 부당한 대우'였다.

소설가 김훈은 2023년 9월 2일 『중앙일보』에 기고한 「내 새끼 지상주의의 파탄… 공교육과 그가 죽었다」라는 칼럼에서 '내 새끼 지상주의'의 본질을 다음과 같이 갈파했다.

'악성 민원'의 본질은 한마디로 한국인들의 DNA 속에 유전되고 있는 '내 새끼 지상주의'다. '내 새끼 지상주의'는 '내 새끼'를 철통 보호하고 결사옹위해서 남의 자식을 제치고 내 자식을 이 세상의 안락한 자리, 유익한 자리, 끗발 높은 자리로 밀어 올리려는 육아의 원리이며 철학이다. '내 새끼 지상주의'는 사회적 관계 속에서 나의 자식이 겪게 되는 작은 불이익이나 훼손을 견디지 못하고 사회관계망 전체를 뒤흔들어 버린다. 교실에서 벌어지는 아이들 사이의 사소한 다툼이 '내 자식'을 편드는 부모의 싸움으로 확전돼 교사를 괴롭히는 사례는 흔하고, '내 자식'을 편들며 달려드는 학부모의 태도는 울면서 떼를 쓰는 아이와 같다고 경험 많은 교사는 말했다. 이렇게 해서 '내 새끼 지상주의'는 자식을 명품시계나 고가 핸드백처럼 물신화한다. 이것은 이제 이 난세의 생존술이고 이데올로기다. '내 새끼 지상주의'는 계층의 차이가 없이 고루 퍼져 있지만, 부유층 밀집지역의 '악성 민원'이 더욱 잦고 사납고, 위압적이라는 일선 교사들의 고백은 이들을 행세하게 하는 부(富)의 천민성을 증언하고 있다. 사실, 이 '내 새끼 지상주의'는 이 나라 수많은 권귀(權貴)들에 의해 완성됐다.

김훈에 따르면, '내 새끼 지상주의'는 자기 자식의 이익을 극대화하기 위해 남의 자식을 해치는 육아원리이자 이데올로기이며, 작은 불이익을 견디지 못하고 사회관계망 전체를 왜곡하는 반사회적 행위다. 그런 생존방식은 부모의 부와 권력에 대한 천민적 물신성을 증언하는 징표에 다름 아니다. 이 칼럼은 많은 논란을 불러일으켰지만, 일부 학부모들에게 만연한 악성 민원의 원인을 과도한 사적 욕망으로 보고, 그것이 지닌 반교육적·반사회적 속성을 간파했다는 점에서 깊은 혜안과 통찰을 보여준다.

아동이 경험하는 생애 최초의 공동체인 가정은 아동의 안전을 최우선에 둘 수밖에 없어, 조금이라도 위험 가능성이 있는 사물이나 타인과의 접촉을 최대한 억제하려는 속성을 띤다. 또 한 자녀 가정이 늘면서 가정의 분위기가 아동의 요구를 적극적으로 수용하는 방향으로 바뀜에 따라, 아동이 가정에서 경험하는 갈등의 유형과 폭은 더 제한된다. 또 하나밖에 없는 자식의 성공을 위해 가정이 보유한 경제적·사회적·문화적 자산을 쏟아붓다 보니 자식의 성장과 발달에 악영향을 미칠 수 있는 모든 가능성에 예민한 반응을 보이기 쉽다. 그것은 자식을 둘러싼 환경에 대한 과도한 개입과 과잉보호로 나타난다. 악성 민원과 교육활동 침해는 그것이 겉으로 드러난 형태다.

이런 경향은 방어능력이 미약한 아동의 보호를 위해 어쩔 수 없는 측면이 있지만, 아동이 언제까지고 그런 안전한 환경 속에서만 살 수는 없다. 아동이 성장하면서 공동체가 점점 확대되고 타자와의 접촉면이 늘면서 원치 않는 타인과 관계를 맺을 기회도 늘어난다. 이때 타인과 관계를 맺고 갈등을 조절하는 방법을 배우는 것은 매우 중요하다. 이런 사회화 과정은 아동 자신의 성장뿐 아니라 공동체의 조화로운 발전을 위해서도 반드시 필요하다.

학교는 어린 사회구성원들을 독립적이고 주체적인 시민으로 기르는 곳이지, 금쪽이들을 케어하는 곳이 아니다. 지구는 자기를 중심으로 돈다고 믿는 금쪽이들은 학교에 와서 많은 것을 새로 배운다. 세상엔 나 말고 다른 금쪽이들이 많고 자기도 그중 하나에 불과하다는 것, 세상엔 내 맘대로 할 수 없는 것들도 있다는 것, 아무리 떼를 써도 선생님은 엄마처럼 즉각 달려와 원하는 것을 들어주지 않는다는 것….

그런 깨달음은 때로 고통스럽고 굴욕적이지만, 금쪽이들이 민주시민으로 다시 태어나기 위해 반드시 거쳐야 할 소중한 과정이다. 애벌레가 나비가 되려면 번데기 시절을 거치듯이, 학교는 그런 곳이다. 그것을 정서적 아동학대라고 우기면 그 아이는 영영 애벌레로 생을 마쳐야 한다. 그런데 그것을 원하는 보호자가 많다.

내 아이가 털끝만 한 손해도 입지 않게 하려는 '내 새끼 지상주의'는 학교라는 교육공동체에서 벌어지는 다양한 관계의 경험을 제약함으로써 자녀의 사회화를 막는다. '자식사랑'이라는 이름으로 아동의 정상적인 성장·발달기회를 빼앗는 것이다. 이런 경향은 자녀에게 투자할 자산을 많이 보유한 중·상류층에서 더 두드러진다. 그들은 자기 자녀에 대한 특별한 관심과 배려를 위해 다른 학생에게 돌아가야 할 기회를 가로채고, 교사의 정당한 지시와 통제를 무력화함으로써 학교질서를 무너뜨린다. 요구가 받아들여지지 않으면 교사에 대한 공격도 서슴지 않는다. 페이스북 페이지 『보통의 교육』에 실린 다음 글은 '내 새끼 지상주의'가 어떻게 아동의 성장을 방해하는지, 적절하게 지적한다.

> 종종 자녀를 무균실에서 키우려는 듯한 부모님들을 만나게 됩니다. 그분들
> 은 아이가 선생님에게 어떤 싫은 소리라도 들어서는 안 되고, 친구들과 크
> 고 작은 갈등을 겪어서도 안 되며, 손해를 보고 지는 느낌 역시 경험하게
> 해서는 안 된다고 여기는 것 같아요.
> 부모로서 그런 바람을 아주 이해 못할 바는 아닙니다. 그런데 다 알잖아요.
> 언젠가는 아이가 무균실 밖으로 나와 사람들과 섞여 살아야만 한다는 사
> 실을요. 그런데 그때가 오면, 무균실을 유지하려다 키워버린 지나친 예민함
> 과 배타성, 경계심이 아이를 다른 사람들보다 못하게 만들어버릴 우려가 큽
> 니다.
> 아이에게 필요한 것은 위기의 면제가 아닌 그것에 대한 면역이에요. 아이가
> 자라면서 예상치 못하게 치고 들어오는 일들에 의연하게 대처할 수 있도록,
> 부모의 불안이 아이에게 전이되지 않도록, 아이가 겪는 일에 대해 부모님이
> 중심을 잡고 흔들림 없는 모습을 보여주시는 것이 아이에게 더 큰 안정감을
> 줄 수 있을 겁니다. 부모도 마음의 훈련이 필요합니다. 일종의 어른 공부죠.

학교폭력예방법으로 교사 때리기

2012년 학교폭력 피해자였던 대구 중학생의 자살 사건이 일어나자 이명
박 정부는 서둘러 학교폭력 대책을 발표하고 '학교폭력 예방 및 대책에 관
한 법률(학교폭력예방법)'을 개정했다. 점차 늘어나는 학교폭력으로부터 학생
의 안전과 학습권을 보호하려는 조치였다. 그러나 들끓는 여론을 등에 업
고 법 제정을 서두르다 보니 법률로서의 기본요건을 제대로 갖추지 못했
다. 우선 학교폭력의 범위를 지나치게 확대함으로써 지키고자 하는 법익

이 무엇인지 모호하게 만들었고, 선의의 피해자가 나올 가능성을 면밀하게 살피지 못했다. 이 법에 따르면 학교폭력의 정의는 다음과 같다.

학교폭력 예방 및 대책에 관한 법률

제2조[정의] 이 법에서 사용하는 용어의 정의는 다음 각 호와 같다.

1. "학교폭력"이란 학교 내외에서 학생을 대상으로 발생한 상해, 폭행, 감금, 협박, 약취·유인, 명예훼손·모욕, 공갈, 강요·강제적인 심부름 및 성폭력, 따돌림, 사이버 따돌림, 정보통신망을 이용한 음란·폭력정보 등에 의하여 신체·정신 또는 재산상의 피해를 수반하는 행위를 말한다.

이 정의에 따르면, 학교폭력은 학교 안팎을 가리지 않고 학생이 관련된 모든 폭력사안을 포함한다. 학교폭력 범죄의 대상을 너무 광범위하게 설정한 것이다. 이렇게 되면 심각한 문제가 발생한다. 조금 과장하면 미국의 학생이 한국의 학생과 SNS로 대화를 하다가 욕설을 해도 학교폭력이다. 피해학생이 원하면 미국 학생을 한국의 학교폭력대책심의위원회(학폭위)에 올려 조치해야 한다. 황당한 일이다.

학교 안에서 벌어진 학생 간 폭력은 당연히 학칙에 따라 처리해야 한다. 그러나 학교 밖에서 다른 학교 학생과 벌인 폭력사건까지 학교와 교사가 처리하라는 것은 될 일이 아니다. 교사는 수사권도 없고 수사에 대한 전문 지식도 없다. 그런데도 교사에게 경찰, 검찰, 판사 역할까지 떠맡긴 셈이다.

또 문제행동을 일으킨 학생이 교사로부터 질책을 듣고 정신적 피해를 입었다고 호소하면 그것도 학교폭력에 해당한다. 학생이 원하면 교사는 학교폭력 가해자가 돼서 학폭위에 올라가야 한다. 법의 이런 맹점을 이용하여 교사에게 심리적 압박을 가해 가벼운 처분을 이끌어내거나, 학폭위 결정을 늦추는 방편으로 학교폭력 신고를 악용하는 사례가 많다. 실제로 많은 생활지도 담당교사가 학교폭력 사건을 처리하다가 학폭위 처분에 불만을 품은 가해학생 보호자에 의해 학교폭력으로 신고당했다. 학교폭력을 막으라고 만든 법으로 교사를 때린 것이다.

어떤 보호자는 가해아동에게 영원히 잊지 못할 강력한 경고 메시지를 줌으로써 추가폭력 가능성을 줄이기 위해, 또 어떤 보호자는 치료비와 합의금을 한 푼이라도 더 받아내기 위해, 사소한 다툼만 벌어져도 학폭위로 몰고 갔다. 그것이 주도권을 잡을 수 있는 가장 효과적인 방법이라고 생각한 것이다. 반대로 가해아동 보호자는 자기 자녀만 피해볼 수 없다며 상대방의 사소한 잘못을 트집 잡아 쌍방과실로 몰아가거나, 학교폭력 담당교사의 미숙한 업무처리를 트집 잡아 아동학대로 신고해서 판을 키웠다. 교사를 압박하면 조금이라도 유리한 결과가 나오리라 기대한 것이다.

결국 학교폭력 사건은 바람만 스쳐도 터지는 지뢰밭이 됐고, 교사의 지도가 개입할 여지를 허용하지 않았다. 교육적 지도와 훈계로 끝내도 되는 경미한 사안도 무조건 학폭위로 올라갔다. 학폭위에 올리지 않고 교육적으로 지도하겠다던 교사는 축소·은폐, 편파적 처리로 징계를 받았다. 학교는 교육하는 곳이 아니었고 교사의 교육적 소신은 설 땅을 잃었다.

엎친 데 덮친 격으로 교육부가 학폭위 처분을 생활기록부에 기재하기로 한 뒤부터, 자녀의 학교폭력 기록이 상급학교 진학에 지장을 줄 것을 우려한 학부모들은 학폭위 처분을 뒤집거나 결정 시기를 진학 이후로 늦추기 위해 필사적으로 매달렸다. 가해학생 보호자가 변호사를 대동하고 학폭위에 출석하고, 변호사의 조언에 따라 모든 절차에 사사건건 이의를 제기하며 걸고넘어지기 시작한 것은 이때부터다. '학교의 사법화' 신호탄이 오른 것이다.

교육자인 교사가 법률전문가인 변호사를 상대하는 것은 애당초 승산 없는 일이었다. 학교폭력 전문변호사들은 법이 허용하는 모든 수단을 동원해 학폭위 결정을 늦췄고, 필요하다고 판단되면 학교와 교사를 상대로 소송도 불사했다. 얼마 전 논란을 빚은 한 고위 공직자도 아들의 학교폭력 사건을 그렇게 끌고 갔다. 이들이 주로 사용한 방법은 학폭위 진행과정에서 발생한 사소한 실수를 '절차상 하자와 직권남용'으로, 학폭 조사과정에서 교사의 언행을 '정서적 아동학대'로 몰아가는 것이었다.

길고 위험한 학폭위 절차가 끝났다고 끝난 게 아니었다. 학부모는 학폭위 결정에 불복해 교육청에 재심을 요구했고, 재심에서도 결과가 바뀌지 않으면 학교를 상대로 학폭 처분 취소소송을 냈고, 교사를 아동학대로 고소했다. 학교폭력 담당교사와 담임교사는 대법원 판결이 나올 때까지 수년 동안 교육청과 경찰, 검찰, 법원에 끌려다니며 온갖 고초를 겪어야 했다.

이 중 어느 하나라도 유죄판결이 나오면 담당교사는 형사처벌이나 징계를 받았다. 직권남용과 아동학대는 형사범죄이므로 벌금형만 나와도 징계를 피할 수 없었고, 징역형에 집행유예를 받으면 공무담임권이 박탈돼 판결과 동시에 교직을 떠나야 했다. 실제로 한 교사는 담임을 맡은 학생의 폭력사안을 조사하면서 학생을 정서적으로 학대했다는 이유로 아동학대범으로 몰려 재판을 받던 중, 가해학생 학부모로부터 집요한 괴롭힘을 당하다가 스스로 목숨을 끊었다.

학교는 교육의 장이 아니라 검투사들이 피를 흘리며 데드매치를 벌이는 거대한 콜로세움이 됐다. 학교폭력 가해자도 아닌 교사들이 일부 학부모의 '눈먼 자식사랑'의 희생양이 됐고, 교사를 향해 칼을 겨누는 학부모는 더 이상 교육의 협력자가 아니었다. 작은 실수만 저질러도 법의 심판을 받게 된 교사들이 살 길은 학생 생활지도에서 손을 떼는 것밖에 없었다.

내 아이를 위해서라면 무슨 일이든 할 수 있다는 '내 새끼 지상주의'가 교사의 학생 생활지도를 원천봉쇄한 것이다.

아동학대처벌법으로 교사 때리기

아동복지법과 아동학대처벌법도 비슷한 경로를 밟았다. 2014년 박근혜 정부는 가정 내에서 학대당하던 아동이 사망한 사건을 계기로 '아동학대범죄의 처벌 등에 관한 특례법(아동학대처벌법)'을 만들었다. 그 뒤 여러 차례 법이 개정되면서 아동학대 범죄의 대상이 크게 늘고 처벌도 대폭 강화됐다. 이것은 학대행위로부터 아동의 기본권을 보호하기 위한 획기적인 조치였다.

아동복지법	
제17조(금지행위) 누구든지 다음 각 호의 어느 하나에 해당하는 행위를 하여서는 아니 된다. 제71조(벌칙) 제17조를 위반한 자는 다음 각 호의 구분에 따라 처벌한다.	
1	아동을 매매하는 행위
2	아동에게 음란한 행위를 시키거나 이를 매개하는 행위 또는 아동에게 성적 수치심을 주는 성희롱 등의 성적 학대행위
3	아동의 신체에 손상을 주거나 신체의 건강 및 발달을 해치는 학대행위
4	삭제〈2014.1.28.〉
5	아동의 정신건강 및 발달에 해를 끼치는 정서적 학대행위
6	자신의 보호·감독을 받는 아동을 유기하거나 의식주를 포함한 기본적 보호·양육·치료 및 교육을 소홀히 하는 방임행위
7	장애를 가진 아동을 공중에 관람시키는 행위
8	아동에게 구걸을 시키거나 아동을 이용하여 구걸하는 행위
9	공중의 오락 또는 흥행을 목적으로 아동의 건강 또는 안전에 유해한 곡예를 시키는 행위 또는 이를 위하여 아동을 제3자에게 인도하는 행위
10	적당한 권한을 가진 알선기관 외의 자가 아동의 양육을 알선하고 금품을 취득하거나 금품을 요구 또는 약속하는 행위
11	아동을 위하여 증여 또는 급여된 금품을 그 목적 외의 용도로 사용하는 행위

아동복지법의 주요 내용

아동학대처벌법		
제2조 정의의 4 '아동학대범죄'란 보호자에 의한 아동학대로서 다음 각 목의 어느 하나에 해당하는 죄를 말한다.		
가	형법의 상해와 폭행	
나	유기와 학대, 아동혹사, 유기 등 치사상	
다	체포와 감금	
라	협박	
마	약취, 유인 및 인신매매	
바	강간과 추행	
사	명예훼손, 모욕	
아	주거·신체 수색	
자	강요	
차	공갈	
카	손괴	
타	아동복지법 제71조 제1항 각호의 죄	
파	가목부터 타목까지 죄로서 다른 법률에 따라 가중처벌되는 죄	
하	아동·학생 살해-치사, 아동학대중상해	
제10조의2(불이익조치의 금지) 누구든지 아동학대범죄신고자 등에게 아동학대범죄신고 등을 이유로 불이익조치를 해서는 아니 된다.		

아동학대처벌법의 주요 내용

　그러나 '아동복지'라는 입법목적이 지나치게 앞선 나머지, 아동학대범죄를 입증하는 과정에서 근대 형사법의 대원칙인 '무죄추정의 원칙', '죄형 법정주의', '명확성의 원칙'을 소홀히 했다. 아동학대로 의심되는 정황만 있어도 신고가 가능했고, 뒤에 허위신고나 오인으로 밝혀져도 불이익을 받지 않았다. 아동학대 신고를 장려하기 위해 무고죄에 대해 면책권을 부여한 것이다.(아동학대처벌법 제10조의 2)

　일부 학부모는 면책권을 이용해 교사를 상대로 '아니면 말고' 식의 아동학대 신고를 남발했다. '내 새끼 지상주의'는 "내 아이를 위해서라면 무엇이든 한다"는 단계를 넘어 "내 아이가 피해를 입을 우려가 있으면 선

제공격으로 응징한다"는 공격논리로 발전했고, 그 칼날은 주로 교사를 향했다.

아동교육기관에 종사하는 교사에게는 아동의 '보호자' 지위가 부여됐고, 아동학대 범죄를 인지하거나 범죄가 의심스러운 정황을 접하면 신고의무가 주어졌다. '보호자'가 정당한 사유 없이 신고하지 않으면 1천만 원의 과태료가 부과됐고, '보호자'가 아동학대범죄를 저지르면 일반인보다 형의 2분의 1에 해당하는 가중처벌을 했다.(아동학대처벌법 제7조, 제10조, 제63조)

과태료 조항의 위력은 대단했다. 학부모가 아동학대라고 주장하면 대부분의 교장은 사안의 내용을 알아보려고 하지도 않고 일단 신고부터 했다. 과태료 부과를 피하기 위해 교육적 개입도 포기하고 교사도 보호하지 않고 신고부터 하는 것이다. 교사로서는 최소한의 해명기회도 얻지 못한 채 믿는 도끼에 발등을 찍히는 셈이다. 실제로 아동학대로 신고당한 교사의 대부분은 교장에 의해 신고가 이뤄졌고, 교장이 보호해주리라 기대했다가 뒤늦게 이 사실을 알게 된 교사들은 하늘이 무너지는 배신감을 느꼈다고 실토했다.

2018~2021년 신고 의무자의 신고 건 중에서 초·중·고 교직원의 신고 건수를 살펴보면, 2018년에는 9,151건 중 5,168건, 2019년에는 8,836건 중 5,901건, 2020년에는 10,973건 중 3,805건, 2021년에는 23,372건 중 6,065건이었다. 신고 의무자 중 초·중·고 교직원의 비율이 가장 높았고, 그들은 대부분 교장인 것으로 알려졌다. 학부모가 아동학대를 주장하기만 하면 교장이 기계적으로 신고했다는 얘기다. 서글픈 통계가 아닐 수 없다.

아동학대 신고가 들어가면 경찰의 수사가 시작되는데, 경찰은 학교와 교육에 대해 잘 모르기 때문에 범죄성립 여부를 판단하기 위해 지방자치단체에 등록된 아동보호전문기관(아보전)으로 구성된 사례판단위원회에 조사와 판단을 의뢰했다. 그러나 아동보호전문기관도 교육전문가가 아니므로 교사가 일상적으로 맞닥뜨리는 구체적인 상황과 교육적 지도의 세세한 특성을 전혀 이해하지 못했다. 사례판단위원회는 특별한 경우가 아니면 거의 모든 사안에 대해 아동학대 판정을 내렸고, 경찰도 그 판단에 따라 검찰에 사건을 송치했다. 교육을 전혀 모르는 선무당들이 애먼 교사를 잡은 것이다.

그 순간부터 교사에게는 지옥문이 열린다. 2차 가해를 막는다는 이유로 보호자를 만나 경위를 설명할 기회도 부여되지 않았다. 피해아동 보호자가 원하지 않는데도 만나자고 요구하거나 화해를 요구하면 가혹한 처벌이 따랐다.(아동학대처벌법 제60조) 아동학대 가해 혐의자에게는 항변권도 제대로 보장되지 않은 것이다.

아동학대 신고를 받은 전담공무원과 경찰관은 지체없이 범죄현장에 출동해서 피해아동을 보호하기 위해 '학대행위 제지, 학대행위자 격리, 피해아동의 보호시설·의료기관 인도' 등 응급조치를 취할 수 있다. 보건복지부 통계에 따르면, 전체 신고사례의 9%에 해당하는 아동이 현장에 출동한 아동학대 전담공무원 또는 경찰관에 의해 응급조치를 받아 학대에서 벗어났다. 그러나 학교에서 발생한 사안에 대해 응급조치가 이뤄진 사례는 한 건도 없었다. 응급조치가 필요 없다고 판단돼 현장에서 종결 처리된 91%의 상당수가 교사에 대한 아동학대 신고였을 것으로 추측된다. 교사를 상대로 한 아동학대 신고가 남용되고 있음을 말해주는 방증이다.

학교는 폐쇄공간인 가정과 달리 공개된 공간이므로 긴급하게 교사의 학대행위를 제지하거나 피해아동을 격리할 상황이 거의 벌어지지 않는다. 그런데도 학교에서 아동학대 신고가 들어오면 아동학대 전담공무원과 경찰관은 지체없이 현장에 출동해야 한다. 실제로 응급조치가 이루어지는 일은 없지만, 경찰이 왔다는 사실 자체만으로도 교사는 공포를 느끼고 교육활동을 멈추게 된다.

또 문제가 되는 것은 아동학대 행위자에 대한 '보호처분'이다. 검사가 아동학대 행위가 범죄에 해당할 정도로 중대해서 형사처벌이 필요하다고 판단하면 법원에 기소한다. 형사처벌까지는 아니어도 아동을 보호할 필요가 있다고 판단하면 가정법원에 보호처분을 요청한다. 그러면 가정법원은 아동학대 행위자에게 '접근금지, 친권제한, 사회봉사·교육수강, 보호관찰, 감호위탁, 치료위탁, 상담위탁' 등 보호처분을 부과한다.

보건복지부 통계에 따르면, 2018년 이후 4년 동안 가정법원이 아동학대 행위자에게 보호처분을 내린 사례는 6천여 건이다. 그러나 그중 교사에게 보호처분을 내린 사례는 2.9%인 175건에 불과했고, 그것도 대부분이 가장 경미한 처분에 해당하는 '상담위탁'이다. 이것 역시 교사를 상대로 한 아동학대 신고가 남용되고 있음을 말해주는 증거다.

보건복지부 통계에 따르면, 2022년 아동학대로 신고된 27,971명 중 유·초·중·고 교사는 1,702명으로 6.1%에 불과하다, 나머지 94.9%는 일반인, 특히 부모, 보육시설 종사자 등이었다. 같은 기간에 아동학대로 사망한 아동 50명 중 85%가 가정, 15%가 보육·복지시설에서 사망했다. 학교에서 사망한 경우는 한 건도 없었다.

결론적으로, 아동학대처벌법은 학교가 아닌 가정에서의 아동학대를 염두에 두고 만든 법인데, 대부분의 아동학대 신고는 주로 교사를 상대로 이뤄졌다는 얘기다. 이쯤 되면 법이 아니라 법을 가장한 흉기라고 봐야 한다.

이것 말고도 교사를 고통스럽게 만든 것이 또 있다. 일부 학부모들이 아동학대로 신고하지 않는다는 조건으로 담임교체, 휴직 등을 요구하는 것이다. 이런 경우는 대부분 아동학대로 보기 어려운 경미한 사안으로, 신고해도 경찰이 내사종결 처리하거나 검찰이 불기소 처분을 내린다. 그러나 교사는 아동학대로 신고당하면 아동보호전문기관과 경찰의 조사를 받아야 하고, 그 과정에서 극심한 심리적 압박감과 모멸감에 시달리게 된다.

웬만한 강심장이 아니면 학부모의 요구가 과도하다고 생각해도 '협상이라는 이름의 강요'에 굴복하게 된다. 교장이 "좋게 해결하라"고 한마디 보태면 교사에게 남은 마지막 지푸라기가 끊어진다. 아동학대 신고를 당해 휴직을 선택할 수밖에 없었던 한 교사는 그렇게 자신의 삶을 스스로 마감했다. 아동학대 신고는 이렇게 범죄 유·무에 관계없이 흉기가 되었다.

아동복지법과 아동학대처벌법 규정 중 특히 문제가 되는 조항은 다음과 같다.

아동학대범죄의 처벌 등에 관한 특례법(아동학대처벌법)

제7조(아동복지시설 종사자 등에 대한 가중처벌) 아동학대 신고의무자가 보호하는 아동에 대하여 아동학대범죄를 범한 때에는 그 죄에 정한 형의 2분의 1까지 가중한다.

제10조(아동학대범죄 신고의무와 절차) ② 다음 각 호의 어느 하나에 해당하는 사람이 직무를 수행하면서 아동학대범죄를 알게 된 경우나 그 의심이 있는 경우에는 시·도, 시·군·구 또는 수사기관에 즉시 신고하여야 한다.

20. 초·중등교육법 제2조에 따른 학교의 장과 그 종사자

제63조(과태료) ① 다음 각 호의 어느 하나에 해당하는 사람에게는 1천만 원 이하의 과태료를 부과한다.

2. 정당한 사유 없이 제10조 제2항에 따른 신고를 하지 아니한 사람

제10조의2(불이익조치의 금지) 누구든지 아동학대범죄 신고자 등에게 아동학대범죄 신고 등을 이유로 불이익조치를 하여서는 아니 된다.

제60조(피해자 등에 대한 강요행위) 폭행이나 협박으로 아동학대범죄의 피해아동 또는 보호자를 상대로 합의를 강요한 사람은 7년 이하의 징역에 처한다.

정서학대, 코에 걸면 코걸이 귀에 걸면 귀걸이

아동복지법은 아동학대범죄 특히 정서적 학대범죄의 대상을 너무 포괄적으로 설정하여 범죄 구성요건을 크게 완화시켜 놓았다. 아동복지법에 의하면 아동학대의 정의는 다음과 같다.

아동복지법

제3조(정의) 이 법에서 사용하는 용어의 뜻은 다음과 같다.

7. '아동학대'란 보호자를 포함한 성인이 아동의 건강 또는 복지를 해치거나 정상적 발달을 저해할 수 있는 신체적·정신적·성적 폭력이나 가혹행위를 하는 것과 아동의 보호자가 아동을 유기하거나 방임하는 것을 말한다.

요컨대, 아동의 건강·복지·발달을 저해하는 모든 유형의 행위가 아동학대범죄에 해당한다. 여기에는 신체적 폭력뿐 아니라 정신적·성적 폭력, 유기, 방임이 포함된다. 특히 논란의 핵심으로 떠오른 것은 '정서학대'다. 상처 등 증거가 남는 신체적 학대와 달리 정서학대는 물적 증거를 확보하기가 쉽지 않다. 피해아동의 심리상태와 주관적 느낌에 따라 범죄 여부를 가릴 수밖에 없어, 엄격해야 할 범죄의 구성요건이 너무 느슨해졌다.

정서학대는 장기간에 걸쳐 아동의 정신을 무너뜨리는 끔찍한 범죄지만, 개별사안 자체는 경미해서 처벌대상이 되기 어렵고, 처벌해도 교육 이수명령 등 솜방망이 처벌에 그칠 가능성이 높다. 보호자가 아이에게 욕 한마디 했다고 그때마다 처벌할 수는 없기 때문이다. 이에 따라 아동학대 처벌법은 아동학대범죄에 대한 가벌성을 높이기 위해 정서학대 요건을 완화하고 적용대상을 확대했다.

이것이 엉뚱하게 교사의 발목을 잡았다. 교사는 사소한 일로도 아동학 대범으로 몰렸다. 교사에게 꾸중을 들은 아동이 집에 가서 "선생님이 혼 냈어요" 했다고, "선생님이 무서운 눈으로 쳐다봤어요" 했다고, 정서학대로 신고당했다. 2018년에는 체험학습 인솔교사가 배탈 난 학생을 고속도로 휴게소에 내려놓고 버스를 출발시켰다가 아동학대로 신고됐다. 교사는 학부모와 전화로 통화해서 협의한 것이었다고 항변했지만, 법원은 아동복지법상 '방임' 혐의를 적용해 유죄판결을 내렸다. 만약 아이를 내려놓지 않고 버스에서 용변을 보게 했더라도 꼼짝없이 아동학대로 몰렸을 것이다.

아동학대처벌법은 교사의 학생지도를 막으려고 만든 법이 아니지만, 일부 학부모들은 이 법이 교사를 공격하는 안전하고도 손쉬운 수단이라는 점을 간파했다. 그 뒤에는 아동학대처벌법의 맹점을 잘 아는 교육파괴자들, 곧 법의 탈을 쓴 '아동학대 전문변호사'가 있었다. 아동을 보호하기 위해 만든 법이 교사를 위협하는 흉기로 변했지만 구제의 밧줄은 내려오지 않았다. 아동학대로 신고당한 교사는 즉각 격리조치 됐다. 가벼운 사안은 사과와 담임교체로 끝났지만, 학부모가 요구하면 교사에게 연가·병가, 직위해제 등 분리조치가 가해졌다.

신고전화 한 통으로 교사를 담임에서 배제하고 출근을 막을 수 있다 니… 아동학대 신고는 마음에 안 드는 교사를 공격하는 가장 확실하고 효과 빠른 무적의 아이템으로 여겨졌다. 인터넷 맘카페나 학부모 단톡방에서는 아동학대 신고로 교사를 한 방에 굴복시킨 무용담이 자랑스럽게 공유됐다.

법원에서 무죄가 확정돼도 한 번 찍힌 아동학대범 낙인은 교사의 자존 감에 깊은 상처를 남겼다. 운 좋게 화를 면한 교사들은 공포에 사로잡혔다. "아동학대처벌법이 교사학대법이 됐다"는 교사들의 항변은 결코 지나 친 말이 아니다.

5장

기존 교직단체의
안일한 대응

서이초 사건 이후 교사들의 유례없는 대규모 집회를 가능케 한 것은 한국교총이나 전교조 같은 기존 교직단체가 아니다. 그것은 초등 교사들이 수업자료를 공유하기 위해 만든 온라인 플랫폼 '인디스쿨(indischool)'이다. 인디스쿨은 2023년 7월 26일 기준 전국 초등교사의 79%인 14만3498명이 가입한 거대한 온라인 공간으로, 좌우를 넘나드는 다양한 정치성향의 교사들이 각기 독립성을 유지하며 활동하는 곳이다. 그러나 서이초 사건이 터지자 이들은 정치성향을 뛰어넘어 한목소리로 교권보호와 교육권 보장을 요구하고 나섰다. 이런 발 빠르고 단합된 모습은 기존 교직단체에서 보기 힘든 것이었다.

이들이 주말마다 대규모 집회를 열면서 원칙으로 삼은 것은 '탈(脫)정치'였다. 그러나 그것은 '정치적 탈색'만을 의미하는 것은 아니었다. 그것은 보수적 교원단체인 한국교총과 진보적 교원노조인 전교조 어느 쪽에도 의지하지 않고 교사의 독자적인 목소리를 내겠다는 일종의 '독립선언'과도 같은 것이었다. 이 원칙은 기존 교직단체에 대한 불신의 표현이자, 기존 대립구도를 넘어선 거대한 연대를 지향하는 것이었다.

그들은 모든 집회장에서 특정 교직단체의 깃발이나 표식 사용, 홍보물 배포를 허용하지 않았고, '교권' 이슈에만 집중했다. 그 결과, 기존 교직단체들의 조직적 동원 없이 교사들의 자발적 참여만으로 사상 최대 규모의 집회를 잇따라 개최하는 데 성공했다. 이전에 볼 수 없던 놀라운 일이 벌어진 것이다.

한국교총과 전교조 등 기존 교직단체들은 뒤로 한발 물러서서 드러나지 않는 방식으로 지원하거나, 소속회원들에게 집회참석을 권유하는 것으로 만족해야 했다. 한 마디로 스타일을 구긴 것이다. 유구한 역사와 전통을 자랑하는 거대 교직단체들이 어쩌다 이런 처지가 됐을까? 그것은 한국교총과 전교조 양대 교직단체가 제 역할을 하지 못했기 때문이다.

한국교원단체총연합회

국내 최대 교직단체를 자처하는 한국교총은 교장·교감 등 학교관리자가 조직을 주도하다 보니 평교사가 당하는 고통과 어려움을 전혀 이해하지 못했다. 오히려 대다수 교장은 학부모 민원이 들어오면 교사를 압박하며 사과를 요구하는 등, 교사의 존엄성과 교육권을 보호하지 않았다. 교사가 교권보호위원회를 열어달라고 요구해도 학부모의 눈치를 보며 묵살하기 일쑤였다. 교사가 스스로 목숨을 끊은 거의 모든 학교에서 교장은 교사의 불행한 죽음에 간접적 원인 제공자였고, 사건이 터진 뒤에도 책임회피에 급급했다.

또 사학재단과 교장단 등 보수집단의 눈치를 살피며 교권보호를 위한 제도개선이 사학재단과 학교장의 권한을 침해하지 않도록 수위를 조절했다. 학부모의 과도한 요구, 학생의 문제행동, 학교관리자의 부적절한 대처가 교권침해의 주원인인데도, 실체도 없고 책임소재도 불분명한 '교육공동체 복원'이라는 그럴듯한 언사로 관심을 분산시키려 했다. 그것은 학교장 책임 강화, 교육권의 법제화를 어떻게든 피해보려는 얄팍한 꼼수였다.

그런 한국교총이 교사의 교육권 보호를 위해 앞장서기를 바라는 것은 애당초 될 일이 아니었다. 교사들의 따가운 시선이 학교장의 직무유기에 집중되기 시작하자, 한국교총은 쟁점전환을 시도했다. 자신이 주장한 학교폭력 생활기록부 기재방침으로 교권침해가 급증했는데도, 종전의 방침을 철회하기는커녕 뜬금없이 "교권침해도 생활기록부에 기재하라"고 요구했다. 불에 기름을 부은 것이다.

이중적 태도에 비난이 빗발치자 한국교총은 독자적으로 출구전략을 모색하기 시작했다. 서이초 교사의 49재가 열리는 9월 4일 '교육 멈춤의 날' 집회를 보이콧하고, 6개 교직단체 공동행동 대오를 이탈해 교육부장관을 만나 '교권보호 고시'에 들어갈 몇 가지 사항과 '교권4법'의 포괄적 개정에 합의한 뒤, 생색내기에 나섰다. 한국교총은 여기서 더 나아가는 것을 원치 않았다.

전국교직원노동조합

한국교총과 함께 국내 교직단체의 양대 산맥을 이루며 진보적 목소리를 대변하던 전교조는 이번 사태에서 아웃사이더가 됐다. 그동안 내부에서 교권침해의 심각성에 주목해야 한다는 의견이 꾸준히 제기됐지만, '법외노조 통보' 이후 박근혜 정부와 전면전을 벌이느라 교권보호에 신경 쓸 여력이 없었다.

학생의 권리에 관심이 많은 일부 조합원은 과거 교사의 폭력을 상기시키며, 학생을 '영원한 약자'의 위치에 고정시켰다. 그 약자에는 교사를 괴롭히는 통제 불능 학생도 포함됐다. 그들은 일부 학생이 교사에게 휘두르는 폭력을 과거 폭력적 교육시스템에 대한 자연스러운 반작용으로 치부했다. 그들은 특정 상황에서는 학생과 학부모도 폭력의 가해자가 될 수 있고 교사를 지배할 수 있다는 사실을 이해하지 못했다. 그들은 '학생인권 지상주의'에 사로잡혀 학생의 권리를 교사의 권리에 우선하는 것으로 생각했고, 교권보호를 위해 학생의 책임을 강조하는 것은 진보의 가치에 위배되는 것으로 간주했다. '약자보호'라는 추상적 관념에 사로잡혀 '교권침해'라는 구체적 현실을 보지 못한 것이다.

학생인권조례가 권리와 책임의 불균형을 드러내고 그로 인해 수업이 불가능한 교실이 늘고 있었지만, 그에 대한 대책은 조합 내에서 번번이 반발에 부딪혔다. 대신 진보교육감이 있는 지역을 중심으로 모든 학교에 학교규칙을 개정해 학생인권을 보호하라고 독려했다. 조합원 사이에 "수업이 성립해야 참교육을 하든 말든 할 것 아니냐?"는 볼멘소리가 나오고 있었지만, 교권보호 활동이 전교조의 주요사업으로 채택되기까지는 시간이 더 필요했다.

2018년 '교권침해 설문조사'가 어렵사리 실시됐지만, 설문결과는 "학생인권과 교권을 대립시킬 우려가 있다"는 석연치 않은 이유로 공개되지 않았다. 그것은 교사의 교육권을 학생의 인권에 반대하는 것으로 인식하는 일부의 반발을 우려하여, 내부 분란이 바깥으로 표출되는 것을 막으려는 조치였다. 이런 분위기에서, '강자와 약자' 프레임에서 벗어나 교사와 학생을 '교육자와 학습자'로 새롭게 인식하는 데는 많은 참을성과 시간이 필요했다. 교권침해가 늘면서 조합원들 사이에 교권보호에 대한 인식전환이 이루어지고 있었지만, 가파르게 흘러가는 상황이 전교조를 앞질러 갔다.

다른 한편으로 교육을 '노동'의 관점에서 바라보려는 일부의 경향도 빼

놓을 수 없다. 그들은 교사를 기득권 노동자로 인식하고 학교 내 약자인 학교비정규직 노동자와의 연대를 특히 강조했다. 그들은 교권보호를 교육 노동자의 근무여건 개선 정도로 이해했고, 비정규직 노동자와의 계급적 연대를 약화시킬 우려가 있는 직종 이기주의로 생각했다.

이들은 비정규직 노동자의 투쟁에 정당성을 부여하고 연대하는 것이 교육노동자의 사회적 책무라고 생각하며, 학교비정규직 노동자의 파업 지지, 기간제교사의 신분안정과 처우개선에 더 많은 관심을 기울였다. 지난 2017년 평지풍파를 일으켜 교육계를 강타한 '기간제교사 정규직화' 논란도 이들의 작품이다.

교육과 교사를 대하는 이들의 태도는 교권보호에 대한 냉소와 무관심으로 나타났다. 교사들이 느끼는 절망과 분노, 그로 인한 공교육 붕괴는 그들의 관심사가 아니었다. 전교조의 상급노조인 민주노총은 비정규직 노동자에 대한 인권침해에 대해서는 즉각 성명서를 발표하는 등 입장을 밝혔지만, 가맹노조인 전교조 조합원이 다수 참여한 집회에 대해서는 이례적으로 말을 아꼈다. 서이초 사건 뒤 한 달이 지나서야 "교사들의 집회를 지지한다"는 짤막한 성명서를 발표한 것이 전부다. 그것은 교권에 대한 노동운동의 냉랭한 시선을 보여주는 단적인 사례였고, 전교조 내 '노동 지상주의' 관점을 가진 교사들도 크게 다르지 않았다. 의도했든 아니든, 그들은 교사의 교육권이 갖는 사회적 가치를 인정하지 않음으로써 전교조가 교권보호에 적극 나서지 못하도록 방조했다.

신자유주의 교육시장화 정책 이후, 전교조 내에서는 공교육 붕괴와 교사의 위기를 우려하는 목소리가 끊임없이 제기됐다. 그 움직임은 처음에는 '교원평가·차등성과급 거부운동'으로 표출됐지만, 교사의 위기가 현실화하면서 '교원의 권리 법제화', '교권보호 매뉴얼 제작', '교권보호조례 제정'으로 나아갔다. 그리고 그 연장선에서 아동복지법·아동학대처벌법 등 아동 관련법과 교육기본법·초중등교육법·교원지위법 등 교육 관련법 개정을 준비하고 있었다. 전교조가 준비한 법 개정안 내용은 얼마 전 국회에서 통과된 '교권4법', 아동복지법·아동학대처벌법 내용과 대동소이하다.

그러나 이런 움직임은 '학생인권'과 '노동'을 우선하는 일부 조합원과 끊임없이 갈등에 부딪쳐 제 속도를 내기 어려웠고, 이런 내부적 여건은 2023년 9월 이후 급변하는 정세에서 전교조가 능동적으로 대처하는 데 결정적 한계로 작용했다.

일본 교직원조합의 '교원권리장전'

일본에서도 2000년대 이후 지금 우리나라처럼 학부모의 악성 민원 때문에 교사가 정신질환에 걸리거나 자살하는 사례가 급증했다. 일본 문부과학성에 따르면, 2021년 정신질환으로 휴직한 공립학교 교직원은 역대 최다인 5,897명에 달했다. 교사가 기피직업이 되면서 일본 학교는 만성적인 교사부족에 시달렸다. 그러나 교원의 교육활동과 권리를 보호하기 위해 정부 차원에서 마련한 특별한 법률적 장치는 없다. 그런 점에서 최근 교권4법을 개정해 교원의 교육활동 보호에 나선 우리나라가 법적 보호 측면에서는 상대적으로 낫다고 할 수 있다.

그러나 교권보호를 위한 교직단체의 노력은 일본이 우리보다 한발 앞선다. 전일본교직원조합(전교)은 법률적으로 미비한 점을 보완하기 위해 자체적으로 '교원권리헌장'을 만들어 문부성에 시행을 요구하고 있다. 권리헌장 자체는 법적 강제력이 약하지만, 교육활동과 관련된 교원의 지위와 권리를 규정한 유일한 준거라는 점에서 그 의미는 결코 작지 않다. 더욱이 우리나라 교직단체들이 교원의 법적 권리에 대해 이제야 관심을 갖기 시작한 실정을 감안하면, 우리 교직단체들도 '교원권리헌장' 제정을 시도해 볼 만하다.

일본 교원권리헌장이 주장하는 교원의 권리는 다음과 같다.

전일본교직원조합의 '교원권리헌장'

제1조. 학문연구의 자유와 교육의 자율성이 보장되는 교육전문직으로서의 교원의 권리

제2조. 노동자로서의 권리와 사상·신념의 자유, 표현의 자유, 정치활동 등 시민적 권리, 인간으로서의 권리

제4조. 교원의 적절한 노동시간에 관한 권리

제5조. 민주적인 학교운영에 관한 권리

제6조. 교원의 임금과 사회보장에 관한 권리

제7조. 교원의 신분보장과 연수에 대한 권리

제8조. 양성평등에 관한 권리와 여성 교원의 권리

제9조. 교원의 건강·안전·위생에 관한 권리

이상 살펴본 것처럼, 현재 교사의 위기를 불러온 원인은 다음과 같다. 그럴 리야 없겠지만, 정부와 국회, 교육청과 학교가 공교육을 무력화하고 교사를 괴롭히기 위해 합심전력으로 직무유기를 저지르고 있는 게 아닌지 의심이 들 정도다.

① 공교육의 이념과 목적을 부정한 교육시장화 정책

② 공민의 권리를 무력화한 수요자의 권리

③ 교육 당사자 간 권리와 책임의 불균형

④ 교권4법 미비, 아동 관련법 오·남용 등 허술한 법과 제도

④ 기존 교직단체의 안일한 대응

교사 위기를 한 방에 해결하는 비법은 없다. 공교육의 기능을 복원하고, 법과 제도를 정비하여 권리와 책임이 조화롭게 균형을 이루게 하는 수밖에 없다. 그런데 이 중에서 교사가 할 수 있는 일은 거의 없다. 대부분이 정부의 교육정책 영역이거나 국회의 법률개정 영역이다. 정책과 제도가 바뀌어도 고착화된 인식이 바뀌려면 더 많은 시간과 인내가 필요하다. 교육부나 교육청이 내놓은 교권보호방안 몇 개로는 고통의 시간이 쉽게 끝나지 않을 거라는 불길한 예감이 드는 이유다.

그나마 다행스러운 것은, 한국교총, 전교조 등 기존 교직단체뿐 아니라 교사노동조합연맹, 실천교육교사모임, 좋은교사운동 등 다른 교직단체들도 교권보호의 중요성을 재인식하고 교사의 교육권 보호에 적극 나서기 시작했다는 점이다. 또 일부이긴 하지만, 교육부보다 상대적으로 학교와 가까운 시·도교육청들도 교권보호 매뉴얼을 마련하는 등 교권보호를 위해 발 빠르게 움직이고 있는 것도 환영할 만한 변화다.

3부

교사 위기의
해법

1장

'교육의 공공성' 회복

공교육의 이념과 목적 재정립

우리나라에 근대 공교육제도가 처음 도입된 것은 구한말이지만, 근대적 학교가 교육의 보편적 형태로 자리 잡은 것은 일제강점기다. 일제는 식민지 민중의 민족적 각성을 막고 식민지 지배에 협력할 친일파를 양성하는 방편으로 학교를 적극 활용했다. 이에 민족주의 진영은 사립학교를 설립하는 등 '교육구국운동'으로 맞섰다. 이때만 해도 학교교육은 모두를 위한 보통교육이 아니라 소수 부유층만 누릴 수 있는 특권이었다.

1930년대 일제의 만주침략과 함께 병참기지화 정책이 추진되면서 학교는 식민지 경영에 필요한 초급노동력을 양성·공급하는 수단으로 간주됐고, 전쟁이 중국대륙과 태평양 전역으로 확대되면서 일본 천황에게 충성하는 순량한 신민과 병사를 양성하는 황국신민 육성기관으로 변모했다. 그것은 국가가 책임지고 교육기관을 설립하고 그에 필요한 시설과 인력을 공급했다는 점에서 공교육의 형태를 띠었지만, 학교를 지배 이데올로기 전수수단으로 만들어 시민의 교육적 권리를 희생시켰다는 점에서 공교육의 원래 목적과는 동떨어진 것이었다.

해방 후 군사정부는 학교를 통해 산업화에 필요한 초급노동력을 양성·공급하려 했다. 그것은 노동집약형 경제성장 전략을 성공시켜 권력의 정당성을 확보하기 위한 것이었지만, 교육을 통해 더 좋은 일자리를 얻으려는 시민의 자발적 참여로 뒷받침됐다. 교육은 양적으로 크게 성장하여 단시간에 높은 취학률과 낮은 문맹률을 이뤘고, 교육은 더 나은 삶의 기회와 신분상승을 가능케 하는 유일하고도 현실적인 방법으로 여겨졌다. '우골탑' 신화가 그것이다.

늘어나는 교육수요를 감당할 수 없었던 군사정부는 개인자본을 끌어들여 사립학교 설립을 적극 장려했다. 사립학교는 국가가 아닌 개인자본에게 공교육을 맡겼다는 점에서, 공교육의 취지와는 거리가 멀었다. 민주공화국 시민으로서의 자유와 권리는 극도로 억압됐고, 국가가 투자한 운영자금의 상당 부분은 사학자본의 호주머니로 들어갔다. 사립학교 비리와 교원에 대한 전근대적 인신지배는 사립학교 교육의 공공성을 위협하는 또 하나의 원인이 됐다.

학교는 군사정부의 대리인으로서 권위주의적 교육방법과 비인간적 훈육을 통해 어린 시민의 자유와 권리를 억압했고, 교과서는 정당성 없는 권력의 정치선전으로 채워졌다. 그러나 학교는 새로운 지식과 기술을 접할 수 있는 유일한 곳이었고, 취업과 진학을 위해서는 학교교육에 의존할수밖에 없었다.

교사에게 대들었다가 퇴학 처분을 받으면 새로운 삶의 기회가 날아갔다. 국가는 학교의 모든 것을 지배했고, 학생과 학부모는 국가가 베풀어주는 시혜를 받아먹는 무력한 존재였다. '홍익인간'의 교육이념은 '산업인력 육성', '개인의 입신출세', '시민적 권리의 자발적 포기'라는 부끄러운 교육현실을 은폐하는 장식물이었다. 군사정부는 단군을 훌륭한 협력자로 만들었다.

군사정부 시대는 30여 년 전에 끝났지만, 지금 우리 공교육은 이 흑역사의 연장선에 있다. 해방 이후 한 번도 공교육의 이념과 목적을 진지하게 성찰해본 적이 없을뿐더러, 공교육이 지향해야 할 공적 가치와 그것을 실현할 구체적인 목표에 대해서도 진지한 대화를 나누거나 합의를 한 적이 없다. 교육에 관해서는 옳고 그름, 좋고 나쁨의 경계가 불분명하다. 학교에서 무엇을 가르쳐야 하고, 교사는 무슨 일을 하는 사람인지도 불명확하다. 학교에서 가르치는 것과 학원에서 가르치는 것이 동일시되고, 교사의 권한과 학부모의 요구가 어지럽게 뒤섞인다. 지금 교사들이 겪는 위기는 그것이 축적된 결과물이다. 공교육의 목적과 기본원칙을 다시 세워야 하는 이유는 이 때문이다.

집을 지을 때 설계도가 필요하듯이 교육에도 설계도가 필요하다. 교육이념, 교육목적 등이 그것이다. 그러나 해방 후 80년이 되도록 우리는 설계도 없이 지은 집에서 살고 있다. 설계도가 없으니 공교육의 기본원칙이 무엇인지도 모르고, 학창시절 경험과 단편적 지식에 의존해서 교육을 이해할 수밖에 없다. "모든 국민이 교육전문가"라는 말이 나올 수밖에 없다.

교육이념은 '교육이 궁극적으로 도달해야 할 이상적 관념'을 말한다. 그것은 교육을 통해 이루고자 하는 궁극의 가치이자, 우리 사회가 지향하는 발전 방향과 조응한다. 교육목적은 교육이념을 이루기 위한 구체적 과제이고, 그것은 다시 교육목표로 세분화된다. 그런데 우리 공교육에는 이것이 아예 없거나 불분명하다. 놀라운 일이다. 교육기본법이 정한 교육이 넘은 다음과 같다.

교육기본법

제2조(교육이념) 교육은 홍익인간의 이념 아래 모든 국민으로 하여금 인격을
도야하고 자주적 생활능력과 민주시민으로서 필요한 자질을 갖추게 함으
로써 인간다운 삶을 영위하게 하고 민주국가의 발전과 인류공영의 이상을
실현하는 데 이바지하게 함을 목적으로 한다.

엄밀하고 명료해야 할 법 조항치고는 너무 추상적이다. '교육이념'과 '교
육목적'이 혼재돼 있고 개념의 층위도 뒤죽박죽이다. 상상력을 발휘해 유
추해 보자면, 우리 교육이념은 '홍익인간'이고 교육목적은 '인격도야', '자주
적 생활능력을 갖춘 민주시민 양성', '인간다운 삶을 영위하고, 민주국가
발전에 기여하고, 인류공영에 이바지할 인간을 기르는 것'쯤 된다. 이래서
야 뭘 어떻게 하라는 것인지 알 수가 없다.

특히 '홍익인간'이라는 교육이념은 황당하기까지 하다. 공교육 제도가
존재하지 않았던 고조선 시대, 단군신화에 등장하는 관념을 현대의 학교
에 가져와 뭘 어쩌자는 것일까? '홍익인간'을 '세계시민주의적 휴머니즘'으
로 재해석해야 하나? '인격도야'는 또 뭔가? 국가가 시민의 인격을 도야하
겠다는 발상은 전근대적 봉건사회나 권위주의 시대가 아니고는 불가능하
다. 황당무계한 착각이거나 시대착오적 망상이다.

그나마 건질 만한 대목은 '자주적 생활능력과 민주시민으로서 필요한
자질', '민주국가의 발전과 인류공영의 이상 실현'이다. 현대적 감각으로 재
해석하자면 '민주국가 발전에 기여할 민주시민 양성', '인류공영에 이바지
할 세계시민 육성', '자주적이고 독립적인 생활인 육성'으로 볼 수 있다. 문
제는 이 교육이념이 재해석이 필요할 정도로 모호한 데다, 다른 법령에서

구체적인 교육목적이나 교육목표로 연결되지 않는다는 것이다. 신비로운 교육이념이 혼자 허공을 떠도는 꼴이다. 이런 교육이념은 있으나 마나다.

교육이념이 명확하지 않으면 교육목표도 불분명해진다. 목적지를 입력하지 않은 내비게이션처럼 목적지에 도달하는 경로가 제시되지 않고, 과속단속구간과 위험구간도 알 수 없다. 교육이념에 부합하는 이론과 그에 반하는 주장을 구분할 기준도 사라진다. 정권이 바뀔 때마다 '열린교육', '체험교육', '미래교육', '수월성 교육' 같은 실체도 없고 정체도 의심스러운 주장들이 새로운 대안으로 받아들여졌다가, 몇 년 지나면 무수한 시행착오만 남기고 흔적도 없이 사라졌다. 그때마다 학교현장은 장단을 맞추느라 몸살을 앓는다. 신자유주의 교육시장화 정책도 그렇게 들어와서 많은 문제점을 낳았지만, 누구 하나 책임지는 사람이 없다.

공교육의 목적과 기본원칙이 분명치 않으니 학부모들이 혼란스러워하는 것은 당연하다. 학교가 무슨 일을 하는 곳인지 모르니, 학교에 요구할 수 있는 것과 요구해선 안 되는 것, 개입해도 되는 것과 개입하지 말아야 하는 것의 경계도 흐릿하다. 대다수 학부모의 학교에 대한 인식은 수십 년 전 자신의 학창시절 경험에 고정돼 있다. 누구에겐 '폭력과 인권침해가 난무하던 곳'이고, 다른 누구에겐 '돈 봉투 밝히는 부담스러운 곳'으로 기억된다. 그래서 학교와 교사를 바라보는 학부모의 시각에는 기본적으로 불안과 불신이 깔려 있다. 뭔가 일이 있으면 민원부터 내고 '세게 나가야' 손해 보지 않는다고 생각하는 경향이 강하다.

학교에 대한 학부모들의 그런 인식은 지금도 크게 달라지지 않았고, 교육시장화 정책이 '수요자의 권리'에 힘을 실어주면서 오히려 더 강화됐다. 학교에 대한 인식과 기대가 이렇게 극단을 오가다 보니, 한쪽에서는 학생에 대한 인권유린이 아무렇지도 않게 자행되고, 다른 쪽에서는 민주시민교육이나 공동체교육에 대해 "내 아이 기죽이지 말라"는 민원이 쏟아진다. 공교육의 목적과 기본원칙에 합의를 본 적이 없어서 벌어지는 시행착오다. 공교육의 이념과 목적을 분명히 해야 하는 이유는 이 때문이다.

현실과 동떨어진 법조항을 놓고 궁색하게 해석을 덧붙이기보다는 교육 관련법을 개정해서 공교육의 이념과 목적을 체계화할 필요가 있다. 모든 법의 모태인 헌법에서는 국민의 '교육받을 권리'를 다음과 같이 정하고 있다.

대한민국 헌법

제31조 ① 모든 국민은 능력에 따라 균등하게 교육을 받을 권리를 가진다.
③ 의무교육은 무상으로 한다.
④ 교육의 자주성·전문성·정치적 중립성 및 대학의 자율성은 법률이 정하는 바에 의하여 보장된다.

이것은 '균등교육·무상교육의 원칙'과 함께 '교육의 자주성·전문성·중립성'을 규정한 것으로 주목할 만한 내용이다. '균등교육의 원칙'은 교육기본법 제4조(교육의 기회균등) "모든 국민은 성별, 종교, 신념, 인종, 사회적 신분, 경제적 지위 또는 신체적 조건 등을 이유로 교육에서 차별을 받지 아니한다"라는 조항으로 한 단계 더 구체화된다.

그러나 이 원칙들은 긍정적 의미에도 불구하고, 하위법령인 교육기본법, 초·중등교육법, 교원지위법, 교육공무원법 등에서 제대로 구현되지 않고 있다. 헌법으로 정한 국민의 기본권을 하위법이 방기하는 꼴이다. 이렇게 되면 최상위법인 헌법과 그 하위법이 유기적 통일성을 갖춘 하나의 시스템으로 작동하지 못하고, 국민의 교육받을 권리는 법전으로만 존재하게 된다. 공교육의 이념·목적·실현방안이 따로 놀고, 중앙정부·지자체·학교·교사의 권한과 책임의 경계가 모호해진다.

이 문제를 해결하려면, 헌법에 '민주시민 교육, 세계시민 육성, 생활인 육성' 등을 새로운 교육이념으로 정하고, 그것을 이루는 수단으로 '균등교육·무상교육·의무교육' 등의 원칙을 담아야 한다. 또 헌법의 위임을 받아 교육기본법, 초·중등교육법, 교원지위법에 '교육의 자주성·전문성·정치중립성'을 실현할 구체적인 과제를 정해야 한다. 그래야 공교육의 이념, 목적, 과제가 유기적인 시스템으로 구현되고 교사의 권한과 책임도 명료해진다.

'모두를 위한 보통교육'의 복원

근대 공교육의 기원은 프랑스혁명으로 거슬러 올라간다. 민중봉기를 일으켜 절대왕정을 무너뜨리고 혁명정부를 세운 국민의회는 1791년 인류역사상 처음으로 헌법을 만들었다. 이 헌법에는 "시민에게 필수적인 교육을 제공하는 무상의 공공교육을 창설하고 조직한다"는 내용이 포함됐다. 소수 지배계급의 전유물이었던 지식이 학교교육을 통해 시민계급에게도 열렸다. 국가가 책임지고 무상으로 교육기회를 제공하는 보통교육의 시대가 시작된 것이다.

1793년 권력을 장악한 자코뱅은 여기서 한발 더 나아가 이른바 '자코뱅 헌법'을 만들었다. 이 헌법은 보통선거 제도와 함께 노동자·농민 등 모든 시민의 생존권·노동권·교육권을 보장하고, 실업자에 대한 공공지원 등 초보적 복지개념까지 도입한 급진적인 것이었다. 이 헌법은 비록 반혁명 세력과의 전쟁, 혼란한 국내 정치 사정으로 실시가 보류됐지만, 국가가 시민의 기본권과 행복추구권을 규정한 최초의 헌법으로 기록된다. 이 헌법이 정한 교육의 기본원칙은 다음과 같다.

프랑스 국민공회 자코뱅 헌법

제22조 교육은 만민에게 필요한 것이다. 사회는 전력을 다해 공공이성의 진
보를 촉진하고, 모든 시민이 교육받을 수 있게 해야 한다.

공교육제도가 등장한 배경은 복합적이다. 혁명정부가 외국 절대왕정에
맞서 혁명 수호전쟁을 벌이려면 자유·평등·박애 등 혁명사상으로 무장된
시민의 결집된 힘이 절대적으로 필요했다. 단기간에 많은 시민에게 혁명
사상을 전수하기에는 국가가 주도하는 학교 시스템만큼 효율적인 것이 없
었다. 학교는 젊은이들에게 근대 혁명사상을 고취하는 혁명의 요람이었
고, 학교교육을 받은 젊은이들은 혁명정부를 지키는 굳건한 인적 토대가
되었다.

자본가들도 학교를 통한 초급 노동력의 대량공급을 바라고 있었다. 산
업혁명이 본격화하면서 근대적 지식과 초급기술을 갖춘 노동력이 대량으
로 필요했지만, 소수의 장인이 지배하는 도제교육으로는 도저히 그것을
감당할 수 없었다. 자본가들은 학교설립에 필요한 자금을 지원함으로써
그 문제를 한 방에 해결했다. 학교는 자본가들에게 근대적 지식과 초급기
술을 보유한 노동력을 대량으로 양성하여 공급하는 저렴한 수단이었다.
작업장의 질서에 순응하는 순종적인 노동자를 양성하기에도 학교는 더없
이 좋은 곳이었다. 이에 따라 초기 학교교육은 엄격한 위계질서와 순종을
강조했다.

학교교육은 노동자와 시민에게도 새로운 가능성을 열어주었다. 귀족과
부유한 시민이 독점하던 지식과 기술을 습득하여 더 많은 자유와 권리를
누릴 수 있었고, 학교교육을 통해 더 나은 취업기회를 얻어 삶의 질을 향
상시킬 기회를 얻었다. 혁명은 사회를 일거에 바꿀 수 있었지만 너무 위험
했고, 반드시 좋은 결과를 장담하는 것은 아니었다. 그에 비하면 학교교

육은 노력하면 좋은 결과를 기대할 수 있는 훨씬 안전하고 믿을 수 있는 방법이었다. 혁명만 바라보며 절망적으로 매달리기보다는 학교교육을 통해 신분상승을 꾀하는 시민이 늘면서, 공교육은 사회 안정에도 크게 기여했다. 그것은 사회혼란을 종식시키고 싶었던 정부와 자본가들도 바라는 바였다.

공교육 제도는 정부와 자본가, 시민 모두에게 이익을 안겨주는 좋은 제도로 여겨졌고, 유럽의 여러 나라들은 시차를 두고 공교육 제도를 도입했다. 그러나 학교교육에 거는 이해관계가 달랐던 만큼, 공교육이 의도하는 목적과 방향은 나라마다 달랐다. 시민혁명의 진원지였던 서부유럽의 자유주의 국가들은 학교를 시민의 권리확대와 자유증진을 위한 사회진보의 수단으로 인식했고, 혁명에 반대한 중·동부유럽의 보수주의 국가들은 학교교육을 애국심 고취와 시민 동원수단으로 삼았다.

자본가들은 어린 시민을 열악한 처우와 저임금에도 불평하지 않고 공장 내 작업질서에 자발적으로 순응하는 순종적인 노동자로 탈바꿈시키려 했고, 혁명을 두려워한 귀족과 왕당파는 공립학교를 세워 시민의 자녀에게 초급기술과 국가 이데올로기를 주입하는 한편, 자기 자녀를 위해서는 사립학교를 만들어 고급지식과 문화·예술을 독점하고 싶어 했다. 유럽의 이 같은 귀족적 사립학교의 전통은 지금도 면면히 살아 있다.

공교육의 내용과 교육방식을 둘러싸고 계급·계층 간 긴장과 대립이 끊이지 않았다. 교육이념과 교육목적, 교육과정과 교육기회 문제는 여러 계급·계층 간의 날카로운 쟁점이었고, 그것은 지금 우리나라도 마찬가지다. 국가는 시민의 권리를 제약하고 비판의식을 억제하려 했고, 자본가들은 교육과정에 자본 친화적 가치를 강화하려 했다. 상류층은 자기들만의 교육 루트를 만들거나 경쟁과 차별을 부추겨 고등교육 기회를 독점하려 했고, 시민은 교육기회의 평등과 더 많은 투자를 요구했다. 학교는 계급투쟁의 또 다른 영역이었다.

그럼에도 국가가 주도하는 공교육이 시민의 동의와 지지를 얻으려면 최소한 몇 가지 원칙에 대해서는 합의가 필요했다. 가난한 시민을 위한 '무상교육', 모두를 위한 '보통교육', 시민의 책무로서 주어지는 '의무교육', 특권적 지위를 인정하지 않는 '균등교육'이 바로 그것이다. 그것은 이해관계를 달리하는 계급·계층 간에 이루어진 일종의 계급적 타협의 산물이자, 학교교육을 국가가 책임지는 공공시스템으로 존립하게 한 공통분모였다.

공교육체제에서 교사에게는 당대 사회가 합의한 보편적 가치와 도덕관념, 생산력 발전에 필요한 지식과 기능을 후대에 전수하는 역할이 주어졌다. 교사가 수행하는 교육활동은 공동체의 유지와 발전에 필요한 활동으로서 사회적 존중의 대상이 되었다. 그것은 교육의 자율성·전문성·헌신성으로 범주화됐고, 특정 계급·계층의 요구로부터 일정한 독립성이 필요한 것이었다. 우리 교육기본법 제14조가 규정한 '교원의 전문성', '사회경제적 지위보장', '신분보장'도 세계 공교육의 이런 역사적 배경을 공유한 것이다.

공교육의 대전제인 무상교육·보통교육·의무교육·균등교육 원칙을 어기는 것은 기존 계급적 타협을 파기하는 것이고, 공교육을 모두를 위한 공공시스템으로 존립할 수 없게 만드는 중대한 도발행위로 간주되었다. 따라서 교육기회를 차등화하거나 교육투자를 감축하려는 정부의 시도는 번번이 시민의 저항에 부딪쳤다. 요즘도 유럽에서는 교원감축과 대학등록금 인상을 둘러싸고 격렬한 충돌이 심심치 않게 벌어진다. 그것은 시민의 평등한 교육권을 둘러싼 격렬한 계급투쟁으로 표출돼 때로는 정권의 운명을 가르기도 했다.

그런데 지금 신자유주의 교육시장화 정책이 그런 일을 벌이고 있다. 신자유주의자들은 교육에 경쟁논리를 도입함으로써 교육의 기회균등 원칙을 무너뜨렸고, 질 높은 고등교육 기회를 상류층의 전유물로 만들었다. 일반학교에 대한 재정지원을 실질적으로 삭감함으로써 보통교육의 물적 토대를 약화시켰고, 반대로 귀족형 특권학교에 대한 지원을 늘려 교육기회를 양극화했다. 그동안 공교육 제도를 지탱해 온 원칙들을 하나씩 무너뜨리는 것이다.

그 결과, 소수의 귀족형 특권학교를 제외한 대다수 보통학교는 '교육이 불가능한 학교'가 됐고 교사의 교육활동 침해가 일상적 현상으로 자리 잡았다. 교사가 교육활동에 전념할 수 없게 만드는 교육환경 악화와 교권침해는 '교사의 위기'지만, 동시에 공공성에 기초한 '공교육의 위기'이고, 머잖아 '사회공동체의 위기'로 전화한다. 교권침해는 그 붕괴의 시작을 알리는 징표인 셈이다.

모든 개인은 각기 다른 능력을 타고 태어난다. 지적 능력이 우수한 아동이 있는가 하면, 강인한 신체를 갖고 태어나는 아동도 있다. 예술적 감수성이 예민한 아동도 있고, 타인의 처지를 쉽게 이해하는 예민한 공감능력을 타고난 아동도 있다. 같은 아동이라도 꾸준한 노력을 통해 특정 영역에서 탁월한 능력을 발휘하기도 하고, 뛰어난 지적 능력을 타고났지만 적절한 보살핌을 받지 못해 재능을 발휘하지 못하는 불운한 아동도 있다. 운 좋게 높은 교육열과 경제력을 갖춘 가정에 태어나 타고난 능력 이상의 성취를 이루는 아동도 있다.

따라서 특정 시기에 특정 영역을 대상으로 아동의 능력을 측정하겠다는 것은 무모하고 위험한 발상이다. 하물며 생애 초기단계에서 몇 차례 측정한 결과를 기초로 앞으로 아동이 경험하게 될 다양한 교육기회를 미리

재단하여 '갈 수 있는 학교'와 '갈 수 없는 학교'를 구분하는 것은 비교육적이고 폭력적이다. 보통교육의 원칙을 재정립해야 하는 이유다.

보통교육은 '결과의 평등'보다는 '기회의 균등'을 지향한다. 헌법 제31조 ①의 "모든 국민은 능력에 따라 균등하게 교육을 받을 권리를 가진다"는 규정은 이 점을 분명히 한다. 교육차별을 지지하는 사람들은 이 조항의 "능력에 따라"를 "우수학생에게 혜택을 부여하는 것은 기회균등에 위배되지 않는다"고 강변하지만, 그것은 헌법의 취지를 잘못 해석한 것이다. 헌법조항에 나오는 '능력'은 학생 개인의 '학습능력'을 뜻하는 것이지, 아버지의 경제력이나 어머니의 정보력 같은 '보호자의 능력'을 뜻하는 것이 아니다.

백 발 양보해서 이 조항을 영재교육 가능성을 언급한 것으로 해석한다 해도, 영재교육이 일반학교의 학생선발에 개입하고 정규 교육과정을 위축시켜 보통학생의 교육기회를 빼앗는 방식으로 이루어져선 안 된다. 영재교육은 정규교육의 탄탄한 베이스를 침해하지 않는 범위에서 선택지의 하나로 주어질 수 있는 것이지, 다른 학생의 기회를 가로채는 것이 되어선 안 된다.

사교육의 도움을 받아 높은 학업성취를 보인 학생은 '성적 우수학생'일 뿐, 영재가 아니다. 그것은 지식체계를 무시한 단편적 지식의 반복학습에 의한 것일 뿐, 학생 개인의 뛰어난 지적 능력의 소산으로 보기 어렵다. 돈을 쏟아부어 만들어 낸 '가짜영재'라는 얘기다. 실제로 외국어 영재학교인 외국어고 졸업생의 절대다수가 외국어와 관련 없는 의대나 법대에 진학하는 것이 그 증거다. '수월성 교육'은 헌법이 정한 평등한 보통교육의 원칙을 비껴가기 위한 알리바이에 불과하다. 초·중등교육법이 그것을 용인하는 것은 상식적으로 납득하기 어렵다.

'수월성 교육'을 주장하는 사람들은 일반학교에 대한 특목고·외국어고의 비교우위를 강조한다. 그러나 이 비교는 성적 우수학생을 입도선매하듯 쓸어간 귀족형 특권학교가 할 수 있는 말이 아니다. 그것은 마치 축구선수들을 모두 뽑아간 뒤 나머지 학생들을 향해 "축구를 못 한다"고 탓하는 것이나 마찬가지다. 특권학교 학생들이 높은 성취를 보이는 이유는 원래 우수한 학생들을 뽑아갔기 때문이지 학교가 학생들을 잘 가르쳐서가 아니다. "일반학교가 더 분발하라"는 것은 원인과 결과를 뒤집는 것이다.

특권학교는 입시에 최적화된 곳일 뿐, 민주공화국의 건강한 시민을 기르는 것과는 관련이 없다. 특권학교 출신 인사들의 빗나간 특권의식과 일탈행위는 특권학교가 공교육기관으로서 실패했을 가능성을 시사한다.

'가짜 영재'를 위한 입시 명문학교로 변질된 특권학교를 공교육 체제 안에서 계속 용인할 이유는 없다. 더욱이 일반학교의 몇 배에 이르는 재정투자는 일반학교에 투입돼야 할 교육재정을 빈약하게 만든다. 그 결과, 특권학교는 국제기준을 넘는 양질의 교육환경을 누리지만, 일반학교는 법으로 정한 교원 수와 학급당 학생 수도 충족하지 못하고 있다. 학교환경도 양극화하는 것이다.

수월성 교육은 학교를 서열화하여 '교사가 없어도 알아서 공부하는 학교', '교사가 있어야 공부하는 학교', '교사가 있어도 교육이 불가능한 학교'로 나누었다. 문제는 '교사가 없어도 알아서 공부하는 학교'는 극소수인 반면, '교사가 있어도 교육이 불가능한 학교'가 다수를 차지한다는 점이다. 심각한 교권침해는 주로 '교사가 있어도 교육이 불가능한 학교'에서 집중적으로 일어난다. 소수의 인재를 건지고 나머지를 버린 수월성 교육의 필연적 결과다. 교사의 위기를 해소하려면 헌법이 정한 평등교육의 원칙에 따라 특권학교를 폐지해야 한다. 그래야 모든 학교가 '교육이 가능한 학교'가 되고 교사도 교육활동에 전념할 수 있다.

교육은 '공공재'

교육시장화 정책을 도입한 시장주의자들은 교육도 상품으로 인식했다. 공급자가 국가고 구매자가 국민이라는 점만 다를 뿐, 교육도 기본적으로 수요-공급의 시장원리에 따라 자유롭게 구매하고 소비하는 서비스 상품으로 본다. 교육은 공동체 구성원 모두의 이익을 위해 존재하는 '공공재'가 아니라 개인의 이익 실현에 봉사하는 '사유재'인 것이다.

이 관점에 따르면, 교육 서비스는 자유경쟁의 시장원리에 따라 선택되고 소비돼야 한다. 경쟁은 상품의 질을 높이고, 수요자는 더 나은 서비스를 누릴 권리가 있다. 고객이 외면하는 상품이 시장에서 퇴출되듯이, 수요자가 원치 않는 교육은 존재해선 안 된다. 학생·학부모에게는 공급자인 교사를 평가하고 퇴출을 요구할 권리가 있다. 국가가 공교육의 공적 가치를 실현하려고 노력하는 것은 자유로운 시장질서를 위협하는 위험한 행위다.

교육을 사유재로 보는 관점은 궁극적으로 공교육의 무력화를 지향한다. 그것을 위해 공교육의 비효율성과 사교육의 우월성을 대비시킨다. '실력 있는 학원강사'와 '무능한 교사'를 비교하고, 수능 고득점자의 출신학교보다 출신학원을 더 강조한다. 교육을 사유재로 보는 관점은 이렇듯 교육의 공공성을 부정하고 교육활동의 공적 의미를 약화시킨다. 교육시장화 정책과 함께 교권침해가 급증한 것은 결코 우연이 아니다.

그러나 공교육과 사교육은 출발점과 목표가 달라서 처음부터 비교대상이 될 수 없다. 공교육이 공동체의 이익을 우선하는 데 비해, 사교육은 비용을 지불한 특정 개인의 욕구실현을 최우선에 놓는다. 공교육이 균등한 교육기회를 제공하여 공동체의 조화로운 발전을 도모하는 데 비해, 사교육은 특정 개인의 학업성취를 극대화하기 위해 고도의 효율성을 추구한다. 공교육은 아동의 발달단계에 따른 성장을 의도하는 데 비해, 사교육은 과도한 선행학습과 반복적 암기훈련으로 아동의 학습의욕을 꺾고 정상적 성장을 저해한다.

공교육은 아동의 지적 성취와 인간적 성숙을 목표로 하는 데 비해, 사교육은 가시적인 목표의 달성을 위해 비인간적 수단도 동원한다. 공교육은 학부모의 사회·경제적 지위와 무관하게 균등한 교육기회를 지향하지만, 사교육은 비용을 지불한 특정인의 이익을 위해 기회의 불평등을 부추긴다. 면허 없이 환자를 치료하는 것을 '유사 의료행위'라고 부르듯이, 사교육이 학교 교육과정의 일부를 발췌해서 가르치는 것은 '유사 교육행위'에 다름 아니다. 그런 사람을 가리켜 '돌팔이'라고 부른다.

우리 교육은 공교육 체제를 취하고 있다. 국가는 교육의 목표를 공적 가치의 실현에 두고, 그에 필요한 학교건물과 시설, 학교운영에 필요한 모든 재정을 국민 세금으로 부담한다. 교육의 원활한 운영을 위해 교육 전담 부서를 두고, 시·도별 교육청을 두어 학교를 관리·감독·지원한다. 또 사범대학·교육대학을 설립하여 교육활동을 담당할 전담교원을 양성하고, 임용고시를 통해 교원을 선발하고, 사립학교 교원의 보수도 국가가 부담한다.

교사가 수업시간에 가르치는 내용은 국가가 정한 교육과정에 따르고, 검·인정 교과서 제도와 학습지도요령을 마련하여 세부적인 내용을 정한다. 초·중·고등학교에서 이룬 학업성취는 상급학교 진학에 절대적인 영향을 미치고, 학생의 사회적 평판과 장래 지위를 크게 좌우한다. 국가의 과도한 개입이 교사의 교육활동을 위축시키는 것은 바로잡아야 하지만, 우리 교육은 기본적으로 국가의 책임 아래 이루어진다.

학교에서 가르치는 보편적 가치와 지식, 가치와 덕목은 공동체의 발전을 가능케 하는 정신적 토대가 되고, 학교는 아동이 주체적이고 독립적인 시민으로 성장하도록 돕는다. 민주공화국 시민이 갖춰야 할 지식과 소양은 나이를 먹는다고 저절로 갖춰지는 게 아니다. 그것은 오랜 시간에 걸쳐 지식의 기초 원리를 배우고 규범을 체화시키는 훈련을 거쳐야 가능하다. '금쪽이'가 민주시민으로 거듭나려면 '담금질'이 필요한 것이다. 그 일을 하는 곳이 바로 학교다. 교사의 교육활동이 사회적으로 존중받는 이유는 그 때문이다.

사회적 지위와 상관없이 모든 시민에게 일정 수준의 지식과 소양, 공동체 규범을 익히게 하는 것은 민주공화국을 지탱하기 위해 반드시 필요한 일이다. 이런 믿음은, 공교육은 공동체의 발전에 필수불가결한 요소이며, 특정 개인이나 집단이 아닌 공동체 구성원 모두가 공유해야 할 '공공재'라는 인식으로 이어진다.

교육의 공공성이 도마에 오른 데는 국가의 잘못이 가장 크다. 공교육의 기본원칙에 대한 확고한 신념 없이 교육시장화 정책에 휩쓸리다 보니 겪지 않아도 될 혼란을 자초한 면이 크다. 공교육은 민주공화국 시민이라면 누구나 누려야 할 공적 권리이지, 특정 집단이 자기 욕망과 이익을 실현하는 수단이 아니다. 이 점을 분명히 하지 않으면 공교육 붕괴를 막을 수 없고, 교사가 딛고 선 땅도 함께 무너진다. 교사는 미래의 공화국 시민을 가르치기 위해 존재하는 사람이지, 특권계층에게 고용된 가정교사가 아니다.

의무교육, 시민의 '교육받을 의무'

의무교육을 잘못 이해하는 사람이 의외로 많다. 헌법은 의무교육에 대해 다음과 같이 정해 놓았다.

대한민국 헌법

제31조 ② 모든 국민은 그 보호하는 자녀에게 적어도 초등교육과 법률이 정하는 교육을 받게 할 의무를 진다.

이 조항에 따르면, 교육의 의무는 '교육을 시켜 줄 의무'가 아니라 '교육을 받게 할 의무'다. 다시 말하면, 교육의 의무는 국가가 지는 의무가 아니라 국민이 지는 의무다. 아동이 민주시민으로 성장하려면 많은 것을 배워야 하고, 이것을 배우게 하는 것이 '의무교육'이다. 따라서 이 의무를 소홀히 하면 처벌이 따른다.

헌법이 '교육받을 권리'와 함께 '교육받을 의무'도 함께 부여한 이유는, 권리만 있는 사회란 존재할 수 없기 때문이다. 권리 행사에는 자기 행위의 결과에 대한 책임이 따르고, 공동체의 조화와 균형을 위해서는 타인에 대한 존중과 배려가 필수적이다. 또 공화국 시민에게 요구되는 일정 수준 이상의 지식과 소양, 규범의식과 도덕관념을 갖추게 하려면, 아동의 교육을 가정에만 맡겨두어서는 안 된다. 그것을 대신해 주는 것이 학교라는 시스템이고, 그것을 뒷받침하는 강제규범이 바로 '교육의 의무'다.

신자유주의자들은 이 점을 왜곡했다. 그들은 '교육수요자론'을 들고나와 교육이 시민에게 당연히 제공해야 할 국가의 의무인 것처럼 강변했다. '질 높은 교육'이라는 명분을 앞세워 국가가 감당할 수도 없고 감당해서도 안 되는 것들을 요구했다. 이런 분위기가 확산하면서 학부모들은 학교에 무엇이든 요구할 권리가 있다는 착각에 빠졌고, 기대에 미치지 못하는 학교와 교사를 향해 불평을 쏟아냈다.

그들은 국가로부터 부여받은 '교육의 의무'를 벗어던지면서 아동이 공동체 구성원으로 성장하는 데 필요한 사회화의 기회마저 벗어 던졌다. 목욕한 구정물을 버리려다 아이도 함께 버린 꼴이다. 민주시민 교육과 성평등 교육이 대표적이다. 민주적 학급공동체를 지향하는 교사는 '의식화 교사'로 낙인찍혔고, 아동의 전인적 성장을 돕는 교사는 '공부 안 시키는 교사'로 의심받았다. 학급질서 유지를 위한 최소한의 노력마저 '아동학대'로 매도됐다. 악성 민원과 교육시장화 정책은 불가분의 관계를 맺은 환상의 콤비였다.

시민의 '교육받을 권리'와 함께 '교육의 의무'도 복원해야 한다. 그것은 민주공화국의 미래를 준비하는 과정이고, 현재를 지배하는 유력한 집단의 힘이 미래까지 미치지 않도록 중심을 잡는 일이다. '금쪽이'가 많아지면 많아질수록 '교육의 의무'의 중요성은 더 커진다. 그 일을 할 사람은 교사밖에 없다.

2장

교육 당사자의 권리와
책임 법제화

2018년 서울시교육청이 발주한 연구보고서 「교원의 교육활동 보호를 위한 제도개선 연구」에 따르면, 외국에서는 교사·학생·학부모 등 교육 당사자의 권리와 책임, 교사의 적법한 직무범위와 직무수행방식 등을 세부 규정으로 만들어 시행하고 있다.

영국 교육부는 학교 내 학생생활지도와 지역교육청이 수행해야 할 업무에 대해 가이드라인(Guideline for governing bodies)을 만들고, 교장과 교사가 수행해야 할 업무에 대해서도 권고(Advice for head teachers and school staff)를 만들었다. 교장과 교사의 직무도 '의무사항(must)', '선택사항(should)', '권고사항(will)'으로 나누어 구체적으로 제시한다.

학생 소지품을 검사하고 압수할 수 있는 경우, 그 과정에서 준수해야 할 사항에 관한 권고(Searching, screening and confiscation: Advice for headteachers, school staff and governing bodies)도 있다. 이 가이드라인과 권고는 학교와 교사의 책무와 책임 범위를 명확히 함으로써 법적 책임을 판단하는 기준이 되고, 학생과 학부모에게는 학교 내에서 일반적으로 허용되는 기준을 알림으로써 불필요한 충돌을 방지한다.

그러나 우리나라는 교사의 책무가 무엇이며, 무엇을 해야 하고 무엇을 하면 안 되는지, 학생과 학부모의 권리는 무엇이고 권리는 어떻게 행사해야 하는지, 명확한 기준이나 권고가 없다. 사고나 분쟁이 발생하면 그에 대한 판단을 교육전문가인 학교나 교육청이 내리지 못하고, 결국 모든 일이 법정으로 간다. 교사의 교육적 판단이 필요한 일을 변호사가 조언하고, 교육청이 결정할 문제를 판사·검사가 결정한다. '학교의 사법화'는 그 극단적 형태다. 이런 관행은 학교와 교사의 전문성에 대한 신뢰를 약화시키고 공교육의 위상을 떨어뜨린다.

우리도 교사·학생·학부모의 권리와 책임을 법으로 정하고, 그것을 기준 삼아 구체적인 지침이나 가이드라인을 만들 필요가 있다. 그래야 교육적 판단과 사법적 판단의 경계가 분명해지고, 넘지 말아야 할 선이 보이면 무리한 민원과 소송도 줄어든다.

학생의 권리와 책임

헌법과 교육기본법에 의하면 학생은 권리와 의무를 동시에 지닌 존재다. 헌법 제31조는 "균등하게 교육을 받을 권리"와 함께 "초등교육과 법률이 정하는 교육을 받게 할 의무"를 정하고 있다. "초등교육과 법률이 정하는 교육"이란 교육기본법 제8조(의무교육)에 따라 '6년의 초등교육과 3년의 중등교육'을 합친 9년의 교육을 뜻한다.

이 규정에는 "9년의 교육은 민주공화국 시민이 받아야 할 최소한의 교육이며, 이것을 이수하지 않으면 민주시민의 소양과 덕목을 갖출 수 없다"는 인식이 깔려 있다. 말하자면 9년의 교육은 '국민공통 교양과정'인 셈이다. 이 헌법조항은 교육기본법에서 다음과 같이 구체화된다.

교육기본법

제12조[학습자] ③ 학생은 학습자로서의 윤리의식을 확립하고, 학교의 규칙을 지켜야 하며, 교원의 교육·연구활동을 방해하거나 학내의 질서를 문란하게 하여서는 아니 된다.

이 조항은 '학습자의 윤리의식, 학교규칙 준수, 교원의 교육활동 존중, 학내질서 유지' 등 학생의 의무에 대해 말한다. 그러나 의무의 내용이 너무 원론적이어서 실제 학교상황에 적용할 수 없다. 따라서 학교현장에서 자주 일어나는 상황을 상정하여 학생의 책임과 의무를 더 구체적으로 명시할 필요가 있다. 다만, 학생에게 책임을 부여하는 방법에 대해서는 교육적 고민이 필요해 보인다. 현실적인 방안은, 추상적 원론에 머물러 있는 교육기본법을 개정하여 학생의 권리와 책임을 구체화하고, 더 세부적인 내용을 유아교육법과 초·중등교육법, 지방자치단체 조례로 정하는 것이다. 예를 들면 학생의 권리와 의무를 다음과 같이 정할 수 있다.

학생의 권리와 의무(시안)

- 시민으로서 기본 권리와 의무
- 학교 내 의사표현에 관한 권리와 의무
- 교육활동 협력에 관한 권리와 의무
- 학교생활에 관한 권리와 의무
- 학생자치 활동에 관한 권리와 의무
- 학교 내 안전에 관한 권리와 의무
- 강제학습, 심야학습 등에 관한 권리와 의무
- 사이버 공간에서의 활동에 관한 권리와 의무
- 학교 내 갈등 해결에 관한 권리와 의무

- 사생활과 개인 취향, 성적 지향에 관한 권리와 의무
- 성적·인종적·종교적 차별에 관한 권리와 의무
- 건강과 안전에 관한 권리와 의무
- 교칙에 의한 징계와 벌칙에 관한 권리와 의무
- 아르바이트 등 노동에 관한 권리와 의무

뉴욕시 '권리와 책임의 학생장전'에서 배울 것

경기도교육청이 처음 학생인권조례를 만들 때 참고한 것으로 알려진 미국 뉴욕시의 '권리와 책임의 학생장전(뉴욕시 학생장전. Student Bill of Rights and Responsibilities)'은 그 뒤 다른 지역에서도 중요한 참고자료로 활용됐다. 뉴욕시 학생장전의 내용을 살펴보자.

뉴욕시 권리와 책임의 학생장전(Student Bill of Rights and Responsibilities)

학생의 권리(Student Rights)
1. 유치원부터 고등학교까지 무상 공립교육을 받을 권리
2. 표현 및 개인의 자유에 대한 권리
3. 적절한 법적 절차를 밟을 수 있는 권리
4. 18세 이상의 학생이 갖는 추가 권리

학생의 책임(Student Responsibilities)
1. 정시에 출석하고 교육의 성공을 위해 노력할 의무
2. 학습준비물을 갖춰 수업을 준비하고, 교과서와 학교기기를 주의해서 다룰 의무

3. 학교건물 출입에 관한 학교규정을 준수할 의무

4. 흉기·불법약물·규제물질·술이 없는 학교환경 유지에 협조할 의무

5. 안전한 학습환경 유지, 다른 학생의 학습권을 침해하지 않을 의무

6. 학교공동체 구성원의 건강과 복지를 위협하는 정보를 교직원에게 전달할 의무

7. 타인의 인격을 존중하고 동등하게 대하며, 권리를 침해하지 않을 의무

8. 학교 자산을 보호하고 타인의 사적 또는 공동소유물을 존중할 의무

9. 인종·신념·피부색·성별·성적(性的) 표현·종교·출신국가·체중·시민권·체류신분·성적 지향·신체 및 정서 상태·장애·혼인 여부 및 정치적 신념에 관계없이 타인을 존중하고 비방하지 않을 의무

10. 학생·교사·교직원에게 예의 바르고 협조적 자세로 행동할 의무

11. 원만한 인간관계 형성에 노력하고, 학교공동체 구성원의 이해증진을 위해 협력할 의무

12. 분쟁을 해결할 때 대결을 피할 의무

13. 학생회 선거에 참여하고 투표할 의무

14. 학생의 학생회 참여를 최대화하고 긍정적인 지도력을 제공할 의무

15. 교직원과 협력하여 학생의 신체적·사회적·문화적 관심과 필요를 반영하는 과외활동 프로그램을 개발할 의무

16. 책임 있는 저널리즘의 윤리규약을 준수할 의무

17. 학교공동체와 의견 교환, 말·글 등에서 저속하고 부적절한 표현을 하지 않을 의무

18. 협력을 유도하고 교육과정을 방해하지 않는 방식으로 자신을 표현할 의무

19. 질서 있게 모임을 하고, 참여를 원치 않는 학생의 결정을 존중할 의무

20. 안전하고 학습에 방해가 되지 않는 소지품만 학교에 가져올 의무

21. 학교 체육관, 체육수업, 실험실·작업실 내 복장과 행동에 관한 지침에 따를 의무

22. 학교 징계규정을 숙지하고 학교규칙과 규범을 준수할 의무

23. 동료 학생에게 정해진 학교방침과 관례를 따르도록 권장하는 리더십을 제공할 의무

24. 학습·사교·교육행사 등과 학부모 전달사항을 부모에게 전달할 의무

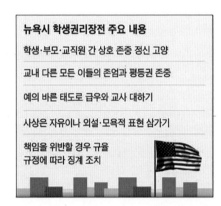

뉴욕시 학생권리장전 주요 내용

뉴욕시 학생장전은 학생의 4가지 권리와 함께 24개 항목의 책임과 의무를 함께 나타낸다. 권리가 원론적이고 포괄적인 데 비해 의무는 구체적이고 상세하다. 학생의 권리에 비해 책임과 의무가 특히 강조되는 것을 볼 수 있다. 인종·종교·출신 국가 등 다양한 구성을 보이는 미국 사회의 특성에도 불구하고, 공교육의 원활한 수행을 저해하는 부당한 개입과 무질서, 폭력과 차별은 용납되지 않는다는 강력한 의지의 표현이다.

미국의 다른 사례를 보자. 버지니아 주 페어팍스카운티 공립학교가 만든 '학생의 권리와 책임 안내서(Student Rights and Responsibilities, A Guide for Families)'에는 다음과 같이 나와 있다.

학생의 권리(Student Rights)

● 모든 학생의 정체성을 인정하고 배려하는 포용적인 학교 및 교실환경에 대한 권리

● 학생의 성 정체성, 신앙, 기타사유에 해당하는 화장실·탈의실·편의시설을 이용할 권리

● 성 정체성 및 성적 성향을 공개하지 않을 권리

● 자신이 선택한 이름과 인칭대명사로 불릴 권리

● 학교 내에서 제작되고 공유되는 학교명부에 학생이 선택한 이름과 성별로 기재될 권리

● 학교시설을 안전하고 공평하게 사용하도록 지원받을 권리

● 개인 식별정보, 시민권, 이민자 신분에 대한 정보의 무단공유로부터 보호받을 권리

● 학습환경, 교육자료, 과외활동을 공평하게 사용할 권리

학생의 책임(Student Responsibilities)

● 정기적으로 정시에 등교하여 학교일정에 따를 의무

● 학교의 규칙·절차·과정에 따를 의무

● 교육환경에 적합한 복장을 갖출 의무

● 교직원의 권한을 존중할 의무

● 타인의 권리와 소유물을 존중할 의무

● 타인의 신념과 차이점을 존중할 의무

● 외설적·폭력적이거나 무례한 단어·형상·몸짓을 삼갈 의무

● 분쟁을 평화롭게 해결할 의무

● 다른 학생을 괴롭히거나 다치게 하는 행동을 삼갈 의무

● 타인에게 위험이 야기되는 행동을 교직원에게 알릴 의무

권리가 8개 항목인 데 비해 책임은 11개 항목에 이른다. 의무에 대한 세부규정도 있다. 휴대전화는 수업시간에 일체 사용할 수 없고, 초등학생은 학교에 있는 동안 무음으로 바꾸어 가방에 넣어두어야 한다. 의도적인 수업방해나 교사에 대한 불복종, 다른 학생의 학습방해 등 수업방해에는 엄격한 통제가 가해진다. 교사에 대한 모욕적 언행, 협박이나 위협, 공격은 허용되지 않는다. 학교에 무기·마약·폭죽·성냥·라이터 등 위험한 물건을 가지고 올 수 없으며, 금지물품 반입이 의심되면 학교는 불시에 학생의 사물함을 검사할 권한이 있다. 이 규칙은 학교 안팎은 물론 온라인 교실 환경, 등·하교 버스정류장, 스쿨버스 안에서도 적용된다.

뉴욕시 학생장전과 페어팩스카운티 학교 안내서 모두 학생의 권리와 의무를 균형 있게 병기하지만, 의무 쪽에 더 방점을 찍고 있음을 알 수 있다. 이해하기 어려운 것은, 미국의 여러 사례가 학생의 책임과 의무를 강조함에도, 그것을 참고해 만든 우리 학생인권조례는 학생의 권리에 더 많은 비중을 둔다는 점이다. 외국의 사례를 참고하면서 책임과 의무보다 권리를 더 많이 참고했다고 볼 수밖에 없다. 권리와 책임의 이 같은 불균형은 결과적으로 보수진영의 학생인권조례 공격에 빌미를 제공했다.

학생의 권리와 의무의 불균형 또는 역전현상은 바로잡아야 한다. 그것은 자칫 책임 없는 권리행사에 정당성을 부여하고, 정당한 교육활동을 학생인권 침해로 오인하게 하여 학교의 교육활동 자체를 불가능하게 만들 수도 있기 때문이다. 교육기본법과 학생인권조례에 학생의 책임과 의무를 법제화해야 하는 것은 이 때문이다.

학생인권조례, '폐지'가 아니라 '보완'

책임 없는 권리가 범람하면서 교육계 일각에서 학생인권조례에 대한 공격이 시작됐다. 서울특별시의회 일부 의원들은 "학생인권조례 때문에 교권이 실추됐다"며 조례 폐지 움직임까지 벌이고 있다. 근거 없는 주장은 아니지만, 권리와 의무의 균형을 맞추는 것과 조례 자체를 폐지하는 것은 전혀 다른 문제다. 학생인권조례는 국민의 인권이 전반적으로 취약한 상태에서 약자인 학생의 인권을 우선적으로 보호하기 위해 만든 측면이 강하다. 따라서 조례를 폐지하면 조례로 보호해 온 학생의 인권이 후퇴하는 '백 래시' 현상이 나타날 우려가 크다. 차별금지법 등 인권보호 법률 제정에 반대한 사람들이 학생인권조례 폐지를 주장하는 것은 선한 의도로 보이지 않는다.

그런 점에서 최근 서울특별시교육청이 발표한 학생인권조례 개정안을 눈여겨볼 필요가 있다. 서울시교육청은 2023년 8월, '교원의 정당한 교육·연구활동 존중, 폭력사용 금지' 등, 교육기본법 제12조 ③이 정한 '학생의 의무'를 구체화하는 내용의 조례 개정안을 공개했다. 주요 내용은 다음과 같다.

서울특별시교육청 학생인권조례(개정안)

● (인권존중 의무) 교사 및 다른 학생 등 타인의 인권침해 금지

● (학습권 보장 의무) 다른 학생의 학습권 보장

● (학교규범 준수 의무) 학생의 참여하에 정해진 학교규범의 준수 의무, 교육활동 협력

● (폭력행위 금지 의무) 다른 학생 및 교직원에 대한 신체적·언어적 폭력 금지

● (생활지도 존중 의무) 교원의 정당한 생활지도 존중

- (교육활동 및 연구활동 존중 의무) 교원의 정당한 교육활동 및 연구활동에 대한 존중
- (교육환경 조성 의무) 다른 학생 및 교원의 안전한 교육환경 조성
- (안전 의무) 다른 학생 및 교직원의 안전을 해치거나 교육활동에 방해가 되는 물품 제한

이 개정안은 학생의 권리와 책임이 비교적 균형을 이루었다고 보이지만, 조례 폐지 움직임에 대응할 목적으로 서둘러 만들다 보니 아쉬운 부분도 있다. 최근 학교현장에서 나타나는 다문화가정 증가, 성평등교육 논란, '동성애 조장' 논란, 인종적·종교적 갈등 심화를 감안하면, '성적·인종적·종교적 다양성 존중 의무'에 관한 내용을 더 보강할 필요가 있다.

학부모의 권리와 책임

학부모는 자녀교육을 학교에 위임한 사람으로서 자녀가 안전한 환경에서 제대로 교육받고 있는지 정보를 제공받을 권리가 있으며, 자녀에게 가해지는 부당한 처사에 항의하고 시정을 요구할 권리가 있다. 나아가 학교교육의 발전을 위해 의견을 개진할 권리가 있다. 실제로 학부모회에 동의권, 정보요구권, 제안권을 부여하는 나라가 많다.

그러나 학부모는 교육의 직접 당사자가 아니라 아동의 보호자로서 아동을 대리하여 권리와 의무를 행사하는 존재다. 따라서 학부모의 권리는 자녀를 대신하여 적절한 교육여건을 요구할 권리이며, 학부모의 의무도 자녀가 의무를 제대로 이행하도록 지도할 의무다. 교육기본법 제13조(보호자)가 규정한 학부모의 권리와 책임이 그것이다.

따라서 학부모는 가정에서는 양육과 교육의 주체지만, 학교에서는 교

육활동 협력자의 지위를 갖는다. 자기 자녀를 위한 특별한 배려를 요구하는 것은 그 범위를 벗어나는 것이다. "내 자녀에게 더 많이 신경 써 달라"거나 "아이가 학원에 가야 하니 숙제를 내지 말아 달라"는 것은 정당한 요구가 아니라는 얘기다. 그러나 많은 학부모는 학교생활 전반에 걸쳐 다양한 요구를 하고 들어주지 않으면 학부모의 권리가 침해당한 것으로 오해한다.

또 자녀에게 닥칠지 모르는 위험을 미리 제거하기 위해 수용하기 어려운 요구를 하거나, 자기가 신봉하는 특정 종교의 교리를 강요하거나, 심지어 자녀에게 미칠 영향을 핑계로 교육과 무관한 교사의 사생활과 취향까지 간섭하려 든다. 이런 일이 벌어지는 이유는, 학부모가 갖는 권리와 의무의 성격이 법적으로 모호하고, 권리와 책임의 영역이 명확히 구분되지 않기 때문이다. 그 점에서, 국회가 지난 2023년 9월 27일 교육기본법, 초·중등교육법을 개정하면서 보호자의 의무조항을 다음과 같이 신설한 것은 주목할 만하다.

교육기본법 제13조(보호자)

③ 부모 등 보호자는 교원과 학교가 전문적인 판단으로 학생을 교육·지도할 수 있도록 협조하고 존중하여야 한다.

초·중등교육법 제18조의5(보호자의 의무 등)

① 보호자는 교직원 또는 다른 학생의 인권을 침해하는 행위를 하여서는 아니 된다.

② 보호자는 제20조의2 제1항에 따른 교원의 학생 생활지도를 존중하고 지원하여야 한다.

③ 보호자는 교육활동의 범위에서 교원과 학교의 전문적인 판단을 존중하

고 교육활동이 원활히 이루어질 수 있도록 적극 협력하여야 한다.

신설된 보호자의 의무는 '교육에 대한 협조·존중의무, 타인에 대한 인권 침해 금지의무, 교원의 학생생활지도·교육활동에 대한 존중·협력의무' 등이다. 이 조항은 전보다 진일보한 것이지만, 내용이 너무 원론적이어서 학교 현장에서 실제로 구속력을 발휘할지는 의문이다. 무엇이 인권침해이고 교권침해인지 분명치 않은 상태에서는 "인권침해 금지"니 "교권침해 금지"니 아무리 외쳐봐야 공염불이다. 이 문제를 해결하려면, 보호자의 의무를 교육기본법이나 초·중등교육법에 구체적으로 명시하고, 의무의 내용과 권리 침해 행위의 유형을 상세하게 정할 필요가 있다. 예를 들면 다음과 같이 정할 수 있을 것이다.

보호자의 의무(시안)

● 보호자는 교사의 정당한 교육활동을 방해하거나 침해하여서는 아니 된다.
  - 국가 교육과정에 기초한 교사의 수업내용을 존중할 의무
  - 자녀교육에 대한 교사의 전문적 판단을 존중할 의무
  - 학교 내·외에서의 원활한 교육활동을 위해 협조할 의무
  - 교사의 수업 및 수업을 위한 준비활동을 존중할 의무
  - 교사의 평가 및 평가를 위한 준비활동을 존중할 의무
● 보호자는 교사나 다른 학생의 인권을 침해하여서는 아니 된다.
  - 교사나 다른 학생에 대한 폭언·폭행, 모욕·명예훼손을 삼갈 의무
  - 교사나 다른 학생에 대한 사이버공간에서의 모욕·명예훼손을 삼갈 의무
  - 폭력을 갈등해결 수단으로 사용하지 않을 의무
  - 교사나 다른 학생의 사생활과 개인적 취향을 존중할 의무
  - 정당한 사유가 없는 퇴근시간 이후 교사의 사생활을 존중할 의무

- 보호자는 교사의 자녀 생활지도를 존중하고 협력하여야 한다.
  - 자녀의 문제행동 해결을 위해 교사와 협력할 의무
  - 자녀에 대한 교사의 상담 요청에 따를 의무
  - 자녀에 대한 교사의 외부 전문상담기관 상담 권유에 따를 의무
  - 학교규칙 위반에 따른 자녀의 제재조치에 따를 의무
  - 자녀의 안전한 학교생활을 위해 교사의 안전지도에 따를 의무

학부모 민원은 '민원처리 시스템'으로

일부 학부모의 악성 민원으로 학교가 몸살을 앓고 있지만, 학부모의 적극적 의견개진은 학교교육의 성공을 위해 중요한 요소다. 문제는 학부모가 제시하는 의견의 내용과 방식이 교육을 위해 바람직한지, 아니면 학교의 교육활동을 저해하는지 하는 것이다. 실제로 학부모의 요구에는 교육협력자로서의 공적인 요구와 교육목적에서 벗어난 개인적인 요구가 섞여 있다. 학교나 교사가 감당할 수 없는 요구도 있고, 가정교육 소홀로 인한 책임을 교사에게 전가하는 것도 있다.

따라서 학교는 학부모 요구의 타당성과 현실성을 판단하여 수용 여부를 결정할 수밖에 없다. 가장 먼저 판단해야 할 것은, 그 요구가 학교구성원 전체 또는 다수에 해당하는 정당한 요구인지 아니면 특정 개인에게만 해당하는 과도한 요구인지 구분하는 것이다. 정당한 요구이고 공적 성격을 띤 의견이라면 민원보다는 학부모회를 통해 접수하고 학교운영위원회 등의 심의를 거쳐 수용 여부를 판단하고, 사적인 요구라면 '민원처리 시스템'으로 접수하여 처리하는 방법이 합리적이다.

학교의 교육목표나 교사의 수업내용, 행정조치, 학교규칙에 대한 의견

은 기존 방침의 변경을 요구하는 공적 문제제기의 성격이 강하고, 심도 있는 심의와 협의를 필요로 한다. 이런 경우는 민원을 내기보다는 학부모회에서 먼저 심의하여 타당성을 판단한 뒤, 학교운영위원회나 교직원회의의 심의를 거쳐 수용 여부를 결정하는 것이 바람직하다.

그 의견이 법령과 학교 교육목적에 부합하고 교육에 도움이 된다고 판단하면 수용하되, 학교나 교사의 교육방침에 대한 오해나 의견 차이에서 비롯된 것이라면 최대한 설득한다. 그래도 의견차이가 좁혀지지 않으면 상급기관인 교육청의 중재를 받아 수용 여부를 최종 결정할 수도 있다. 그러면 유명무실화된 학부모회도 역할을 부여받아 학교자치가 활성화되고, 학교교육 전반에 대한 학부모의 이해도 높일 수 있다.

참고로 독일 헤센 주 학부모회는 다음과 같은 사항에 대해 동의권을 행사한다. 학부모회가 학교의 결정사항이나 조치를 거부하면 학교는 주 교육청에 조정을 요청할 수 있고, 반대로 학교가 학부모회의 제안을 거부하면 학부모회가 교육청에 조정을 요청할 수 있다. 교육청은 학교와 학부모회가 최대한 자치적으로 결정하도록 조정역할에 주력할 뿐, 직접 나서서 대신 결정하는 일은 거의 없다.

독일 헤센 주 학부모회의 동의권

1. 교육목적, 교육경로, 수업 등 일반적인 사항과 핵심 교육과정, 시험 등에 관한 사항

2. 진학과 전학에 대한 일반적인 규정

3. 학습교구 및 교재 선택을 위한 일반적인 규정

4. 수업에 관한 일반적인 학교규칙

학부모의 요구에는 공적인 의견만 있는 것은 아니다. 자녀교육을 이유로 개인적인 요구를 하는 경우가 더 많다. 그런 요구는 교사에게 집중될 수밖에 없고, 특히 아직 신뢰관계가 형성되지 않은 저학년 담임교사나 학교폭력 담당교사가 주된 대상이 되기 쉽다. 그렇게 되면 민원인과 해당 교사가 대면하여 시시비비를 가리는 과정에서 언성이 높아지고, 감정이 격앙된 상태에서 오가는 부적절한 언행을 꼬투리 잡아 사태가 걷잡을 수 없이 커진다. 최근 문제가 된 악성 민원 대부분이 그런 경로를 밟다가 안전핀이 뽑힌 경우다.

민원이 받아들여지지 않으면 상급기관에 또 민원을 넣고, 감사가 나오면 여러 사람이 피곤해진다. 학교 입장에서는 어떻게든 빨리 무마하는 것이 상책이다. 부당하다고 생각하면서도 웬만하면 들어주게 된다. 눈 질끈 감고 한 순간만 참으면 불은 끌 수 있지만, 그 불은 교육자의 영혼을 잿더미로 만들어 버린다. 반대로 학부모는 민원전화 한 통으로 문제가 해결되는 것에 쾌재를 부른다. '승리의 경험'은 그 뒤의 행동에도 영향을 끼친다. 교사와 머리 맞대고 상의할 일도 교장실로 찾아가 따지거나 민원을 낸다. 그것이 관행으로 굳어지면 그 학교는 볼 장 다 본 셈이다. 한 아이를 기르기 위해 온 마을이 필요하다지만, 한 학교를 거덜 내는 데는 '악성 민원러' 한두 명이면 충분하다.

이런 문제를 해결하려면 당사자가 알아서 해결하라고 떠넘길 게 아니라, 공정한 제삼자나 시스템이 대신 민원을 접수하여 처리하는 것이 바람직하다. 학교에도 '민원처리 시스템'을 만들자는 얘기다. 그렇게 하면 학부모도 격앙된 감정을 폭발시키지 않고 자신을 객관화할 기회를 얻을 수 있으며, 해당 교사도 과도한 방어 대신 자기 행위의 정당성을 차분히 주장할 기회를 얻을 수 있다.

일반 공공기관에서는 민원이 들어오면 민원 담당자가 먼저 검토해서 타당성 여부를 판단하고, 심사위원회로 넘겨 수용 여부를 결정해서 회신을 보낸다. 민원인이 회신 내용에 불복하면 행정심판을 청구하거나 행정소송을 낸다. 민원인이 담당자를 찾아와 고성을 지르거나 폭행을 하면 공무집행방해, 업무방해죄로 처벌받는다. 그래서 일반 공공기관에서는 그런 일이 좀처럼 일어나지 않는다. 유독 학교라는 공공기관에서만 민원인이 교실에 쳐들어와 교사를 폭행하거나 머리채를 휘어잡는 일이 벌어진다. 묵과할 수 없는 일이다.

학교는 일반 공공기관과 달리 민원실도 없고 민원처리 담당자도 없다. 따라서 학교에 '민원처리 시스템'을 도입하려면 몇 가지 전제가 필요하다. 일부 학부모가 민원을 주된 문제해결 수단으로 이용하는 이유는, 민원이 교사 개인에게 심리적 압박을 가하는 가장 신속하고 효과적인 수단이기 때문이다. 관건은 민원인이 교사를 만나 압박을 가하지 못하게 하는 것이다. 그러려면 민원인과 교사가 대면하지 않게 하는 것이 무엇보다 중요하다.

모든 민원은 '민원처리 시스템'으로만 접수하고, 교사에게 찾아와 항의하거나 요구하지 않도록 하고, 접수된 민원은 당사자가 직접 답변하지 않고 '민원처리 전담팀'이 대신 답변하게 해야 한다. 민원내용의 사실 여부를 판단하기 위해 필요하면 당사자의 의견을 들을 수는 있지만, 민원처리의 주체는 학교장과 그 위임을 받은 '민원처리 전담팀'이 돼야 한다.

또 민원인이 회신에 불복할 경우, 상급기관의 이의신청 절차를 친절하게 안내할 필요가 있다. 그것은 민원인의 정당한 권리이고 공공기관으로서 학교의 의무이기도 하다. 그러나 적법절차에 따르지 않고 같은 내용의 민원을 반복 제기하거나, 당사자 개인에게 해결을 요구하는 것은 정당한 민원이 아니므로 기각 처리한다. 어떤 경우든 교사 개인에 대한 항의나 보복은 인정해선 안 된다. 그래야 정당한 민원과 부당한 교권침해가 구분된다. '민원처리 시스템'에 대한 자세한 제안은 뒤에 다시 살펴보자.

"민원전화 하기 전에 생각할 것"

민원처리 시스템도 필요하고 교장이 민원처리의 주체가 되는 것도 당연하다. 그러나 아무리 훌륭한 민원처리 시스템을 갖춰도 여러 학부모가 동시에 민원을 쏟아내면 감당할 수 없다. 언론에 보도된 어느 학교처럼 "민원은 사랑"이라며 "오늘도 모닝 민원" 식으로 한 학부모가 하루에 한 건씩만 민원을 넣어도 교사는 매일 20여 건의 민원을 처리해야 한다. 수업과 학생지도는 뒷전으로 밀린다.

민원처리 시스템보다 선차적인 문제는 민원을 내기 전에 "이 민원이 과연 적절한 것인지" 한 번 더 생각해 보는 것이다. 그것은 순간적으로 격앙된 감정을 가라앉히는 데도 도움이 되고, 학부모가 권리와 책임을 자각하고 교육 협력자로 바로 서는 과정이기도 하다.

그런 점에서, 한 교사가 'eeessay'라는 필명으로 온라인 공간 『brunch story』에 올린 「학교에 민원전화를 하기 전에 생각해 볼 것」이라는 재치있는 글은 많은 것을 다시 생각하게 한다. 그는 부모로서의 '원초적 본능'과 교사로서의 '직업적 전문성'을 동시에 아우르며 <민원 적합 여부 판단기준 10가지>를 제안한다. 그리고 각각의 항목에 대해 부적절한 민원의 예를 들고 "민원전화를 하기 전에 한 번만 더 생각해 보자"고 제안한다. 그의 허락을 얻어 <민원 적합 여부 판단기준 10가지>와 부적절한 민원의 일부 내용을 소개한다. 더 자세한 내용을 알고 싶으면 위 카페의 글을 참고하기 바란다. 학부모가 민원을 내기 전에 스스로에게 이 질문을 하고 답을 생각해 본다면, 적어도 학교가 '민원공화국'으로 전락하는 일은 없을 것이다.

<민원 적합 여부 판단기준>

1. 아이가 스스로 할 수 있는 말인가?

   Yes! → 아이가 말하게 도와주세요.

   - 가정통신문 잃어버렸으니 다시 주세요.
   - 뒷자리에 앉아서 안 보인대요. 자리 바꿔주세요.

2. 원칙을 어기는 요구사항인가?

   Yes! → 부적절한 민원입니다.

   - 30분 늦었다고 진짜 지각 처리를 하면 어떡해요?
   - 아파서 결석하는데 교외체험학습 신청서 내겠습니다.
   - 학급 번호가 마음에 안 드니 번호 바꿔주세요.

3. 교사의 교육권을 침해하는가?

   Yes! → 아이를 진짜로 학대하는 방향이 아니면 교사의 교육권을 존중해 주세요.

   - 채점할 때 빗금 긋지 말고 별표 해주세요
   - 왜 교과평가 결과가 '보통'입니까? 올려 주세요.

4. 교사의 인권을 침해하는가?

   Yes! → 적절한 민원이 아닙니다. 절대 하지 마세요.

   - 휴대폰 번호 알려주세요.

- 프로필 사진 부적절하네요. 내려 주세요.

- 답장이 왜 이렇게 늦어요? 전화를 왜 안 받아요?

5. 모든 부모가 나와 같은 민원을 넣으면 감당이 될 것인가?

No! → 적절한 민원이 아닙니다.

- 우리 애는 앞자리에 앉혀 주세요./우리 애는 매일 칭찬해 주세요.

- 우리 애는 매일 발표 세 번씩 시켜 주세요.

6. 가정교육의 책임을 학교에 전가하는가?

Yes! → 부모가 할 수 있는 일을 고민해 봅시다.

- 우리 애가 집에서 야동을 봅니다. 학교에서 뭘 가르치는 건가요?

- 애가 너무 버릇없이 굴어서 깜짝 놀랐습니다. 그런 거 가르치는 게 학교 일 아닌가요?

7. 우리 애만 선의의 피해자인가?

Yes! → 정말 그럴까요? 사실관계부터 확인해 주세요.

- 다른 애들도 그랬다면서 왜 우리 애한테만 그러세요?

- 우리 애가 잘못하긴 했는데, 우리 애 감정은 생각해 보셨어요?

8. 이미 해결된 일인가?

Yes! → 학교폭력이 아니라면 참아주세요.

- 학교에서 이런 일이 있었다는데 왜 저한테 연락 주시지 않았나요?

9. 소소한 협박인가?

Yes! → 참아주세요.

- 애 아빠가 화가 났어요.

- 교장실, 교육청으로 전화하려다 참았어요.

10. 따지고 보면 별 건 아니지만 묘하게 기분 나쁜 일인가?

Yes! → 적절한 민원이 아니다.

- 근무시간인데 왜 답장이 늦어요?

- 답장에 이모티콘, 다정한 말을 담지 않아 서운합니다.

- 우리 애 사진이 몇 장 없네요./우리 애가 사진에서 웃고 있지 않네요.

3장

'교권'의 재정의

법에 없는 '교원의 직무'

누구나 '교육활동 보호'를 말하지만, 정작 보호 대상인 교사의 직무는 어느 법에서도 분명히 규정하지 않고 있다. 목적어 없는 서술어라니… 교사의 직무가 무엇인지 분명치 않으니 '교육활동 침해행위'가 구체적으로 무엇을 침해했다는 것인지 모호하다.

박종훈 전 서울시교육청 학생인권교육센터 사무관은 2023년 9월 국가인권위원회 회보 『인권』에 기고한 글 「교실이, 교사가 아프다」에서, 교권을 보호하려면 교사의 직무가 무엇인지, 권한의 범위를 어디까지 설정할지부터 정하자고 제안한다.

학교는 국민의 교육받을 권리를 보장하기 위해 존재하는 기관이고, 교사는 그 일을 직접 수행하는 공인이다. 그러므로 학교가 그 목적을 달성하기 위해 무엇을 해야 하고, 교사는 그를 위한 어떠한 직무권한을 가지고 있는지부터 논의를 시작해야만 교사의 노동권도 이야기할 수 있다. 예를 들면, 우리 사회는 국민의 생명권과 재산권을 보호하기 위해 소방관이라는 공무원을 두고 있다. 그러나 만약 소방관에게 충분한 장비나 물을 제공하지 않고 무작정 화재를 진압하라고 한다면 정당한 일일까? 이와 같은 장면을 교실에 대입해 보면, 우리가 놓치고 있는 부분들을 알 수 있다. … 공교육을 시장의 논리로 재단하며 교사를 한낱 교육 서비스를 제공하는 '공급자' 정도로만 여기는 순간 우리 교실에서 희망을 찾긴 힘들다. 이제라도 학교의 본질을 지키기 위하여 교사에게 어떤 권한이 필요한지 논의를 시작해야 한다. 그 권한은 당연히 학생의 교육받을 권리를 보장하기 위한 것이어야 한다. 그리고 그 권한이 남용되지 않도록, 학생의 보호자가 이에 대해 소통할 수 있는 공식적인 창구를 가지는 것은 당연한 권리라는 것 또한 잊지 않아야 한다.

일반적으로 교사의 직무는 수업과 학습지도, 생활지도, 특별활동, 학급운영, 행정업무 등 영역으로 구성되고, 각 영역에 들어가면 더 세부적인 업무가 있다. 그러나 법으로 교사의 직무를 규정한 것은 초·중등교육법의 다음 조항이 전부다. 놀라운 일이다.

초·중등교육법

제20조[교직원의 임무] ④ 교사는 법령에서 정하는 바에 따라 학생을 교육한다.

그동안 법적 근거도 없이, 관례와 상급기관의 지시에 따라 하라는 일을 관성적으로 해 왔다는 얘기다. 그렇다 보니 교사의 직무가 아닌 일들이 슬금슬금 들어와 자리를 잡았고, 교사들은 넘쳐나는 잡무를 처리하느라 교육활동에 소홀해졌다. 악의적으로 해석하면, 교사에게 직무 외의 일을 시키기 위해 일부러 직무를 분명히 정하지 않은 게 아닌지 의심스러울 정도다.

초·중등교육법에 교원의 직무를 분명히 정해야 한다. 그래야 '정당한 교육활동'의 범위와 기준이 분명해지고, 그것을 넘어서거나 방해하는 행위를 '교육활동 침해'로 규정할 수 있다. 그것은 교육활동 보호뿐 아니라 교사의 잡무를 덜기 위해서도 중요하다.

정당한 직무 범위를 법으로 정해야 교육활동 중 일어난 사고로부터 교사를 보호할 수 있고, 최근 개정된 초·중등교육법의 "교사의 정당한 교육활동은 아동학대범죄로 보지 아니 한다"는 조항도 실효를 거둘 수 있다. '정당한 교육활동'의 법률적 정의가 분명치 않은데, 어떻게 교사의 행위가 아동학대인지 아닌지 판단한다는 말인지, 알 수 없다. 예를 들어, 초·중등교육법에 교사의 직무를 다음과 같이 신설하는 것은 어떨까? 물론 직무의 구체적인 내용은 논의가 필요하다.

<교사의 직무>
● **수업·학습지도 영역**
  - 교재 연구, 교재 선택
  - 세부적인 교육과정의 재구성
  - 수업계획, 학습 기자재 준비
  - 수업활동, 평가
● **생활지도·학생상담 영역**
  - 교내 학생 안전지도
  - 급식·생활습관 지도
  - 학교규칙 지도
  - 학생 상담

- 학생 징계

● **특별활동 영역**

- 특별활동·수학여행·체험학습 지도

- 교내행사 지도

- 교육계획에 의한 교외활동 지도

● **학급 운영 영역**

- 학급 운영

- 학급질서 유지, 학급생활 지도

- 담임 업무

● **기타 : 법령으로 정한 그 밖의 업무**

이것은 교사라면 누구나 일상적으로 하는 업무다. 이것을 법령과 교육
목적에 부합하는 방식으로 수행하는 것이 '정당한 교육활동'이라고 할 수
있다. 교사는 이 같은 업무를 수행하면서 부당한 개입이나 간섭을 받지
않을 권리가 있고, 직무수행 결과에 책임을 진다. 또 이 같은 직무를 원활
하게 수행하기 위해 학생·학부모의 존중과 협력을 요구할 권리가 있다.

그러나 이 범위를 벗어나는 일은 법으로 정한 '정당한 교육활동'으로 보
기 어렵다. 그것은 학교 관리자나 상급기관도 요구해선 안 되고, 학생이
나 학부모도 요구할 수 없다. 아울러 직무가 아닌 일을 하지 않았다는 이
유로 업무태만이나 주의소홀 등 책임을 물어서도 안 된다. 여기 해당하는
대표적인 업무는 다음과 같다. 이른바 '잡무'라는 것들이다.

\<교원의 잡무(예시)\>

- ● 학교폭력 사안 조사, 학폭위 관련 업무

- ● 교권침해 사안 조사, 교권보호위 관련 업무

- 등·학교 시간 교외 교통지도
- 학교행사 이외의 교외 생활지도
- 수학여행·체험학습 관련 버스·숙소 계약 등 행정업무
- 학생회·학부모회 지원업무
- 방과 후 돌봄·늘봄 지원업무
- 대입 수능시험 지원 및 감독업무
- 기간제 교사 채용 및 관리 업무
- 영전강 및 원어민교사 지원업무
- 교육활동과 관계없는 공문서 기안·결재·시행 등 행정업무
- 교육활동에 필요한 기자재 등 구입·관리 업무
- 교내활동·외부행사 관련, 비용의 집행·결산 등 행정업무

이런 일들은 교사의 정당한 직무가 아닐뿐더러 실제로 교사에게 권한이 주어지지도 않은 것들이다. 따라서 책임 범위가 불분명하므로 행정실이나 학부모와 자주 갈등이 일어나는 일들이다. 한마디로 교사의 직무가 아닌데도 사고가 터지면 교사가 책임져야 하는 것들이다. 권한도 주어지지 않은 일에 대해서까지 책임을 지라는 것은 부당하다. 교사들이 교육과 무관한 업무를 하느라 본업을 뒷전에 밀어놓고, 작은 실수만 저질러도 교직을 떠나야 하는 나라는 우리나라 말고는 없다. 지금이야말로 잘못된 관행을 멈춰야 할 때다.

참고로, 캐나다 앨버타 주 교직연맹(ATA. Alberta Teachers' Association)이 권고한 교사의 직무는 아주 단순명쾌하다. "교육활동에 전념하게 한다"는 것은 바로 이런 경우를 가리킨다.

캐나다 앨버타 주 교직단체의 <교사 직무에 관한 권고>

① 수업과 학습지도(the actual conducting of classes and presentation of lessons)

② 수업준비(the preparation of lessons)

③ 교육기자재 확보(requisitioning of audio-visual and other materials and equipment)

④ 성취 평가·보고(evaluation and reporting of student progress)

⑤ 건전한 학습 분위기 조성을 위한 학급질서 유지(maintenance of such classroom order as is necessary to promote a healthy learning climate)

정의되지 않은 개념, '교권'

요즘 교육계의 가장 뜨거운 이슈는 '교권'이다. '교권존중', '교권침해'에 등장하는 '교권'이라는 말에는 "교사의 교육활동은 사회적으로 중요한 가치가 내포되어 있으며, 교육활동의 원활한 수행을 위해 보호해야 할 대상"이라는 전제가 깔려 있다. 그러나 이런 통념과 달리 교육 관련법에 나오는 '교권'에 대한 언급은 초라하기 짝이 없다. 헌법과 교육기본법에는 '교권'이라는 말 자체가 없다. 유아교육법과 초·중등교육법도 마찬가지다. '교권'에 대해 말하는 것은 교육공무원법과 교원지위법의 다음 조항뿐이다.

교육공무원법

제43조 ① 교권은 존중되어야 하며, 교원은 그 전문적 지위나 신분에 영향을 미치는 부당한 간섭을 받지 아니한다.

교원의 지위향상 및 교육활동 보호를 위한 특별법(교원지위법)

제18조[교권보호위원회의 설치·운영]

제20조 ① … 교육활동 침해행위로 피해를 입은 교원의 치유와 교권 회복에 필요한 조치…

무엇을 어떻게 존중하겠다는 것인가? 안타깝게도 답은 알 수 없다. 어떤 법률에서도 '교권' 개념을 정의하지 않았기 때문이다. 시행령·시행규칙은 물론 교육부의 훈령·예규·고시 등 어디에도 교권에 대한 정의는 없다. 교육공무원법의 교권에 관한 언급은 퇴직·휴직·정년 등 신분보장이나 불체포 특권, 고충 처리와 징계절차 상의 권리를 뭉뚱그려 표현한 것일 뿐, 교육활동과 관련된 교원의 어떤 권리를 지칭한 것이 아니다.

교원지위법에 나오는 '교권'도 학생 또는 보호자의 폭행·모욕 등 교육활동 침해로부터 교원을 보호하기 위한 대상으로서만 언급한 것일 뿐, 교육활동과 관련된 교원의 능동적 권리를 말한 게 아니다. 심하게 말하면, '교권보호위원회'를 언급하다 보니 어쩔 수 없이 '교권'이라는 용어를 차용한 것에 불과하다. 결국 '교권'이 무엇인지 정의도 내리지 않고 "교권을 보호하겠다"고 한 셈이다.

이렇듯 법률에 '교권' 용어가 나오지 않는 이유는, 그 개념에 대해 우리 교육계가 제대로 논의하거나 합의한 적이 없어서 법으로 정의하기 어려운 추상적 개념으로 남아 있기 때문이다. 결국 교육 관련법에서 차용하는 '교권'이라는 말은 '교권침해가 일어나기 전의 권리상태' 정도를 의미하는 편의적 용어일 뿐, '직무수행을 위한 교원의 권리나 권한'을 말하는 것이 아니다. 이러면 "교권침해"니 "교권보호"니 아무리 말해 봤자 뜬구름 잡는 소리다. 모든 교육 관련법이 마치 약속이나 한 듯 교원의 권리나 권한에 대해 입을 다물고 있는 것이다. 국회와 정부가 중대한 직무유기를 저지르는 셈이다. 이제라도 교원의 직무, 그것을 수행하기 위한 교원의 권리·권한에 대해 본격적인 논의를 시작해야 한다.

'교권'을 바라보는 다양한 관점

교권에 대한 법적 정의가 모호하다 보니 교권을 바라보는 시각도 편차가 클 수밖에 없다. 교권에 대해 다양한 견해가 있지만, 여기서는 '교사의 권위'로 보는 관점, '교사의 인권'으로 보는 관점, '교사의 노동권'으로 보는 관점에 대해서만 간략히 살펴보자.

'교사의 권위'로 보는 관점

교권에 대한 전통적 해석에 따르면 교권은 '교사의 권위'를 뜻한다. 군사부일체(君師父一體)의 봉건적 관념에 기초하여 교사의 교육행위를 국가운영의 중요한 요소로 간주하고, 교사에 대한 무조건적 존경과 복종을 요구하는 것이다. 봉건시대에 '신민을 가르치는 자'는 지배계급의 일원이었고, 교육행위는 유교적 사회질서를 유지하는 국가기능의 일부였다. '가르치는 자'에게 부여된 권위는 국가권력을 대신하는 문화적 권력이었다. 그러나 현대 민주주의 사회에서 그런 봉건적 관념은 더 이상 설득력을 지닐 수 없다.

봉건적 관념에서 벗어날 생각이 없는 극소수 보수집단을 제외하면, 그런 의미로 '교권'을 말하는 교사는 현재 거의 없다. "가르치는 사람에겐 권위가 필요하다"는 주장도 '존중과 신뢰에 기초한 자발적 존경' 정도의 의미일 뿐, '봉건적 위계질서에 의해 강요되는 수직적 복종'의 뜻은 아니다. '교권보호'를 '교사의 권위 회복'이라고 주장하는 것은 사회적 동의를 얻을 수 없을뿐더러, 현재 교사의 위기를 해결하는 데도 도움이 되지 않는다. 그 점에서 '교권'을 '교사의 권위'로 보는 전통적 관점은 의미 있는 토론의 대상이 되기 어렵다.

'교사의 인권'으로 보는 관점

교권을 '교사의 인권'으로 보는 관점은 교사의 인권이 악성 민원으로 심각하게 침해당하고 있다는 점에서 일정한 설득력을 얻고 있다. 그러나 침해당하는 '교사의 인권'이 구체적으로 무엇을 지칭하는지, 또 '교사의 인권'이 '학생의 인권'과 어떤 관계에 놓이는지 설명이 부족하다. 학부모나 학생의 폭력으로 교사의 안전과 생명이 위협받는 경우라면 기본권인 신체의 자유가 침해당했다고 주장할 수 있지만, 실제로 학교현장에서 일어나는 교권침해는 '교사의 인권침해'로만 설명할 수 없는 다양한 양상을 보인다. 특히 학교폭력예방법, 아동학대처벌법 등 '아동의 권리'를 앞세워 일어나는 교권침해에 대해 '교사의 인권'으로 맞대응하는 것은 위험할 수 있다.

이 관점은 학생인권과 학생인권조례에 대한 대립항으로 제기된 측면도 있어서, 자칫하면 '교사의 인권'과 '학생의 인권' 중 양자택일을 요구하는 상황으로 흐를 수도 있다. "학생의 인권만 보호하지 말고 교사의 인권도 보호해 달라"는 말은 심정적으로 충분히 공감할 수 있지만, 학생의 인권과 교사의 인권을 충돌시킴으로써 교권 논의를 미궁에 빠뜨리고, 교육활동에서 교사가 맡는 주도적 역할을 상대화함으로써 교사의 교육적 권리를 더 모호하게 만들 수 있다.

그 점에서, 교권을 '교사의 인권'으로 보는 관점은 '교원의 교육적 권리 회복'이라는 문제의 핵심을 제대로 짚지 못하는 한계가 있다.

'교사의 노동권'으로 보는 관점

최근 진보적 노동운동 일각에서는 교권을 '교사의 노동권'으로 보는 관점을 제시한다. 이것은 교사를 기본적으로 '노동자'로 전제하고 교육노동자의 노동조건 개선에 주목한다. 이 관점에 따르면 일부 학부모의 교권침해는 '노동자에 대한 감정노동 강요'이고, '교권보호'는 '안전한 노동환경 보장'이다. 따라서 교권을 보호하는 방법은 교사의 노동권을 보장하여 감정노동의 강도를 완화하고 안전한 노동조건을 마련하는 것이다. 나아가 정규직 노동자인 교사가 그 수준을 넘어 교권문제에 주력하는 것은 상대적 약자인 학교비정규직 노동자, 학부모와 대립을 심화시켜 노동계급의 단결을 해치는 집단 이기주의로 흐를 위험성이 있다.

산업구조 변화에 따른 전문직 노동의 증가, 교원의 사회·경제적 지위 하락, 교사의 근무환경 악화 등 최근 추세와 맞물려, 이 관점은 교직을 노동직으로 보는 교사들을 중심으로 일정한 공감대를 얻고 있다. 그러나 인간의 성장과 발달에 직접 간여하는 교사의 역할을 일반 생산직 노동과 동일시함으로써 교육활동의 사회적 가치를 희석하고, 민주공화국 시민의 의식형성에 기여하는 공적 역할을 제대로 반영하지 못한다는 점에서, 현재 교사의 위기를 충분히 설명하지 못한다.

또 교육이 담당하는 인간정신의 고양과 성숙을 일반 재화의 생산과 등치시킴으로써 고도의 자율성과 전문성을 요구하는 교육의 특성을 간과하고, 그에 기초한 교사의 직업적 요구도 제대로 파악하지 못한다. 아울러 공교육의 사회적 역할을 과소평가함으로써 공교육이 궁극적으로 지향하는 목표를 놓치게 되고, 교육활동의 원활한 수행을 위해 교사가 지녀야 할 교육적 권리도 등한시하기 쉽다.

나아가 교사의 노동조건과 직접 관련 없는 다양한 교육활동의 의미와 가치를 평가절하하기 쉽고, 한 아이를 성장시키기 위해 교사가 기울이는 교육적 노력을 제대로 이해하지 못한다. 또 교사의 교육노동이 균등한 교육기회에 기초하여 노동자 자녀를 온전하고 독립적인 민주시민으로 성장시키는 일임에도, 그런 관점에서 교사를 바라보고 도우려 하지 않는다.

교사들이 과도한 감정노동에 노출된 것은 분명한 사실이지만, 교사들이 화가 난 진짜 이유는 교사의 교육활동이 갖는 사회적 가치가 인정되지 않고, 일부 학부모와 학생 그리고 교육당국에 의해 교사의 역할이 부정되기 때문이다. 교사들은 자신이 미숙한 아동을 민주공화국 시민으로 성장시킴으로써 사회 발전에 기여한다고 생각하며, 그 일에서 직업적 자부심과 성취감을 느끼고 싶어 한다. 그러나 교육노동을 노동으로 일반화하는 관점은 교사들이 느끼는 절망과 분노를 제대로 이해하지 못한다.

또 하나 우려스러운 것은, 이 관점은 교사의 교육노동을 본질적으로 생산노동과 동일시한다는 점에서 신자유주의 교육시장화 정책과 흡사한 접근법을 보인다는 점이다. 교사의 사회적 역할을 서비스 공급자로 한정시킴으로써 시장주의에 입각한 교육재편 전략에 일조할 위험이 있다. 결국 '교권'을 '노동권'으로 대체하는 관점은 수당인상 등 근무여건 개선에는 어느 정도 도움이 될지 몰라도, 원래 의도와 무관하게 교육의 공공성과 교사의 위기를 더 심화시킬 위험이 있다.

이 관점은 교육노동자의 안전한 노동조건 마련과 감정노동 강요에 명쾌한 진단을 내놓았다는 점에서는 긍정적으로 평가할 수 있지만, 교사의 교육활동이 갖는 사회적 가치와 그것을 보호하기 위한 제도적 장치 마련에 좀 더 관심을 기울였더라면 하는 아쉬움을 남긴다.

서울시 '교권조례'와 경기도 '교권보호 길라잡이'

이렇듯 교권에 대한 법률적 정의가 미비한 상태에서 교권침해가 날로 심각해지자, 2012년 서울시교육청(교육감 곽노현)이 가장 먼저 교권에 대한 법률적 정의를 시도했다. '서울특별시 교권보호와 교육활동 지원에 관한 조례(서울시교권조례)'가 바로 그것이다. 이 조례가 정의한 교권은 다음과 같다.

서울특별시 교권보호와 교육활동 지원에 관한 조례(서울시교권조례)

제2조[정의] 교권이란 대한민국 헌법과 법률에서 보장하거나 대한민국이 가입·비준한 국제조약 및 일반적으로 승인된 국제법규에서 보장하는 기본적 권리로서 교원에게 적용될 수 있는 모든 권리와 교원의 직무수행에 수반되는 제반 권한을 말한다.

1982년 교육공무원법이 "교권은 존중되어야 한다"고 규정한 뒤 무려 30여 년이 지나서야 교권에 대한 정의가 처음 내려진 것이다. 서울시 교권조례의 교권에 대한 정의의 핵심은 두 가지다. 헌법이 정한 '시민적 권리'와 직무수행에 필요한 '직무상 권한'이다. 조례는 이 정의에 따라 '교육과정 재구성', '교재선정' 등의 권한을 교사의 직무상 권한으로 규정했다. 이 조례는 그 뒤 경기도교육청이 만든 『교권보호 길라잡이』와 함께 전국 시·도교육청의 교권보호 규범의 표준이 됐다.

그러나 이 조례는 험난한 운명에 부딪쳤다. 교장단의 입김이 센 한국교총이 "조례의 교권 규정이 학교장의 권한과 충돌하여 학교운영에 지장을 초래한다"는 이유로 조례 폐지를 요구하고 나선 것이다. 과학교육기술부(장관 이주호)는 한술 더 떠 "조례에서 교사의 권한으로 규정한 교육과정 재구성, 교재선정 권한은 학교운영위원회 심의사항이므로 월권"이라며 서울시의회에 재의를 요구했다. 그러나 야당 의원이 다수를 차지한 서울시의회는 이를 재의에 부쳐 다시 가결시켰고, 교육부는 대법원에 조례 집행정지 신청을 냈다. 대법원은 교육부의 손을 들어 주었다. 이로써 우리 교육 사상 처음으로 교권에 대해 정의를 내린 서울시교권조례는 제정된 지 겨우 5개월 만에 수명을 다하고 말았다.

2013년 경기도교육청도 교권보호조례 제정에 나섰지만 서울시교권조례와 마찬가지로 교육부의 높은 벽을 넘지 못했다. 조례 제정이 수포로 돌아가자 경기도교육청은 조례에 담으려고 했던 내용을 매뉴얼로 만들어 관내 학교에 배포했다. 『2013 교권보호 길라잡이』가 그것이다. 이 매뉴얼은 지금까지 정부와 지자체가 만든 교권보호 규범 가운데 가장 충실하고 모범적인 것으로 평가된다. 이 매뉴얼에서 정의한 교권은 다음과 같다.

<교권>

교권은 협의로는 교사의 권리라는 측면에서 교육권을 의미하며, 광의로는 여기에 교사의 권위와 생활 보장권 및 자율적인 단체활동권 등을 포함한다.

1. 교원의 교육할 권리(교육권)

● 학생의 학습권을 보장하기 위해 행사되는 교사의 교육할 권리를 말한다.

● 교육과정 편성권, 교재채택 및 선정권, 교육내용 결정권, 교육방법 결정권, 평가권, 학생지도 및 징계권 등을 포함한다.

2. 전문직 종사자로서 교사의 권리

● 교사는 전문직 종사자로서 법률을 통하여 일정한 권리를 보장받는다.

● 신분보장, 쟁송제기권, 불체포 특권, 교직단체 및 노동조합 활동권 등을 포함한다. 교사는 일반 공무원보다 강력한 신분상 권리를 보장받는다.

3. 인간으로서 교사의 권리

● 교사이기 이전에 한 사람으로서 가질 권리를 의미한다.

● 인간으로서 존엄과 행복 추구권, 신체의 자유, 양심의 자유, 의사표현의 자유, 프라이버시권, 재판청구권, 노동권 등을 포함한다.

이 매뉴얼은 앞선 서울시교권조례의 내용을 한 단계 발전시킨 것으로, 다른 시·도교육청의 교권보호 매뉴얼의 길잡이가 됐다. 서울시 교권조례가 처음 제기한 교사의 '헌법적 권리'와 '직무상 권한'에 '전문직 종사자의 권리'를 추가했고, 교사의 교육할 권리를 '교육권'으로 개념화함으로써 교권논의를 한 발 진전시켰다. 교사 추모집회에서 자주 등장한 "교사의 교육권을 법으로 보장하라!", "학생에게 학습권을, 교사에게 교육권을!"이라는 구호는 이런 변화된 인식을 적극 반영한 것이다.

이 매뉴얼은 법적 강제력이 없는 업무지침에 불과했지만 교권에 대한 정의를 유보해 온 교육 관련법의 직무유기로 인한 공백을 상당 부분 메웠고, 교권에 관한 논의에 새로운 출발선이 됐다. 그러나 서울시교권조례와 경기도 『2013 교권보호 길라잡이』가 시도한 교권에 대한 정의는 여전히 교육 관련법에 반영되지 않고 있다. "교권침해의 진짜 주범은 정부와 국회"라는 말이 나오는 이유는 이 때문이다.

미국 교원의 권리

서울시교육청이 발행하는 『서울교육』 236호에 실린 한상희 건국대 교수의 글 「교원과 그 교육활동은 어떻게 보호되는가－해외사례들을 중심으로」에 따르면, 미국 루이지애나 주 교원은 '교원권리장전(Teacher Bill of Rights)'에 의해 다음과 같은 권리를 갖는다.

〈루이지애나 주 교원의 권리〉
- 교육전문직으로서의 판단과 재량권을 존중받을 권리(제4항)
- 안전한 환경에서 업무를 수행할 수 있는 권리(제5항)
- 존중받을 권리(제6항)
- 학부모와 학생에 대해 의사소통하고 학생 훈육에 학부모의 참여를 요구할 권리(제7항)

● 과도한 서류작업 부담에서 벗어날 권리(제8항)

이러한 권리는 인권 측면과 권리 측면, 나아가 교육전문직으로서의 지위를 모두 포괄한다. 주목해야 할 부분은, 이 권리를 법으로 명확하게 규정함으로써 교원이 학교 안팎에서 가해지는 부당한 간섭이나 권익침해에 대응할 법적 근거를 확보할 수 있다는 점이다. 예를 들어, 수업 중 관리자가 교실에 들어와 학생들 앞에서 교육방법을 지적하거나 교무회의에서 교원의 사생활에 참견하는 것은 법적으로 금지되며, 교원은 그것에 대해 언제든 이의를 제기하고 대응할 권리가 있다. 특히 불이익 처분이 내려지는 경우에는 교원이 학교 관리자와 대등한 지위에서 대응하고 소송 등 법적 해결을 모색할 수 있는 근거로 활용된다.

또 캘리포니아 주 교원협회(CTA)가 만든 '교원의 권리에 대한 가이드북 (Teacher's Rights, Mini-Guide)'은 교원의 권리에 대해 다음과 같이 정하고 있다.

<캘리포니아 주 교원협회의 '교원의 권리에 대한 가이드북'>
● **교실에서의 권리**
  - 학생에게 2일 이내의 정학(detention)을 부과할 권리
  - 학생의 성적을 최종적으로 결정할 권리
  - 학생의 비행에 관한 정보를 제공받을 권리
● **학교 관리자에 대한 권리**
  - 회의 참석 전에 회의 목적을 알 권리
  - 이례적인 지시를 받을 때 서면으로 요구할 권리
  - 학교관리자의 책임추궁, 서면진술 요구 때 교원대표 등으로부터 상담과 자문을 받을 권리

● 학부모에 대한 권리

- 학부모가 교실을 방문할 때 합당한 기간 전에 미리 통지받을 권리
- 발달장애 아동이 다른 학생에게 상해를 입힌 경우 그 부모에게 책임을 물을 권리
- 수업 등 교육활동을 방해한 학부모에게 경범죄의 형사책임을 물을 권리
- 학부모 면담에서 권리와 정서를 침해당했을 때 면담 중단, 교원노조 대표 또는 학교 관리자의 참석을 요구할 권리
- 학부모나 학교 관리자에 대한 기록을 작성할 때 그 사본을 보관할 권리
- 학부모가 민원을 제기한 경우, 민원인의 신원과 민원의 세부내용을 고지받을 권리

이러한 권리는 교권침해에 대항하는 교원의 대처역량을 강화하여 교원이 부당한 처우나 신분상 피해를 당하지 않도록 막아준다. 특히 교육활동을 침해하는 학부모로부터 교원의 권리를 보호하고 학부모의 책임을 명확히 하는 것은 주목할 만하다. '기록을 보존할 권리', '교원노조의 도움을 받을 권리', '불이익 처분에 이의를 제기할 권리', '정보를 제공받을 권리'는 학부모의 공격이나 학교 관리자의 개입으로부터 자신을 방어하고 교원으로서 권리와 지위를 보장받는 수단이다.

여기서 특히 주목할 것은 '교원보호법(the Teacher Protection Act of 2001)'이 규정하는 '교원 면책규정'이다. 미국 교원도 우리와 마찬가지로 교육활동 과정에서 발생한 사고에 관리책임과 위험책임을 진다. 그러나 이 법은 교육활동 관련 사고에 면책규정을 두어 교원이 부담하는 법적 책임을 일정한 수준에서 제한한다. 이 면책규정에 따르면, 미국 교원은 교육활동 중 일어난 사고로 학생에게 손해를 끼쳤어도 다음과 같은 경우에는 적법한 행위로 인정돼 배상책임을 면제받는다.

- 정규자격을 갖춘 교원의 교육활동 중 발생한 피해
- 정당한 교육활동 중 발생한 피해
- 적법한 교육활동 중 발생한 피해
- 교원의 고의, 범죄행위, 명백한 과실, 중과실에 의한 피해가 아닌 경우
- 안전에 대한 교원의 의식적이고 노골적인 주의소홀로 인한 피해가 아닌 경우

루이지애나 주 교원권리장전은 여기서 한발 더 나아가, '경솔한 소송 (frivolous litigation)을 당하지 않을 권리'와 '소송에 대응할 권리'를 보장받는다. 이에 따라 교원을 대상으로 한 '경솔한 소송'은 대부분 법원에 의해 각하되고, 소송으로 가는 경우에도 학교의 도움을 받아 소송절차를 수월하게 진행할 수 있다. 사고의 모든 책임을 교사 혼자 떠안는 우리 현실을 생각하면 우리도 이런 '교원 면책규정'을 적극 도입할 필요가 있다.

'교권', 이렇게 정의하자

이상 살펴본 것처럼 교사가 누려야 할 법적 권리는 크게 세 가지다. 국민으로서 누리는 '시민적 기본권', 교육 담당자로서 누리는 '교육전문가로서의 권리'와 '교육할 권리'가 그것이다. 이 세 가지 권리는 '교권' 개념을 구성하는 기본 요소다.

'시민적 기본권'은 헌법이 보장한 국민의 기본권으로, 교사도 시민의 한 사람으로서 동등하게 누리는 권리다. 평등권, 인격권, 노동권, 언론·출판·집회·결사의 자유, 정치적 권리, 사생활의 자유, 적법절차의 권리 등이 여기에 속한다. 단, 공무원인 교사에게는 예외적으로 정치적 권리인 정당가

입, 선거운동, 정치적 의사표현, 집단적 의사표현의 권리가 엄격히 제한된다. 전체 교원의 2/3가 넘는 교원이 거리로 뛰쳐나와야 정부와 국회가 겨우 움직이기 시작한 것도 교원의 정치적 권리 제약과 깊은 관련이 있다.

정치적 목소리를 낼 수 없는 교원은 아무리 수가 많아도 정부와 국회에게 두려운 존재가 아니다. 과도한 경쟁과 가혹한 입시제도, 권위적 교육행정에 대한 비판이 오래전부터 제기됐는데도 전혀 해결되지 않는 이유도 교원의 '정치적 금치산 선고'를 떠나서는 설명할 수 없다. 선진 외국의 경우, 교원노조가 교육정책 수립과정에 처음부터 참여하고, 비교육적인 정책에 반대 목소리를 내고, 많은 교원이 연방의회와 지방의회에 진출하여 교육정책 수립을 주도하는 것과 크게 대비된다. 교권보호뿐 아니라 공교육 정상화를 위해서라도 이 족쇄는 시급히 풀어야 할 숙제다.

'교육전문가로서의 권리'는 헌법 제31조, 교육기본법 제5조 및 제6조에 규정된 '교육의 자주성·전문성·정치중립성'에 근거한 권리다. '교육의 자주성'이란 교육내용과 교육방식은 교원에 의해 자주적으로 결정되어야 하며, 정부·교육청·학교 등 행정권력의 통제로부터 자유로워야 한다는 것이다. 구체적으로는 학교 설립자 및 감독권자의 영향으로부터의 자유, 교육내용에 대한 행정기관의 개입으로부터의 자유, 외부의 부당한 개입으로부터의 자유가 포함된다. '교육의 전문성'이란 교육정책 수립과 집행은 원칙적으로 전문성을 지닌 교육전문가에 의해 이루어져야 하며, 적어도 교육전문가의 참여하에 이루어져야 한다는 것을 뜻한다. 교원 역시 교육전문가로서 학교 교육계획 수립과 집행과정에 주도적으로 참여할 권리를 가지며, 교원의 교육적 판단과 결정은 존중되어야 한다는 것이다. 나아가 전문직 노동자로서 지위와 역할에 맞는 사회·경제적 처우 보장까지 포함한다.

'교육할 권리'는 초·중등교육법 제20조 ④항에 근거하여 실제로 교육활동을 수행하는 교사에게 부여되는 권리다. "교사는 학교장의 명을 받아 학생을 교육한다."는 조항이 1998년 "교사는 법령에서 정하는 바에 따라 학생을 교육한다."로 바뀜에 따라 새로 등장한 권리다. 법 개정 이전에는 교사의 교육활동이 학교장에게 종속된 보조적인 활동에 불과했지만, 법 개정 이후에는 교사의 독립적 권리가 됐다.

'교육할 권리'는 교사가 자기 책임 아래 수업과 평가, 학생 생활지도, 특별활동 등 교육활동을 주도적으로 수행할 권리를 의미하며, 여기에는 학급질서를 유지할 권리, 수업분위기를 조성할 권리, 학생을 칭찬하거나 격려할 권리, 학생을 질책하거나 규제할 권리가 포함된다. 이것은 교원이 교육활동을 수행하는 과정에서 학교 관리자나 학부모의 부당한 간섭을 배제할 법적 근거가 된다.

그런데 헌법재판소 판례(2009. 3. 26. 2007헌마359)에 따르면, '교육할 권리'는 헌법이 부여한 기본권적 권리가 아니라, 법률이 정한 교육활동의 원활한 수행을 위해 부여된 수단적 권리다. 따라서 이것은 교육활동을 직접 담당하는 교사에게 주어지는 '직무상의 권한'에 가깝다. 권리가 법률로 보호되는 상시적인 권익이라면, 권한은 특정 직위나 직책이 있는 사람에게 제한적으로 부여되는 직무수행의 권한(직권)을 뜻한다.

권리가 타인의 침해로부터 자유와 이익을 보호하는 것이라면, 권한은 특정 목적을 달성하기 위해 법이 허용한 범위 안에서 타인에게 강제력을 행사하는 것이다. 경찰관에게 주어진 체포권, 수사권, 검문·검색권이 이와 비슷하다. 또 권리는 특별한 사유가 없으면 영구적으로 보장되는 데 비해, 권한은 해당 직위나 직책을 떠나면 소멸된다.

이상 살펴본 것처럼 '교권'이라는 말에는 다양한 층위의 가치와 의식이 혼재돼 있고, 나라마다 문화적 전통에 따라 권리의 범주와 영역도 다르다. 어느 것을 더 본질적인 권리로 보느냐에 따라 정의가 다를 수 있고 강조점도 달라진다. 그러나 이런 차이에도 불구하고 공통적으로 인정되는 교원의 권리를 다음과 같이 정리할 수 있을 것이다.

<교원의 권리>

1. 국민으로서의 기본권(헌법적 권리)
   - 평등권
   - 인격권
   - 신체의 자유
   - 언론·출판·집회·결사의 자유
   - 양심·종교·사생활의 자유
   - 노동권
   - 정치적 기본권(정치활동, 정당 가입, 정치적 의사표현 등 ⇨ 대부분 유보)
   - 행복 추구권
   - 적법절차의 권리, 재판 청구권

2. 교육 전문가로서의 권리(법률적 권리)
   - 신분보장, 불체포 특권
   - 교육의 자주성·전문성을 침해받지 않을 권리
   - 전문적 지위를 존중받을 권리
   - 교육활동, 학생지도와 관련된 부적절한 범죄신고 또는 소송을 당하지 않을 권리
   - 보수·연금·휴가·휴직 등 근무여건의 우대에 관한 권리
   - 교육정책 수립과 집행에 참여할 권리

- 교육의 성취를 위해 필요한 사회적 신뢰와 존중
- 고의 또는 중과실로 인한 사고가 아닌 경우, 민·형사상 책임 면제

3. 교육활동 담당자로서의 권리(직무상의 권한)

- 부당한 간섭으로부터 교육활동의 자율성·독립성을 보호받을 권리
- 세부적인 수업내용과 수업방식을 결정할 권리
- 세부 교육과정을 편성하고 교재를 선정·채택할 권리
- 학업성취 측정을 위해 학생을 평가할 권리
- 학교·학급의 질서유지를 위해 학생을 지도할 권리
- 학생의 성장과 발달을 위해 학생을 칭찬·격려·질책·규제할 권리

이를 기초로 우리가 합의할 수 있는 최대공약수를 압축하면 '교권'을 다음과 같이 정의할 수 있을 것이다.

〈교권〉

교권은 교원이 국민으로서 헌법에 따라 누리는 기본권에 기초하여, 교육 전문가로서 법률이 정하는 교육의 자주성·전문성·중립성을 보호받을 권리와, 교육활동 당사자로서 직무수행에 필요한 제반 권한을 의미한다.

4장

외국 사례
-교원의 권리와 교권보호제도

한국교육개발원과 교육정책네트워크가 2022년 발행한 연구보고서 『해외 교육동향, 교원보호제도 및 정책-교사의 교육활동 보호를 중심으로 연구보고서』에 따르면, 외국에서는 다양한 방식으로 교원의 권리와 교육활동을 보호하고 있다. 문화적 배경과 법률체계가 달라 그대로 적용하긴 어렵지만, 우리의 고민을 객관화하고 교권보호 방안을 모색하는 데는 유용하다. 몇 나라의 사례를 소개한다.

미국

2001년 제정된 미국의 '커버델 교사보호법(Coverdell Teacher Protection Act)'은 교사가 교육환경 조성을 위해 합리적인 조치를 취할 수 있도록 돕기 위해 만들어졌다. 이 법은 교사의 '책임면제규정(Immunities and Exceptions)'을 포함하여, 정당한 교육활동에 대해 교사에게 법적 책임을 물을 수 없게 했다.

미국은 주별로 교육법을 만들어 시행하고, 교사의 학생 훈육권도 주별로 운영한다. 예를 들어 루이지애나 주에서는 교사의 교육활동을 침해하면 엄중한 책임을 묻고, 대부분의 주에서도 교사에 대한 폭언·폭행·무고는 형사범죄로 다룬다.

또 미국에서는 문제행동 학생을 중재하기 위해 다양한 전문가와 지원 프로그램이 제공된다. 그 모태가 된 것은 메릴랜드 중학교에서 처음 도입한 '문제행동에 대한 중재와 처치방법'이다. 이 프로그램은 학생의 문제행동과 그에 대한 조치를 4단계로 나누어 제시한다.

<문제행동에 대한 중재와 처치방법>

- 1단계: 최소 3회에 걸친 행동수정 요구 무시 ⇨ 처벌 의뢰
- 2단계: 문제행동 지속 ⇨ 팀 리더에게 해결 의뢰
- 3단계: 문제행동 지속 ⇨ 팀 리더와 문제행동 담당자에게 동시 의뢰
- 4단계: 문제행동 지속 ⇨ 즉각적인 '문제행동 조치' 의뢰

낮은 단계에서는 교사가 단독으로 학생의 문제행동에 조치를 취하거나 처벌을 요구한다. 사안이 심각해서 단계가 올라가면 전문가에게 문제해결을 의뢰하여 공동 대응한다. 우리나라처럼 교사 혼자 모든 문제를 떠안고 끙끙대는 모습은 찾아볼 수 없다.

눈길을 끄는 것은 『학생 행동강령(Code of Student Conduct)』을 핸드북으로 만들어 학생과 학부모에게 제공하는 것이다. 핸드북에는 학생이 학교에서 지켜야 할 규칙, 문제행동을 처리하는 조치에 대한 안내가 들어 있다. 버지니아 주 페어팩스 군에서 만든 가이드북 『학생의 권리와 의무(Student Rights and Responsibilities)』에는 120쪽에 걸쳐 '학생의 권리와 의무', '중재 및 징계절차', '장애학생 부모를 위한 지침' 등이 담겨 있다.

미국에서는 학생이 문제행동을 일으키면 보호자를 소환하여 책임을 묻

는 등 보호자의 책임을 강조한다. 그 예로 위스콘신 주 래피즈 교육구에서는 학생이 다른 학생을 괴롭히면 보호자에게도 법적 책임을 묻고, 같은 일이 반복되면 최대 250달러의 벌금을 부과한다.

영국

서울시교육청이 발행한 『서울교육』 236호에 실린 한상희 교수의 앞글에 따르면, 영국은 교원의 권리, 학생의 규율, 학부모의 책임을 '교육법(Education Act)', '교육과 감사법(Education and Inspection Act)'으로 정한다. 주목할 점은 교원이 훈육조치를 할 경우 학교는 교원의 전문적 결정을 지원해야 한다는 것이다. 학생 징계처분(퇴학 제외)이 ▲ 법령에 위배되지 않고 합리적이며 ▲ 교원에 의해 취해진 조치이고 ▲ 학교 안에서 이루어진 경우는 합법적인 것으로 간주한다. 특별한 사유가 입증되지 않는 한, 교사가 학생에게 징계처분을 내렸다는 이유로 교사를 비난하거나 책임을 추궁할 수 없다.

2006년 교육과 감사법

지침	세부 조항
제7편 제1장 학교징계 (Chapter 1 School Discipline)	제88~89절 행동 교칙 보유가 요구되는 특정 학교들 중 제89절 행동 교칙에 대한 학교장의 결정: • 제1관: 관련 학교의 학교장은 다음 관점에서 취해져야 할 조치를 결정한다. (a) 학생들 사이의 자체 기강과 권위에 대한 존중을 촉진 (b) 학생들 그리고 특히 학생들 사이의 괴롭힘 예방 측면에서 바람직한 행동과 타인에 대한 존중을 장려 (c) 학생들의 행동기준이 용납 가능한 수준이 되도록 보장 (d) 학생들이 자신의 교육과 관련하여 자신들에게 정당하게 부과된 과업은 어느 것이든 완수하도록 보장 (e) 그 외에 학생들의 행동을 규제

재90~92절 (지시에 대한 준수 포함) 징계의 집행 중 제91절 징계적 처벌의 집행:

일반:
- 제2관: 다음 세 가지 조건을 만족시키는 경우 징계적 처벌 부과는 합법적이다.
- 제3관: 첫 번째 조건은 학생에 대한 처벌은 (a) 법적 요구사항에 저촉되지 않으며, (b) 모든 상황에 타당하게 부과되어야 한다.
- 제4관: 두 번째 조건은 학생에 대한 처벌은 (a) 학교장이 해당 학생에 대한 벌칙을 부과하지 못하도록 결정한 교직원인 경우를 제외하고 당해 학교의 유급 교직원에 의해, 또는 (b) 학교장이 해당 교원으로 하여금 해당 학생에 대한 벌칙을 부과할 수 있는 권한을 부여했던가 학교장이 그렇게 하는 것이 타당했던 경우 당해 학교의 기타 교직원에 의해 부과되어야 한다.
- 제5관: 세 번째 조건은 처벌 부과 결정 및 당해 학교를 대신하여 그 결정의 실시를 위해 취해지는 어떠한 조치도 (a) 당해 학교 교정에서 또는 (b) 해당 학생이 그 학교 교직원의 법적인 관리나 책임하에 있는 시간에 다른 곳에서 취해져야 한다.

제93절 물리력을 사용할 수 있는 교직원의 권한:
- 제1관: 학생이 (a) 범법행위를 저지르거나 (b) 사람에게 직접적인 부상 또는 재물의 손상을 유발하거나 (c) 해당 학교에서 또는 해당 학교에서 교육을 받는 학생 사이에서 양호한 질서와 규율의 유지를 방해하는 행동을 예방하기 위한 복적에서 물리력이 타당한 경우 당해 절에 적용되는 자는 물리력을 사용할 수 있다.

출처: legislation.gov.uk.(n.d)

영국의 수준별 생활지도 사례

구분	내용
낮은 수준	타임아웃 존(성인 감시자의 관리 감독을 받는 장소)으로 이동 교장 면담 두 번의 경고 후, 칠판에 이름 게시 및 교실 내 분리 동일 주제의 다른 수업으로 이동하여 점심시간 박탈 다음 단계의 절차 이행
비교적 높은 수준	수업 제외 처분 방과 후 학교에 남기 교내 격리 혹은 내부 정학 행동전담팀이 투입되어 수업 정상화를 도움
내부 정학	행동전담팀이 학부모에게 통보 후 학생을 지정된 방으로 분리 내부 정학 기간에는 30분 일찍 등교하여 행동전담팀장 수업에 참여 해당 학생은 수업 주제와 직결된 과업을 정학실에서 완수해야 함 내부 정학 과정을 진행하고 학교·학부모·학생 동의 후 수업 복귀

영국 교육부는 2013년 「타당한 물리력 사용(Use of reasonable force) 권고지침」을 만들어 학생의 문제행동에 대해 교사가 전문적 판단에 따라 '타당한 물리력'을 사용할 수 있도록 허용했다. 교원이 법의 테두리 안에서 합당한 방식으로 물리력을 사용한 경우는 법적으로 보호받는다. '타당한 물리력'은 다음 목적에 한해서만 사용할 수 있다. 그러나 물리력을 처벌 목적으로 사용하는 것은 금지돼 있다.

<타당한 물리력 사용(Use of reasonable force) 권고지침(일부)>

● 수업방해 학생이 교사의 지시를 따르지 않는 경우, 해당 학생을 교실에서 배제
● 학생이 학교행사, 소풍, 견학활동을 방해하는 행동을 예방
● 학생이 교실에서 나가는 것이 해당 학생의 안전에 위협이 되거나 다른 학생의 행동에 지장을 주는 행동을 야기할 경우, 그 학생이 교실에서 나가는 것을 방지
● 학생이 물리적인 감정 분출을 통해 자해할 위험성을 억제
● 학교장과 권한을 가진 교직원이 금지물품(흉기, 주류, 불법 약물, 도난품, 담배, 화약, 음란물, 범죄·부상·재물파손을 야기했거나 그럴 가능성이 있는 물품)을 강제로 수색

영국의 교사는 학생의 문제행동을 인지하면 행동교칙에 따라 예측가능하고 신속하며 단호한 방식으로 대처해야 한다. 대처방식에는 억제(신체적 제압), 보호, 개선이 포함된다. 교사는 학생 처벌을 위해 학생의 소유물을 압수·보관·폐기할 수 있고, 그에 대해 법적 책임을 지지 않는다. 학교의 행동교칙에는 사전논의와 동의를 거쳐 처벌 방법을 명시해야 하며, 다음과 같은 처벌을 할 수 있다.

- 구두질책, 기대되는 행동 독촉
- 자신의 행동을 설명하는 쓰기 과업 부과
- 포상 등 특권의 박탈
- 구금(휴식시간, 점심시간, 방과 후에 남기기): 교사는 학부모의 동의 없이 학생에게 구금을 내릴 권한을 가지며, 구금기간 중에는 식·음료 섭취와 화장실 이용에 필요한 시간을 제공해야 한다. 수업시간 이외의 구금은 학교장이 학생·학부모와 협의해야 하고, 학교 운영시간 이외 시간의 구금도 법적으로 허용된다.
- 교실 정돈 등 교내 봉사활동
- 이른 아침 보고 등 정기보고, 예고된 교복검사, 행동 감시를 위한 수시 호출
- 정학 및 퇴학

요즘 우리나라에서는 문제행동 아동의 교실분리 문제가 논란이 되고 있지만, 영국 교원은 학생에게 '교실배제(removal)' 처분을 내릴 수 있다. 심각한 징계사유에 해당하는 학생이 다른 교직원의 지시 아래 교실 밖 장소에서 일정한 시간을 보내게 하는 것이다. 배제 처분은 다른 학생의 안전과 안정을 위해 문제를 일으킨 학생을 다른 곳으로 이동시켜, 안전한 장소에서 진정시키는 목적으로만 사용해야 한다. 또 교실배제 조치는 즉시배제가 필요한 심각한 상황이 아니면 다른 조치를 시도한 뒤 마지막 수단으로 사용해야 한다. 그리고 교실배제 처분을 받은 학생은 다른 교사의 감독하에 학습을 지속할 수 있게 해야 한다.

영국에서는 교원의 직무를 교육법으로 명확히 규정하고, 교원에게 요구되는 직무수행 요령에 대해 자세한 업무지침과 매뉴얼, 가이드라인을 만들어 제공한다. 이것은 한편으로는 교원에게 부과하는 직무명령이지만,

다른 한편으로는 교원의 직무범위와 내용·방법·절차를 미리 고지하여 교원을 보호하기 위한 것이다. 이 지침은 매우 구체적이고 상세해서 교원·학생·관리자·학부모가 지켜야 할 가이드라인으로 인식되며, 분쟁이 일어나도 이 지침에 따라 판단을 내리기 때문에 불필요한 갈등이 거의 일어나지 않는다.

캐나다

뉴브룬스위크 주는 「긍정적 학습환경 조성(Positive Learning and Working Environment)을 위한 지침」을 만들어 학생 생활지도의 범위와 내용을 정했다. 괴롭힘, 따돌림, 무기 소지·사용, 음란물 소지·유포, 물리적·성적 폭력, 혐오발언, 위협과 협박, 약탈, 절도, 학교운영 방해 등 중대한 사안은 퇴학·정학처분 대상이고, 심각한 범죄행위는 수사기관에 넘겨진다.

거짓말, 표절, 서류위조, 무고, 차별행위, 무단결석, 수업 및 학교운영 방해, 경미한 물리적 폭력, 쓰레기 무단투기, 지시 불이행과 불손한 행동, 학교규칙 위반, 학교기물 손괴 등 가벼운 사안은 학교가 자체적으로 징계처분을 내린다.

학교의 학습·업무환경을 침해하는 학부모나 방문객에게도 이 지침에 따라 대응하며, 교육부는 이런 경우에 대비하여 별도의 분쟁조정 절차를 만들었다. 학부모나 방문자의 부적절한 행위가 반복적이고 괴롭힘 성격이 강하거나, 위반 정도가 심각하거나, 기존 분쟁조정 절차가 효과를 거두지 못했을 경우에는 교육감에게 보고한다. 당사자에게는 경고와 함께 학교시설 출입을 금지할 수도 있다. 학부모나 방문자의 행위가 학습·교육업무에 직접적 위협이 되는 경우에는 학교장이 당사자에게 행위중지와 학교건물로부터의 퇴거를 요구할 수 있다. 이에 응하지 않으면 건조물 침입죄를 적용해 경찰에 형사처벌을 요구할 수 있다.

그리고 이 모든 절차와 조치를 결정하는 권한은 학교장에게 있다. 학부모의 교권침해나 지역주민의 교육활동 방해에 대처하는 일은 원칙적으로 학교장의 업무이며, 교원은 학교장의 보호를 받는 학교구성원으로 간주된다. 따라서 학교장은 이런 침해가 발생하지 않도록 예방조치를 취하고 지속적으로 관심을 가져야 하며, 사건이 발생하면 신속하게 처리해야 한다.

독일

독일은 교사의 권리를 주마다 학교법으로 명시하고 있다. 주 교육부는 과목별 교육과정, 수업시수, 교과별 수업목표의 대강만 제시하고 세부적인 수업계획과 실행은 교사에게 위임한다. 이에 따라 독일 교사는 수업 자율권을 최대한 보장받으며, 다른 나라에 비해 강력한 교육권을 갖는다.

노르트라인-베스트팔렌 주 교육법 제53조, 교육적 조치 및 규제적 조치
§ 53 SchulG Schulgesetz für das Land Nordrhein—Westfalen, Erzieherische Einwirkungen, Ordnungsmaßnahmen

(1) 교육적 조치 및 규제적 조치는 학교의 질서 있는 교육 업무뿐만 아니라 사람과 재산의 보호에 기여한다. 이는 학생이 의무를 행하지 않았을 때 사용할 수 있다. 타당성의 원칙을 준수해야 한다. 규제적 조치는 교육적 조치가 충분하지 않은 경우에만 허용된다.
(2) 교육적 조치에는 특히 교육적 토론, 경고, 학생 및 학부모와의 그룹 토론, 비행행위에 대한 구두 또는 서면 비판, 현재 수업에서 제외, 학부모에게 사전 통지 후 감독하에 후속 작업, 수업방해 물건의 임시 제거, 피해 보상을 위한 조치 및 위법 행위를 명확히 고지하는 것이 포함된다. 반복되는 부정 및 방해 행위의 경우, 학부모가 학교의 교육적 영향력을 지원할 수 있도록 학부모에게 서면 통보해야 한다.
(3) 규제적 조치
　1. 서면 징계
　2. 다른 학급이나 다른 그룹으로 옮김
　3. 1일에서 2주까지 수업 및 기타 학교 행사에서 제외
　4. 퇴학 경고
　5. 퇴학
　6. 상급학교감독청에 의한 모든 공립학교에서 퇴학 경고
　7. 상급학교감독청에 의한 모든 공립학교에서 퇴학
　(이하 생략)

독일 NRW 주 교육법

시험은 선다형이 아닌 서술형·구술형으로 출제된다. 질문·발표 등 평소 수업태도가 평가에 포함되기 때문에 학생은 교사의 수업에 집중하게 된다. 평가방식도 등수를 매기는 상대평가가 아니라 절대평가로 이루어지기 때문에 학생 간 경쟁이 훨씬 덜하다. 이런 분위기는 교사의 수업을 다양하게 만들고 소신 있는 평가를 가능하게 함으로써 교권확립의 배경이 된다.

그러나 학생의 미디어 사용빈도가 높아지면서 교사에 대한 언어적·신체적 부적절 행위가 늘어나는 등, 독일에서도 최근 교권침해가 점차 늘고 있다. 유형으로 보면 수업 중 휴대전화 사용, 교수활동 방해, 교사에 대한 폭력행위가 교권침해의 대부분을 차지한다. 실제로 한 조사에서 독일 교사는 수업시간의 약 17%를 수업질서 유지에 사용하는 것으로 나타났다.

교사에 대한 폭력도 간과할 수 없는 문제로 인식된다. 독일 보육·교육협회가 실시한 「교사에 대한 폭력 2020」 조사에 따르면, 2015년부터 2020년까지 5년간 교사에 대한 폭력이 모든 영역에서 증가했다. 유형별로 보면 모욕·위협·따돌림·성추행을 당한 교사가 2018년 48%에서 2020년 61%로 증가했고, 사이버 명예훼손·위협·성희롱·괴롭힘을 당한 교사도 같은 기간에 20%에서 32%로 늘었다. 신체적 폭력을 당한 경우도 26%에서 34%로 늘었다. 그러나 "적절한 조치가 취해졌다"고 응답한 교사는 2018년 87%에서 2020년 56%로 감소했다. 독일 교사의 불안감도 깊어지고 있는 것이다.

독일은 학교법에 따라 교사가 취할 수 있는 '교육적 조치'와 학교와 상급기관이 취할 수 있는 '규제적 조치'를 구분해서 적용한다. 노르트라인-베스트팔렌(NRW. Nordrhein-Westfalen) 주의 경우, 교사는 필요한 때 즉시 '교육적 조치'에 해당하는 징계권을 행사할 수 있다. 징계 내용은 학생의 행위에 대한 토론, 경고, 학생상담, 학부모 면담, 구두 및 서면 비판, 수업 제외 등이다. 이러한 '교육적 조치'에도 불구하고 계속 교권을 침해하면 교장, 교원위원, 상급기관과 협의하여 더 강력한 '규제적 조치'를 내린다.

　NRW주 정부는 교권피해 교사를 돕기 위해 '폭력예방 네트워크'를 운영한다. 이 네트워크는 학교가 교사를 보호하고, 교사가 폭력에 노출되는 상황에서 즉각 반응하도록 돕고, 폭력으로 인한 피해의 완화를 위해 노력한다. 폭력상황에 대한 포괄적이고 실천적인 정보를 제공하고, 실질적인 폭력예방 및 후속조치에 대한 조언을 제공한다. 교사가 폭력상황에 노출됐을 때는 '예방-다루기-후속조치' 3단계에 따라 대응방법을 제시한다.

독일 NRW 주 교사에 대한 폭력예방 가이드

구분	조치	가이드
교사에 대한 폭력 '예방'	구조적·기술적 조치	• 처음 조치를 위한 장소 마련 • 폭력 예방 대책 기획 • 회의실 및 대피 경로 유지 • 학교 건물의 경보 시스템 설치
	조직적 조치	• 교사에 대한 폭력과 관련된 정책 • 위험 평가 • 학교 및 교육부의 조치 실행 • 응급처치 제공 • 비상시 행동강령에 대한 정보 제공 • 학교 내 열린 보고 및 문화 정착 • 전화 심리상담 개설
	개인적 조치	• 행동 예방 • 학교에서 발생한 사례에 대한 파악 • 학생에 대한 조치 • 외부 네트워크 활용 • 심리상담교사 활용
교사에 대한 폭력 '다루기'	조직적 조치	• 학교의 비상계획 활용 • 경찰에 통보
	개인적 조치	• 응급처치 • 학교 행정실에 사건 보고
교사에 대한 폭력 '후속 조치'	조직적 조치	• 폭력 사태에 단호한 형사고발 조치
	개인적 조치	• 사건의 문서화 • 심리상담사 및 심리치료사와 연락 • 학교 폭력예방 팀과 협조 • 학교에 사건 보고 • 개인적인 교육적 대처 • 후속조치를 위한 일반 교육 제공 • 학교 규정 확인

출처: NEW주 교육부 홈페이지

독일 NRW주 '교육적 조치'와 '규제적 조치'

	조치	권한
교육적 조치	서면 징계	교장 또는 소회의*
	다른 학급이나 다른 그룹으로 옮김	교장 또는 소회의
	1일에서 2주까지 수업 및 기타 학교 행사에서 제외	교장 또는 소회의
규제적 조치	퇴학 경고	교장 또는 소회의
	퇴학	소회의
	모든 공립학교에서 퇴학 경고	상급학교감독청
	모든 공립학교에서 퇴학	상급학교감독청

* 소회의의 구성원은 교원위원회(Lehrerrat)에 의해 임명된다. 소회의의 구성원은 1) 학교 경영진 2) 담임교사 또는 학년대표교사 3) 3명의 사회복지직원 및 교사 4) 학교 후견인 대표(단, 학생 및 학부모가 반대하지 않을 경우) 5) 학생회 대표(단, 학생 및 학부모가 반대하지 않을 경우)

독일의 사례에서 특히 눈길을 끄는 것은 교권침해에 대해 교사가 취하는 '교육적 조치'와 학교와 상급기관이 취하는 '규제적 조치'를 명확히 구분해서 대처하고, 현장에서 교사가 활용할 수 있는 가이드라인을 제공함으로써 문제상황에 대한 교사의 대응력을 높이는 점이다.

프랑스

프랑스 교육부는 2018년 『특수한 교육적 요구나 방해행동을 보이는 학생으로 인해 어려운 상황에 처한 교원의 지원 및 직업위험 예방을 위한 안내서(위험예방안내서)』를 발행했다. 이 안내서에 따르면 프랑스의 학교에서도 학생이 교원에게 신체적·언어적 폭력, 위협, 물건 던지기, 부적절한 행동, 신경질적 발작행동, 지시 거부, 자기학대 등의 행위를 하고 있는 것으로 나타났다.

프랑스의 교육활동 보호에 전환점이 된 것은 2020년 10월에 일어난 역사교사 사뮤엘 파티 피살사건이다. 이 교사는 수업시간에 표현의 자유를 다루면서 한 신문에 실린 외국인을 풍자하는 내용의 캐리커처를 학생들에게 보여주었다. 한 학부모가 이 일을 SNS에 올렸고, 이것을 접한 한 외국 난민이 학교 근처 길거리에서 그 교사를 살해한 끔찍한 일이 벌어졌다. 이 사건은 교권침해뿐 아니라 프랑스 공화국의 기본원칙인 '세속성(비종교성)의 원칙'에 어긋나는 테러행위로 간주돼 큰 충격을 주었고, 프랑스 정부가 2021년 '공화국 원칙준수 강화법'을 만들어 학교교육의 중립성 보호에 나서는 계기가 되었다.

프랑스 교육법 L912-1-1에 따르면, 교원은 교육과정, 교육부 지침, 학교 교육계획, 장학감독을 준수하는 한 교수·학습의 자유를 갖는다. 프랑스에서는 독일과 마찬가지로 국가가 교육과정의 대강만 정하고 세부적인 교육 내용과 교육방식은 교원에게 일임한다. 이에 따라 프랑스의 교원은 교수·학습활동에 대한 자율성이 있으며, 다른 공무원과 마찬가지로 노동조합 결성권과 파업권이 있다. 아울러 교원이 실질적인 위험에 노출되거나 피해를 입으면 즉시 다음과 같은 조치가 취해진다.

<프랑스의 교권보호를 위한 위험관리 체계>

○ 위험 방지대책

● 1차 방지대책: 위험의 원인을 제거하거나 줄이기 위한 대책

- 대민업무 갈등을 줄이기 위한 업무조직 조정

- 경고지표 설정

- 지속적 조사

● 2차 방지대책: 이미 위험에 노출된 노동자를 보호하기 위한 대책

- 갈등상황 관리 연수

- 위협·공격으로부터 보호받을 권리 안내

- 스트레스 관리 연수

● 3차 방지대책 : 문제상황 발생으로 고통받는 교원을 책임지는 대책

    - 피해자에 대한 의료적·심리적 지원

○ 사후조치 대책

    ● 출근하지 않을 권리: 교원이 다음 사유로 학교에 출근하지 않을 권리

      - 장기간·영구적 노동력 상실, 사망을 초래하는 사고·질병 유발 가능성이 있는 경우

      - 위험이 신체에 심각한 상태를 유발할 정도로 급박한 경우

      - 심각하고 급박한 위험이 파악되거나 예견되는 합리적 이유가 있다고 판단된 경우

      - 이 권리를 남용한다고 판단할 경우, 근무 복귀를 명령할 수 있음

    ● 교원의 실질보호: 정규직·계약직 공무원이 직무수행 과정에서 보호받을 권리

      - 경찰·검찰에 보호조치를 요구하거나, 학교장 또는 교육청에 보호조치를 요구

      - 보호조치를 요구받은 당국은 최대한 빠른 시간 내에 승인 여부를 결정

      - 보호조치를 승인할 경우, 변호인 선임 등 구체적 방법을 제시

      - 보호조치를 기각할 경우, 합당한 이유 명시, 이의신청 절차 안내

프랑스에서 교권은 교수·학습활동의 자유, 노동조합 결성권, 파업권으로 요약된다. 교권침해는 교원이 신체 및 심리·사회적 위험에 노출된 '직무적 위험상황'으로 간주하여 위험관리체계에 따라 위험방지와 사후처리에 관한 조치가 이루어진다. 이 조치는 교원뿐 아니라 다른 공무원에게도 공통적으로 적용된다. 일반 시민과 공무원의 노동기본권을 보호하는 프랑스의 상황이 크게 반영된 것으로 보인다.

일본

일본에서는 '교권'이라는 용어 대신 '교육권'이란 용어를 사용한다. '교육권'의 의미는 '교육방법을 결정하여 교육을 실시할 권리'이며, 학생의 '교육받을 권리(학습권)'를 보장하기 위해 주어지는 직무 관련 권한이다. 교육권의 주체가 누구인지에 대해서는 '국가 교육권'과 '국민 교육권'이 양립한다. 전자는 "교육내용을 결정하고 관여할 권한은 국민으로부터 위임받은 국가에게 있다"는 견해이고, 후자는 "국가는 교육의 제반여건을 정비할 뿐, 교육할 권한은 학부모와 교사에게 있다"는 견해다.

후자의 견해에 따르면 교사의 교육권은 학생의 학습권 보장을 전제하는 것이며, 그와 무관한 별개의 권리는 인정되지 않는다. 이 관점에서 보면 '교권', '교권침해', '교권보호', '교권확립' 같은 용어는 존재할 수 없는 개념이다. 우리나라에서 교사의 교육권보다 아동의 인권과 학습권을 우선시하는 일부의 주장과 많은 부분에서 유사하다.

그러나 일본에서도 최근 교권침해가 급증하면서 교사의 교육적 권리에 대한 새로운 접근이 이루어지고 있다. 2021년 문부과학성 발표에 따르면, 2020년에 일어난 78,787건의 초·중·고 폭력사건 중 교사에 대한 폭력이 9,849건으로 전체의 12.5%였고, 2021년에는 66,201건 중 교사에 대한 폭력은 8,620건으로 전체의 13.2%였다. 매년 학교에서 일어나는 학생에 의한 폭력사건의 12~13%가 교사를 대상으로 한 것이다. 자세한 조사결과는 다음 표와 같다.

학생의 교사에 대한 폭력 현황(2020)

구분		학교 총수	발생학교 수	전체대비 발생학교비율(%)	발생 건수	1,000명당 발생 건수	가해학생 수
초등학교	국립	72	0	0.0	0	0.0	0
	공립	19,338	1,775	9.2	5,890	0.9	2,749
	사립	241	15	6.2	21	0.3	14
	계	19,651	1,790	9.1	5,911	0.9	2,763
중학교	국립	77	1	1.3	1	0.0	1
	공립	9,445	1,048	11.1	2,421	0.8	1,656
	사립	802	18	2.2	23	0.1	19
	계	10,324	1,067	10.3	2,445	0.8	1,676
고등학교	국립	19	0	0.0	0	0.0	0
	공립	3,577	171	4.8	210	0.1	204
	사립	1,451	46	3.2	54	0.0	55
	계	5,047	217	4.3	264	0.1	259
총계	국립	168	1	0.6	1	0.0	1
	사립	32,360	2,994	9.3	8,521	0.8	4,609
	공립	2,494	79	3.2	98	0.1	88
	계	35,022	3,074	8.8	8,620	0.7	4,698

일본 문부과학성 발표(2021)

일본에서는 학생에 의한 폭력뿐 아니라 학부모의 과도한 요구나 간섭도 교육활동을 위협하는 원인으로 지목된다. "담임을 바꿔 달라", "아이의 자리를 복도나 창가 쪽으로 주지 말라", "아이가 아파서 결석해야 하니 학교 행사일정을 변경해 달라", "아침에 못 일어나서 학교에 늦으니 담임이 데리러 와 달라" 등 무리한 요구를 하는 학부모들도 늘고 있다. 일본의 교사도 학부모의 이런 요구에 대응하기 위해 업무시간을 할애하며 정신적 고통을 겪고 있다. 지금 우리나라와 놀랍도록 닮은꼴이다.

문부과학성 자료에 따르면, 2020년에 학부모 대응업무로 인한 정신질환을 이유로 휴직한 교사는 5,180명이고, 같은 사유로 1개월 이상 질병휴가를 낸 교사는 두 배 가까운 9,452명이다. 수업방해나 교사에 대한 폭언·폭행 등 교사의 교육활동을 방해하고 신변안전을 위협하는 사례가 크게 늘면서, 지방자치단체의 교육위원회는 「교육활동 보호 매뉴얼」을 만드는 등 대응방안 모색에 나섰다. 일본의 경우는 교권침해 양상이 우리와 비슷해서 자세히 살펴볼 필요가 있다.

오사카시 교육위원회는 「문제행동 대응 차트」를 만들어 문제행동 담당자와 지도방법, 지도장소 등을 5단계로 나누어 접근하고 있다.

<오사카 교육위원회 「문제행동 대응 차트 5단계」>
● 레벨 1: 심각한 폭력이나 반복적 수업방해가 아닌 경미한 문제행동
　　⇨ 담임교사, 학년부장 교사, 학교 관리자가 파악하여 주의를 주고 지도
● 레벨 2: 다른 학생의 학습권을 침해하고 수업을 방해하는 의도적·반복적 행위
　　⇨ 학교 전체에 공지하고 학부모를 불러 지도.
● 레벨 3: 수업 중 소란을 피워 수업 방해, 학교기물 파손, 지도교사에 폭언
　　⇨ 경찰, 어린이 가정센터와 연계하여 가정과 학교에서 공동지도
● 레벨 4: 수업 방해, 지도 반항, 교사 구타
　　⇨ 교육위원회가 학교관리규칙에 따라 출석정지 조치를 취하고 학교 밖에서 지도
● 레벨 5: 수업방해와 폭력 반복 학생이 지도교사 구타, 중상해를 입힌 경우
　　⇨ 경찰에 신고, 교육위원회 보고. 교육위원회·경찰·지자체 공동 갱생 프로그램 운영

교권침해가 급격히 늘자 일본의 여러 지방자치단체 교육위원회는 '학부모 대응 매뉴얼'을 작성하기 시작했고, 문부과학성은 이를 수집하여 다른

지역에 공유하는 등 정보교류를 돕고 있다. 특히 기후 현은 2018년 과도한 요구를 하거나 억지스러운 불만을 표출하는 학부모에 대응하기 위해 「방문자 대응 매뉴얼」을 만들었는데, 그 일부를 소개한다.

기후 현 교육위원회 「방문자 대응 매뉴얼」

○ 학부모 등 방문자 대응원칙

● 성의껏 대응하되 사실에 근거하여 대응

● 관리직에게 신속하게 보고하여 조직적으로 대응

● 사회통념상 규칙과 매너, 법적 근거를 고려하여 대응

○ 방문자 대응방법(예시)

● 민원전화가 걸려오면 미리 정한 담당자가 응하며, 서로 미루지 않음

● 민원인이 학교를 방문하면 방문자와 같은 수 이상의 교직원이 공동 입회

● 민원인과 대화할 때는 교직원이 기록, 연락 등 역할을 분담

● 민원인을 대하는 장소는 학교 내 사람의 출입이 쉬운 장소에서

● 방문자의 주장을 경청하며 요점을 파악하여 기록으로 남기기

● 사실관계가 명확하지 않은 상황에서 모호한 답변이나 사죄는 금물

● 방문자 면담 시 긴장·대립감 완화를 위해 시선을 정면으로 하지 않도록 자리 배치

● 대응이 어려운 요청이나 불만을 거절할 때는 특히 표현에 주의

● "무릎 꿇어라." 등 부당하거나 억지스러운 요구는 단호히 거절

● 장시간 신세 한탄, 하소연을 하는 학부모는 면담시간을 정하고, 초과 시 중단

● 무조건 교장면담을 요구하는 학부모의 요구는 불응

● 각서나 반성문 등 문서를 요구하는 학부모에게는 구두설명으로 대신

● 위압적 태도로 화를 내는 학부모는 업무방해죄에 해당함을 경고하고

대화를 녹음

- 소리 지르는 학부모는 대화를 중단하고 퇴실 요구, 불응 시 경찰에 신고
- 폭력을 휘두르거나 기물을 파손하는 학부모는 폭행·상해·손괴죄로
경찰에 신고

이상 살펴본 것처럼, 일본에서는 교육활동 침해행위를 사안별로 나누어 다르게 대응한다. 경미한 수업방해와 폭행은 학생지도로, 무거운 수업방해와 폭행은 출석정지나 경찰신고로 대응한다. 대응 수위는 구체적 정황과 피해 정도를 감안하여 적절하게 조절한다. 그러나 심각한 문제행동을 하는 학부모에 대해서는 경찰신고 등 우리보다 더 적극적으로 대응한다. 교권보호에 대한 사회적 공감대가 그것을 뒷받침한다.

일본은 교권보호를 위한 법과 제도 등 시스템을 통해 교사의 교육적 권리를 적극적으로 보장하기보다는, 상세한 대응 매뉴얼과 치유 프로그램을 만들어 교사의 피해를 줄이는 방식을 취한다. 우리나라가 형식상으로는 교권4법, 교권보호위원회 등 일본보다 나은 시스템을 갖추고도 실제로는 교사에게 도움이 되는 대응 매뉴얼과 치유 프로그램을 소홀히 하는 것과 크게 대비된다.

싱가포르

세계 최상위 교육수준으로 알려진 싱가포르에서도 최근 교권침해 사건이 크게 늘고, 학생들에 의해 교권침해 장면이 SNS에 유포되는 등, 교권침해가 심각한 사회적 문제로 떠오르고 있다. 이에 따라 정부는 교육활동 보호를 위해 다양한 방안을 내놓고 있다. 문제행동에 대한 대응방식은 우리와 크게 다르지 않다. 세인트 조셉 국제학교의 수업방해 학생에 대한 조치에는 다음과 같은 내용이 포함된다.

<세인트 조셉 국제학교 '수업방해 학생에 대한 조치'(일부)>

- 방과 후 학생을 남겨서 과제 부여
- 감독관 관리하에 교실에서 격리하여 임무 부여
- 학부모에게 연락
- 상담사에게 상담 의뢰
- 상위 책임자에게 지도 의뢰
- 교장이 학부모에게 연락
- 교장이 학부모 면담
- 학부모에게 경고장 발송
- 학생의 수업참여 중단
- 정학

학생의 문제행동을 관리하는 주체는 교사·교장·감독관·상담사로 지정돼 있다. 싱가포르에서는 학생 체벌이 명시적으로 허용된다. 싱가포르 교육규정 제13조에 따르면 "남학생은 손바닥이나 옷을 입은 엉덩이에 가벼운 회초리로 체벌"할 수 있으며, 체벌은 교장만 할 수 있다. 여학생에게는 체벌이 금지돼 있다.

핀란드

교육에 관한 한 타의 추종을 불허하는 선진국으로 알려진 핀란드도 더 이상 교권침해의 안전지대가 아니다. OECD의 2018년 조사에 따르면, 핀란드 교사의 3분의 1은 수업을 방해하는 교실 내 소음에 시달리고 있으며, 교사의 32%가 "다양한 형태의 수업방해로 수업시간을 낭비한다"고 생각한다. 핀란드 교원노조는 "학생의 수업방해 행동이 장기적으로 증가하는 추세"라며 "교실의 평화를 위한 논의가 필요하다"고 말한다. 핀란드는 교육법령을 만들어 문제행동 학생 지도방법을 자세히 정하고 있다. 일부를 소개하면 다음과 같다.

<핀란드 '문제행동 학생 지도방법(일부)'>

- 수업방해, 교칙위반, 부정행위를 하면 방과 후 최장 2시간 남기거나 서면 경고
- 위반이 심각하거나 경고 후에도 문제행동이 반복되면 최장 3개월 정학 처분
- 수업을 방해하는 학생은 남은 수업시간 동안 교실 밖으로 내보내거나 학교행사에서 제외
- 학생의 폭력적 행동이 다른 학생이나 교원의 안전을 위협하면 해당 교육활동에서 배제
- 숙제를 하지 않으면 방과 후 최장 1시간까지 교사 감독하에 남기기

이처럼 핀란드는 문제행동 지도방법을 법으로 규정하여 모든 학교에 적용함으로써 동일한 방식에 따라 일관되게 지도한다. 핀란드의 만띠-빌뿔라 지역에서는 '클리닉 교실'을 만들어 교사의 지시에 불응하거나 공격적 행동을 하는 학생을 일시적으로 분리한다.

핀란드에서는 학생의 문제행동을 '생활지도의 문제'가 아닌 '학생 개인의 문제'로 인식한다. 이에 따라 처벌보다는 특수교육과 연계하여 지도하는 방식을 취한다. 학교장이 부모와 상의하여 '개인학습계획'이라는 맞춤형 교육을 제공하고, 이 계획에 따라 특수교사가 주 2~3회 수업에 동행하고, 학생은 특수교실에서 개별교육을 받는다. 또 수업 중 문제행동에 대한 즉각적 조치가 필요하다고 판단하면 특수교사에게 도움을 청하여 즉시 학생을 분리하고, 교사는 남은 수업을 진행한다.

핀란드는 통합교육체계를 통해 모든 학생을 직접 관리한다. 통합교육은 '일반지원 ⇨ 집중지원 ⇨ 특수지원'의 3단계로 구성되고, 계속 문제행동을 일으키는 학생은 '일반지원' 대상에서 '집중지원' 대상으로 한 단계 올린다. '집중지원'과 '특수지원'에 해당하는 학생은 전체의 약 26%에 이른다. 결코 적지 않은 수치다. 핀란드 교사도 학생의 문제행동으로 인해 교육활동에 어려움을 겪고 있다. 그러나 초기부터 장기적 계획을 세워 학생 개인의 문제행동을 순차적으로 개선해 가는 점이 우리와 다르다.

4부

교권보호를 위한
제도개선 방안

1장

교육부의 대응 다시보기

'교원의 학생생활지도에 관한 고시'

교사들의 집회가 여름 내내 이어지며 교권침해의 충격적 실상이 드러나자, 사태를 관망하던 교육부도 마침내 움직이기 시작했다. 2023년 8월 17일 '교원의 학생생활지도에 관한 고시(생활지도고시)'를 발표하고 2학기부터 적용하겠다고 밝힌 데 이어, 10월에는 같은 내용의 '유치원 교원의 교육활동 보호를 위한 고시'를 발표했다. 그것은 교사들의 요구에 대한 정부의 첫 응답이지만 늦어도 한참 늦은 것이었다. 생활지도고시는 학생·교원·학부모의 책무를 다음과 같이 정했다.

교원의 학생생활지도에 관한 고시

제3조[교육 3주체의 책무] ① 학생, 학교의 장과 교원, 학부모 등 보호자는 상호 간에 권리를 존중하고 타인의 권리를 부정하거나 침해하지 않도록 노력해야 한다.

② 학생은 학칙을 준수하고 학교의 장과 교원의 생활지도를 존중하며 따라

야 한다.

③ 학교의 장과 교원은 생활지도를 통해 학생의 건강한 성장과 발달을 지원하고 학내 질서를 유지하기 위하여 노력해야 한다.

④ 학교의 장은 학생 및 보호자와 교원 간 상호 소통 증진을 위하여 노력하며, 교원의 원활한 생활지도를 위하여 시설, 인력 등 제반 여건을 갖추도록 지원해야 한다.

⑤ 보호자는 학교의 장과 교원의 전문적인 판단과 생활지도를 존중해야 하며, 학생이 학칙을 준수하도록 지도하여 교육활동이 원활히 이루어지도록 협력해야 한다.

여기서 주목할 부분은 학생에게 '학칙준수 의무', '생활지도 존중 의무'를 부과하고, 학부모에게 '교원의 전문적 판단 존중 의무', '생활지도 존중 의무', '학생의 학칙준수 지도 의무'를 새로 부과한 것이다. 다음 몇 가지 사항도 추가됐다.

- 수업 중 휴대전화 사용 금지
- 면학 분위기에 영향을 줄 수 있는 물품의 소지·사용 금지
- 자신과 타인의 안전을 위협하거나 위해를 줄 우려가 있는 행위 금지
- 교권침해 학생에게 전문가의 검사·상담·치료 권고
- 학부모 상담 사전예약제 도입
- 근무시간 중 상담, 직무범위 외의 상담 거부
- 상담 중 폭언·협박·폭행 시 상담 중단
- 수업 방해학생 제지, 분리
- 생활지도 불응 시 교육활동 침해로 간주, 징계 요청
- 학생의 이의제기 절차 마련

- 장애아동 보호자에게 전문가 검사·상담·치료 권고
- 유치원 교육활동 침해 시 유아 출석정지·퇴학, 보호자 교육 수강·상담 이수 조치
- 유치원 보호자가 아닌 사람의 상담 요청, 사전협의 없는 상담 제한

그러나 생활지도고시는 교권침해에 대한 근본대책으로는 턱없이 부족했다. 무엇보다 고시 내용을 뒷받침할 법률적 근거가 미비했다. 특히 '정당한 교육활동'과 '정당한 생활지도'의 법적 근거가 없어서 월권시비에 휘말릴 가능성이 많고, 교육활동 침해행위의 새로운 주체로 등장한 학부모의 악성 민원과 소송 남발에 대한 대책이 없었다. 그에 비해 학생의 책임과 처벌은 크게 강화됐다.

생활지도고시는 교권침해의 근본적 해법이 되기엔 함량 미달이었고, 급한 불부터 끄고 보자는 임시처방에 가까웠다. 걷잡을 수 없이 번지는 불길은 일개 행정규칙에 불과한 교육부 고시 따위로 끌 수 있는 수준이 아니었다.

교육부 고시가 학교에서 시행되려면 그에 맞춰 학교의 규정과 규칙도 개정해야 한다. 그러나 학교규정과 규칙 개정은 학교구성원의 민주적 참여절차를 거쳐야 하므로 시간이 걸린다. 학생·보호자·교사의 의견을 수렴한 뒤 학교운영위원회 심의를 거쳐 교장이 최종 결정해야 한다. 또 고시에 포괄적으로 규정된 사항을 학교에 적용하려면 세부내용을 보완해야 하고, 그에 따르는 절차와 시설도 만들어야 한다. 예를 들어, 고시에서는 "수업 방해학생 제지, 분리"라는 한 마디로 끝나지만, 이를 학교에 실제로 적용하려면 다음과 같은 세부적인 것들을 학칙에 반영하고, 학생·학부모·교사에게 공지하고, 이해와 협조를 얻어야 한다.

- 분리조치에 해당하는 수업방해 행위의 분명한 기준
- 학생을 분리하는 세부절차와 방법
- 분리에 응하지 않는 학생에 대한 조치 방법
- 분리된 학생을 안전하게 수용할 장소
- 분리된 학생의 학습을 지원할 방법
- 학생을 분리하고 지도를 담당할 사람

하나같이 쉬운 일이 아니다. 특히 분리장소를 어디로 하고 누가 지도할 것인가 하는 것은 민감한 문제다. 빈 교실이 있으면 좋지만 대부분의 학교는 그럴 형편이 안 된다. 그러면 상담실, 교무실, 생활지도부실, 교장실 등을 분리장소로 정해야 하는데, 그곳에서 근무하는 사람은 정상적 업무수행에 지장을 받는다. 생활지도부실은 학생 생활지도와 징계에 관한 민감한 개인정보가 있는 곳이고, 문제행동을 하는 학생들이 수시로 불려와 상담과 지도를 받는 곳이다. 수업방해 분리학생을 수용하기엔 적합지 않다.

또 분리된 학생의 학습권을 보장하려면 교육활동이 가능한 교원자격 소지자가 그곳에 상주해야 하는데, 학교에 있는 교원자격증 소지자 중 수업이 없는 사람은 교장·교감밖에 없다. 그런데 안타깝게도 대부분의 교장·교감은 분리학생을 지도할 의사가 없다. 오히려 자기에게 불똥이 튈까 봐 지레 손사래부터 친다.

교장·교감이 분리학생 지도를 맡지 않으면 그 일을 전담할 사람을 새로 채용하는 수밖에 없다. 결국 인력과 인건비 문제로 귀결되는데, 교육부는 고시만 발표했을 뿐, 그에 따르는 예산과 인력은 시·도교육청에 떠넘겼다. 답답한 사람이 알아서 하라는 얘기다.

교육전문 매체 『교육언론 창』 2023년 10월 30일 보도에 따르면, 교육부 고시가 발표된 뒤 수업 방해학생 분리를 누가 맡을지를 놓고 논란이 벌어지자, 결국 시·도교육청이 발 벗고 나섰다. 대구시교육청(교육감 강은희)과 제주도교육청(교육감 김광수)은 학교에 공문을 보내 학생을 분리하는 주체를 교장과 교감으로 명시했다. 반면 서울시교육청(교육감 조희연)은 분리의 주체를 '지도교원'으로 뭉뚱그려 표현해 교사에게 책임을 떠넘기려는 것 아니냐는 의심을 받았다.

대구시교육청이 2023년 10월 관내 초·중·고에 보낸 「교원의 학생생활지도에 관한 고시 해설서 보충자료」를 보면, 수업방해 학생을 교실 밖으로 분리할 때 "학교 관리자가 학교장이 지정한 장소로 학생을 분리한다"는 말과 함께 "학교 관리자는 학생의 심리적 안정을 위해 적극 노력한다. 학교장은 학생의 수업복귀 여부를 판단한다"고 정했다. 학교 관리자인 교장과 교감에게 사실상 분리학생 인계와 지도를 맡긴 것이다.

대구교육청의 「학생생활지도 고시 해설서 보충자료」

생활지도	누가	방법 및 절차	비고
교실 밖 분리 (제3호 제4호 분리예시는 해설서 65쪽 참고)	① 수업 중인 교사가	(휴대)전화, 벨 등으로 분리를 요청	※ 현재 학교장 내부 결재로 정해 놓은 '학칙에 관한 특례운영 계획'과 같이 협업 체제로 운영 가능
	② 학교 관리자가 중심이 되어	가용 인적 자원과 함께 수업 장소로 이동	
	③ 학교 관리자가	상황의 심각성을 판단하고 분리할 필요가 인정되면 학교장이 지정한 장소로 학생을 분리	
	④ 학교 관리자는	가용 인적·물적 자원으로 학생의 심리적 안정을 위해 적극 노력	
	⑤ 교감은	학생 분리 일시 및 경위 등을 학교장에게 보고	
	⑥ 학교장은	학생 분리 사실을 학부모에게 알림	
	⑦ 학교장은	학생의 수업 복귀 여부를 판단하고, 필요할 경우 보호자에게 학생 인계를 요청하여 가정학습을 하게 할 수 있음	

제주도교육청도 같은 달 관내 학교에 보낸 「교원의 학생생활지도 고시에 의한 학생 표준안」에서 "교사가 관리자에게 학생인계 요청, 관리자가 학생을 교장실 및 교무실 등 지정장소로 이동하여 학생 관리 및 지도를 실시한다"면서 "분리조치 시간은 관리자(관리자 부재 시 담당 교직원)의 전문적 판단에 따른다"고 정했다. 대구시교육청과 마찬가지로 교장·교감에게 분리학생 인계와 지도, 분리시간 지정을 맡긴 것이다.

제주도교육청의 「학생생활지도 규정 표준안」

나. 분리 절차 및 유의점
  1) 교사가 관리자에게 학생 인계 요청
  2) 관리자가 인계하여 학생을 교장실 및 교무실 등 지정 장소로 이동하여 학생 관리 및 지도를 한다. 단, 관리자 부재 시 교직원이 협력하여 학생을 분리하고 지도할 수 있다.
  3) 분리 조치 시간은 관리자(관리자 부재 시 담당 교직원)의 전문적 판단에 따른다.

서울시교육청(교육감 조희연)은 2023년 10월 말 발표한 「학생생활규정 예시안」에서 "분리학생 지도방법은 학교 여건을 고려하여 정하되, 지도·감독 총괄은 교장이 담당한다"고 정했다. 현행법상 학교장은 이미 학교교육을 총괄하는 사람이기 때문에, 이것은 결국 분리학생 지도업무를 교사에게 떠넘기고 교장은 총괄만 하는 것 아니냐는 해석이 나온다. 실제로 서울시교육청은 같은 날 배포한 문답자료에서 '분리학생 대체과제 제시와 수행' 담당자를 '지도교원'이라고 포괄적으로 지정했다. '교원'에는 교장·교감은 물론 교사들이 포함된다. 다만 서울시교육청은 분리장소를 '교장(감)실·교무실·성찰교실·유휴교실 등 학교여건을 반영하여 지정'하도록 해 교장실을 분리장소에 포함시켰다. 이에 대해 서울교사노조는 "전담인력이 마련되기 전까지는 분리 주체를 교장 등 관리자로 명시하고, 분리공간도 교장실로 지정하라"고 요구했다.

'수업 중 휴대전화 사용 금지', '위험한 물품 소지·사용 금지'도 비슷하다. 학생으로부터 휴대전화를 수거하여 안전한 장소에 보관하고, 수업이 끝난 뒤 돌려주는 것은 학생과 충돌을 일으킬 우려가 높은 민감한 일이다. 자칫하면 그 과정에서 지시에 불응하는 학생과 언쟁이 벌어지고 신체적 접촉이 벌어지기 쉽다. 교사가 강제력을 발휘하면 학교폭력, 아동학대로 신고당할 수도 있다. 흉기, 약물 등 위험한 물품의 경우는 그럴 위험성이 더하다.

교육부 고시에 따르면 이 모든 일을 수업 중인 교사가 순간적으로 파악하고 결정하고 대처해야 한다. 수업을 중단하지 않고는 불가능한 일이다. 어떤 교사가 수업을 중단해가면서까지 위험을 무릅쓰고 휴대전화와 위험한 물건을 강제로 수거할지 의문이다. 알면서도 모른 척 넘어가기 십상이다. 모처럼 만든 대책이 실효성을 거두지 못하는 것이다.

이런 일이 벌어지는 이유는 교사의 이 같은 업무를 '정당한 교육활동'으로 인정하는 법적 근거가 없기 때문이다. 그런 상태에서는 아무리 "수업 중 휴대전화 사용 금지, 위험한 물품 소지 금지"를 외쳐봐야 소용없다. 법률로 보호받지 못하는 권한을 그 하위규범인 행정규칙으로 보장할 수는 없다.

교육부 고시가 지닌 법적 근거의 미비는 검사·상담 권유에도 똑같이 나타난다. 반복적으로 문제행동을 보이는 학생에게 외부 전문가의 검사·상담·치료는 큰 도움이 된다. 그러나 교육부 고시가 말한 상담과 치료는 강제력 없는 권고에 불과해서, 학부모가 거부하면 학교는 할 수 있는 일이 없다. '검사·상담에 응할 의무'를 교육부 고시가 아닌 교육 관련법에 명시하고, 보호자가 이에 따르지 않으면 벌칙을 부과해야 실효를 기대할 수 있다.

결국 생활지도고시가 이대로 시행되면 예산과 인력은 지원하지 않고 말로만 생색내는 미봉책이 될 가능성이 높다. 시·도교육청이 우선 예산과 인력을 지원하되, 중앙정부가 책임지고 예산과 인력을 지원해야 취지를 살릴 수 있다.

'교권회복 및 보호강화 종합방안'

교육부는 생활지도고시에 이어 2023년 8월 23일, '교권회복 및 보호강화 종합방안(교권보호종합방안)'도 발표했다. 주요 내용은 다음과 같다.

교권과 학생인권의 균형
- 수업 중 학생의 휴대전화 사용 불허, 2회 이상 주의 후 분리 보관
- 칭찬·포상 등을 통한 동기부여
- 수업시간에 자는 학생에 대해 적극적 수업참여 독려

교권 및 교육활동 보호 강화
- 법령과 학칙에 따른 생활지도는 아동학대죄 적용 배제
- 피해교원 요청이 교권보호위원회 즉시 개최
- 학교장의 교권침해 사안 축소·은폐 금지
- 교권침해 학생 즉시 분리, 조치사항 미이행시 가중조치
- 중대한 교권침해 조치사항은 생활기록부에 기재

- 기존 학교의 교권보호위원회를 교육청(지원청)으로 이관
- 기존 교원배상책임보험 배상 범위 상향조정
- 교육활동 보호센터 확대개편

교원·학부모 소통관계 개선

- 교원 개인전화로 걸려오는 민원전화는 응대 의무 없음
- 학부모 민원은 민원전담 대응팀이 접수하여 응대
- 단순민원은 NEIS, 인공지능 챗봇 등을 통해 자동 비대면 응답
- 민원을 통한 교육활동 침해유형 신설, 특별교육 등 제재조치 마련
- 특별교육 거부 시 과태료 부과, 위법행위는 교육청에서 고발조치
- 학교 전화에 교권침해 예방 통화 연결음 설정
- 학부모 상담은 예약제로 운영

여기에는 교권침해의 원인인 악성 민원, 수업방해, 제도 미비에 대한 처방이 어느 정도 담겨 있다. 때늦은 감은 있지만 진일보한 것으로 볼 수 있다. 특히 학부모 민원을 당사자 아닌 민원전담 대응팀이 접수하여 처리하게 한 점, 기존 학교교권보호위원회를 교육청(지원청)으로 이관한 점, 학부모 상담을 예약제로 운영하게 한 점, 학교전화에 교권침해 예방 통화 연결음을 설정하게 한 것은 시의적절하다.

그러나 학생의 교권침해 사실을 생활기록부(생기부)에 기재하도록 한 것은 재고해야 한다. 2022년 교육부가 밝혔듯이, 학교폭력 사실을 생기부에 기재하기 시작하면서 교사를 상대로 한 소송이 급증한 사실을 잊으면 안 된다. 교권침해 사실도 생기부에 기재할 경우, 학부모가 어떻게 나올지는 불 보듯 뻔하다. 교육부가 한 손으로는 악성 민원을 해소하겠다며 교권보호 방안을 내놓고, 다른 손으로는 소송 남발을 자극하는 처방을 내놓은

것은 앞뒤가 맞지 않는다.

몇 가지는 보완이 필요해 보인다. 교권보호위원회가 교육청(지원청)으로 이관됨에 따라 학년 초 같은 특정한 시기에 교권보호 업무가 폭주할 수 있다. 보호조치가 신속하게 이루어지지 않으면 피해교원이 방치되어 고통이 지속된다. 교권침해 사안이 발생하면 지체없이 조사하고 교권보호위원회를 열어 신속하게 도움을 주어야 한다.

또 학교전화에 통화 연결음을 설정하여 교권침해 예방을 안내하는 것은 사소하지만 의외로 효과가 큰 방안이다. 순간적 감정에 사로잡혀 무심코 전화를 걸었다가 안내 멘트를 듣고 마음을 가라앉히는 효과가 있는 것이다. 일부 학교의 시험 실시 결과에서도 음성안내를 설정한 뒤 악성 민원이 크게 줄었다는 보고가 있다. 교육부와 전국 17개 시·도교육청 전화에는 이 기능이 설정되어 있다. 그러나 정작 악성 민원에 집중적으로 노출된 학교전화에는 대부분 이 기능이 탑재돼 있지 않다. 전화기 교체에 필요한 예산을 지원하지 않은 탓이다. 교육부와 교육청은 악성 민원을 받으면 안 되고, 학교는 악성 민원에 시달려도 괜찮다는 것인지 의아하다. 빠른 시일 안에 전국의 모든 학교전화에도 이 기능을 탑재하는 것이 좋다. 이런 예산을 아깝다고 생각하면 안 된다.

2장

'교권4법' 개정

무엇이 달라졌나?

교육부가 생활지도고시를 발표한 데 이어 정부와 국회는 2023년 9월 27일 교육기본법, 초·중등교육법, 유아교육법, 교원지위법 등 이른바 '교권 4법'의 일부 개정안을 통과시켰다. 무엇이 어떻게 달라졌는지 살펴보자.

교육기본법

제12조(학습자) ③ 학생은 학습자로서의 윤리의식을 확립하고, 학교의 규칙을 지켜야 하며, 교원의 교육·연구활동을 방해하거나 학내의 질서를 문란하게 하여서는 아니 된다.(개정)

제13조(보호자) ③ 부모 등 보호자는 교원과 학교가 전문적인 판단으로 학생을 교육·지도할 수 있도록 협조하고 존중하여야 한다.(신설)

개정된 주요 내용은 학생에게 '학교규칙 준수의무'를, 학부모에게 '교육에 대한 협조의무, 존중의무'를 새로 부과한 것이다. 이것은 같은 날 개정된 초·중등교육법, 유아교육법, 교원지위법으로 이어져 '타인의 인권침해 금지의무', '학생생활지도 존중의무', '교육활동 협력의무', '교원 개인정보 보호의무'로 구체화됐다.

초·중등교육법

제18조의 5(보호자의 의무 등) ① 보호자는 교직원 또는 다른 학생의 인권을 침해하는 행위를 하여서는 아니 된다.(신설)

② 보호자는 … 교원의 학생생활지도를 존중하고 지원하여야 한다.(신설)

③ 보호자는 … 교원과 학교의 전문적인 판단을 존중하고 교육활동이 원활히 이루어질 수 있도록 적극 협력하여야 한다.(신설)

제20조(교직원의 임무) ① 교장은 교무를 총괄하고, 소속 교직원을 지도·감독하고, 학생을 교육한다. ⇨ 교장은 교무를 총괄하고, 민원처리를 책임지며, 소속 교직원을 지도·감독하고, 학생을 교육한다.(개정)

제20조의 2(학교의 장 및 교원의 학생생활지도) ② 제1항에 따른 교원의 정당한 학생생활지도에 대해서는 아동복지법 제17조 제3호, 제5호 및 제6호의 금지행위 위반으로 보지 아니한다.(신설)

제20조의 3(교원 개인정보의 보호) 학교와 학교의 장은 교원의 전화번호, 주민등록번호 등 개인정보가 … 보호될 수 있도록 필요한 조치를 하여야 한다.(신설)

유아교육법

제21조(교직원의 임무) ① 원장은 유치원 업무를 총괄하고 민원처리를 책임지며, 소속 교직원을 지도·감독하고 해당 유치원의 유아를 교육한다.(개정)

제21조의 3(원장 등 교원의 유아생활지도) ② … 교원의 정당한 유아 생활지도에 대해서는 아동복지법 제17조 제3호, 제5호 및 제6호의 금지행위 위반으

로 보지 아니한다.(신설)

제21조의4(보호자의 의무 등) ① 보호자는 교직원 또는 다른 유아의 인권을 침해하는 행위를 하여서는 아니 된다.(신설)

② 보호자는 … 교원의 유아 생활지도를 존중하고 지원하여야 한다.(신설)

③ 보호자는 … 교원과 유치원의 전문적인 판단을 존중하고 교육활동과 돌봄 활동이 원활히 이루어질 수 있도록 적극 협력하여야 한다.(신설)

제21조의5(교원 개인정보의 보호) 유치원과 원장은 교원의 전화번호, 주민등록번호 등 개인정보가 … 보호될 수 있도록 필요한 조치를 하여야 한다.(신설)

초·중등교육법과 유아교육법에서 변경된 내용은 사실상 동일하다. 주요 내용은 다음과 같다.

- 학교장(유치원장)에게 민원처리 책임 부여
- 정당한 학생(유아) 생활지도에 대한 아동학대죄 적용 제외
- 교원 또는 다른 학생(유아)에 대한 보호자의 인권침해 금지
- 교원의 학생(유아) 생활지도에 대해 보호자의 존중·지원의무 부여
- 정당한 교육활동(돌봄 활동)에 대해 보호자의 존중·협력의무 부여
- 교원(유치원 교사)의 전화번호·주민등록번호 등 개인정보 보호

이것은 교육기본법이 정한 학생의 '학교규칙 준수의무', 학부모의 '협조의무, 존중의무'를 한 단계 더 구체화한 것이다. 특히 교권침해의 주원인으로 지목되는 민원 처리를 학교장(유치원장) 업무로 지정한 것은 적절하다. 그러나 민원처리 절차와 학교장의 역할을 명시하지 않은 것은 반드시 보완해야 할 점이다. 상세한 민원처리 절차, 학교장(유치원장)의 역할을 교육부 훈령이나 예규, 매뉴얼로 정하는 것이 좋다.

또 악성민원과 함께 교권침해의 주된 수단으로 악용되는 아동학대 신고의 오·남용을 막기 위해 교원의 정당한 학생지도를 아동학대범죄에서 제외하기로 한 것은 의미가 크다. 이 같은 법 개정 취지가 아동복지법·아동학대처벌법 개정으로 이어진다면 아동학대 신고 오·남용 사례는 크게 줄어들 것으로 보인다. 그러나 '정당한 교육활동'의 법적 기준이 여전히 불분명하기 때문에, 문제가 된 교사의 특정 교육활동이 정당한 것인지를 놓고 논란이 벌어질 가능성은 여전히 열려 있다. 현재로서는 교육감이 의견서를 제출하면 수사기관이 아동학대 혐의를 조사할 때 교육적 판단을 더 고려해 주기를 기대하는 수밖에 없다.

정부와 국회는 교육기본법, 초·중등교육법, 유아교육법과 함께 교원지위법도 일부 개정했다. 개정된 조항이 많기 때문에 그중 교권보호에 관한 것만 요약해 본다. 더 자세한 내용은 아래 세부항목의 법 조항을 찾아보기 바란다.

교원의 지위향상 및 교육활동 보호를 위한 특별법(교원지위법)

- 아동학대 신고로 인한 교사 직위해제 요건 강화(제6조)
- 지방자치단체와 경찰의 아동학대 조사 과정에 교육감 의견제출 의무화(제17조)
- 교권보호위원회를 시·도교육청(교육지원청)으로 이관(제18조)
- 교육활동 침해행위 유형을 공무집행방해죄·무고죄, 반복민원으로 확대(제19조)
- 가해자와 피해교원의 즉시 분리(제20조)
- 교권침해 피해교원 보호를 위해 시·도교육청에 법률지원단 설치(제21조)
- 교권침해 피해교원 보호를 위한 공제사업 운영(제22조)

- 교육활동 침해학생과 보호자에 대해 특별교육·심리치료 의무화(제25조)
- 교장의 교육활동 침해 축소·은폐 금지, 위반 시 징계(제27조)
- 교육활동 침해행위를 목격하거나 인지할 경우 즉시 신고 의무(제28조)
- 피해교원 치유를 위한 교육활동보호센터 설치(제29조)
- 교권침해 학생과 보호자가 특별교육·심리치료 거부하면 가중처분, 과태료(제35조)

이와 함께 국회는 개정된 유아교육법과 초·중등교육법의 취지를 반영하여, 2023년 12월 8일 아동학대처벌법 일부 개정안을 통과시켰다. 개정안의 주요 내용은 다음과 같다.

아동학대범죄의 처벌 등에 관한 특례법(아동학대처벌법)

제2조(정의) 3. … 다만, 유아교육법과 초·중등교육법에 따른 교원의 정당한 교육활동과 학생생활지도는 아동학대로 보지 아니한다.(개정)

제11조의 2(조사) ② 시·도지사 또는 시장·군수·구청장은 유아교육법 및 초·중등교육법에 따른 교원의 교육활동 중 행위가 아동학대범죄로 신고돼 조사 중인 사건과 관련하여, 관할 교육감이 의견을 제출하는 경우 … 아동학대 사례의 판단에 참고하여야 한다.(신설)

제17조의 3(교원에 대한 아동학대범죄 사건에 관한 특례) ① 사법경찰관은 유아교육법 및 초·중등교육법에 따른 교원의 교육활동 중 행위가 아동학대범죄로 신고돼 수사 중인 사건과 관련하여, 관할 교육감이 의견을 제출하는 경우 이를 사건기록에 편철하고 … 의견을 제시함에 있어 참고하여야 한다.(신설)

② 검사는 제1항과 같은 아동학대범죄 사건을 수사하거나 결정함에 있어 사건기록에 편철된 관할 교육감의 의견을 참고하여야 한다.(신설)

요컨대, 교원의 정당한 교육활동과 학생생활지도는 아동학대로 보지 않으며, 지자체와 경찰·검찰 등 수사기관은 교원의 교육활동 중 행위를 판단·조사·수사할 때 반드시 교육감의 의견을 참고해야 한다는 것이다.

'교권4법' 개정의 의미와 한계

개정된 '교권4법'은 학습주체인 학생에게 '교칙준수 의무'를, 교육 협력자인 학부모에게 '협조·존중 의무'를 부과함으로써 학생·학부모의 권리와 의무가 균형을 이루는 계기가 될 것으로 기대된다. 일부 학부모와 학생의 교권침해에 무방비 상태로 놓여 있던 교사에게는 숨 쉴 공간이 열렸다고 할 수 있다.

특히 아동학대로 신고된 교사의 유·무죄가 가려지기도 전에 직위해제부터 하던 기존 관행에 제동을 걸고, 정당한 사유가 없으면 직위해제하지 않도록 한 것은 교원 신분보장을 위해 무척 다행스러운 일이다. 지자체와 아동보호전문가가 아동학대범죄의 성립 여부를 일차적으로 판단하도록 한 절차에 변동이 없는 것은 아쉽지만, 그것은 교권4법으로 정할 수 있는 영역은 아니다. 또 아동학대범죄를 판단할 때 교육감의 의견을 의무적으로 반영하도록 한 것은 상당한 의미가 있다. 교육적 맥락과 특수성을 반영할 통로를 열었기 때문이다.

교권침해 사건을 반드시 교육청에 보고하도록 한 것도 일부 학교장의 축소·은폐 시도를 방지하는 데 큰 효과가 있을 것으로 기대된다. 가해자와 피해교원을 즉시 분리조치 하도록 한 것도 2차 가해를 막는 데 도움이 되고, 교권피해 교사에 대한 치유조치를 강화한 것도 꼭 필요한 일이다. 아울러 학교안전공제회에 위탁하여 교원보호공제사업을 확대하고, 피해교원의 손해배상과 상담·치료비용을 지원하고 소송비용을 지원하도록 한 것도 큰 진전이다.

또 출석정지·학급교체·강제전학 처분을 받은 학생의 보호자에게 자녀와 함께 특별교육 또는 심리치료를 의무화하고, 보호자가 이를 거부하면 300만 원 이하의 과태료를 부과하도록 한 것도 실효성을 높이는 데 도움이 될 것이다. 자녀교육은 기본적으로 보호자 책임이며, 보호자가 그 책임을 다하지 못했을 경우 불이익 처분을 받을 수 있음을 분명히 했기 때문이다. 자녀 교육에 대한 보호자의 관심과 성찰을 이끌어내는 기회가 되리라 기대한다.

그러나 미흡한 부분도 적지 않다. 가장 중요한 '교권'의 정의와 '정당한 교육활동'의 기준이 여전히 과제로 남아 있다. 교육에 관한 기본적인 사항을 정하는 교육기본법이 교권보호의 가장 기본적인 사항을 정하지 않은 것은 국가의 직무유기요 입법책임 방기라고 해도 지나치지 않다. 이 점에 관한 한 정부와 국회는 입이 열 개라도 할 말이 없다.

민원대응팀 구성도 문제다. 민원대응팀은 별도의 추가지침이 없는 한 교장·교감·행정실장·교사 등 5명 안팎으로 구성될 것으로 보인다. 교장·교감은 학교 관리자, 행정실장은 시설 관리자이니 당연히 포함돼야 하지만, 자칫하면 교사에게 다시 업무가 몰릴 수 있다. 학교 관리자가 직접 민원인을 상담하고 설득하는 책임자 역할을 하는 것이 바람직하다. 또 민원이 교사의 교육내용이나 교육방식에 대한 것인 경우, 그 교사가 소속된 교직단체가 추천하는 사람이 학부모 면담과 민원처리 과정에 참여하게 하는 방안도 고려할 필요가 있다.

'정당한 교육활동'에 대한 아동학대범죄 적용 제외도 논란이 될 수 있다. 사실 이 말은 동어반복이다. '정당한 교육활동'은 이미 적법한 것이므로 당연히 '아동학대'가 아니다. 굳이 아동학대에서 제외할 이유가 없다. 반대로 '아동학대에서 제외'한다는 말은 불법행위의 책임을 면제한다는 뜻이므로 이미 '정당한' 교육활동이 아니다. 이런 표현은 "교사에게만 특혜를 주라는 말이냐?" 식의 오해를 낳을 수 있다.

차라리 영국의 사례를 참고하여 생활지도에 필요한 '합리적 물리력' 사용을 허용하되, 그것을 행사하는 구체적인 상황과 물리력의 정도, 행사하는 방식을 상세히 정하고, 그 기준을 벗어나지 않으면 교사에게 아동학대죄를 포함한 형사범죄의 책임을 묻지 않도록 하는 것이 훨씬 명확하다.

또 교육활동 침해의 유형과 조치가 교육적 지도보다는 형사범죄 처벌을 염두에 두고 만든 느낌이다. 짧은 시간에 법 개정을 서두르다 보니 형법조항을 그대로 옮겨온 것이 아닌지 의심스럽다. 교권침해 유형도 주로 형사범죄에 해당하는 중대한 경우에 치중해 있어서, 실제로 교실에서 벌어지는 다양한 유형의 교권침해에 적절하게 대처하기 어렵다. 범죄에 해당하는 중대한 교권침해에는 단호히 대처해야 하지만, 범죄에 이르지 않는 경미한 사안에 대해서까지 엄벌주의로 대처하는 것은 교육적으로 적절치 않다.

이 문제를 해결하려면, 일반 형사범죄의 구성요건을 차용한 듯한 현행 교육활동 침해행위 기준을 학교에서 자주 벌어지는 문제행동 유형에 맞게 섬세하게 고칠 필요가 있다. 사실 교실에서 가장 빈번하게 교사를 괴롭히는 문제행동은 수업방해·질서문란·지시불응 같은, 사안 자체는 경미하지만 수업 진행을 어렵게 만드는 행동이다. 이런 경미한 사안까지 일벌백계로 처벌할 경우, 교육 당사자 간 갈등이 격화되고 소송으로 이어질 수 있다.

학교 안에서 자체적으로 해결할 수 있는 경미한 교육활동 침해행위는 교사에게 권한을 주어 직접 지도하게 하거나 상담으로 해결하고, 그래도 고쳐지지 않으면 학교장 면담, 학부모 면담, 외부 전문기관 상담 등으로 대처하는 것이 바람직하다. 일차적으로 교사의 교육적 권한을 존중하는 방식으로 지도하자는 얘기다. 학교는 아동을 교육하는 곳이지 처벌하는 곳이 아니다.

그러나 거듭된 지도에도 응하지 않거나, 다른 학생에게 위해를 가하거나, 범죄에 해당하는 중대한 행위는 학교와 교사의 지도범위를 넘어서는 것이므로, 학교전담경찰관 등 수사기관에 대처를 요청하는 편이 낫다. 요컨대, 사안의 경중과 개선 가능성, 타인에게 끼치는 피해 정도 등을 종합적으로 판단하여 단계적으로 접근할 필요가 있는 것이다. 예를 들면 이런 식으로 접근해볼 수 있다.

<교육활동 침해행위에 대한 단계별 대처방안>

- 1단계: 우발적이고 일회적이고 피해 정도가 경미한 문제행동

⇨ 교사가 현장에서 주의를 주고 시정 요구

- 2단계: 1단계 조치 거부, 고의적·반복적 교육활동 침해, 다른 학생의 학습 방해

⇨ 학교장에게 보고, 별도의 장소로 분리하여 상담, 성찰문 작성

- 3단계: 2단계 조치 거부, 고의적·반복적·집단적 교육활동 침해

⇨ 학교장이 학부모를 불러 상담, 교칙에 따른 징계 경고

- 4단계: 3단계 조치 거부, 교사나 다른 학생에 대한 위해

⇨ 학교규칙에 따라 징계절차 개시, 외부 상담기관과 연계하여 전문상담

- 5단계: 범죄에 해당하는 중대한 행위, 교사와 다른 학생에 대한 심각한 폭력

⇨ 학교전담경찰관에게 인계하여 형사처벌 절차 진행

개정된 교권4법이 학교현장에서 제대로 시행되려면 예산·인력·시설 등 지원이 필수적이다. 특히 민원처리 시스템 구축과 교권침해 가해학생 즉시분리, 외부인의 학교건물 무단침입 방지를 위해서는 그런 지원이 뒷받침되지 않으면 실효를 거둘 수 없다.

특히 더 관심 가져야 할 문제는 피해교원에 대한 치유와 학교복귀 지원방안이다. 개정된 교원지위법에는 '아동학대 신고 교원에 대한 직위해제 배제, 가해자 즉시분리, 법률지원단 설치, 교원보호 공제사업 운영, 피해교원 치유를 위한 교육활동보호센터 설치' 등이 새로 추가됐지만 이것만으로는 부족하다. 교권침해 피해교원이 경험하는 좌절과 고통은 상상을 초월한다. 교권침해로 극단적 선택을 하는 교사들이 끊이지 않는 현실이 그것을 말해준다.

교권침해 피해교원의 안전하고 빠른 복귀를 위해서는 '피해현장 분리 ⇨ 상담치료 ⇨ 법률지원 ⇨ 복귀지원'에 이르는 전 과정을 종합적이고 체계적으로 관리하는 시스템이 필요하다. 그 점에서 일본의 '포괄적 회복제도'는 성공적인 것으로 평가받는다. 우리도 이 제도를 참고하여 피해교원 회복을 위한 종합대책을 마련해야 한다. 보호센터 하나 만들었다고 피해교원이 아무 일도 없었다는 듯 원상태로 돌아오는 것은 아니다.

이 점에서, 현재 일본에서 시행하는 '포괄적 회복제도'를 참고할 필요가 있다. 일본은 2000년대 초반 우리보다 먼저 교권 위기를 겪었다. 당시 일본은 자기중심적인 요구를 반복해서 제기하는 학부모들로 많은 교사가 심리적 충격을 받고 정신질환을 앓았다. 교직기피 현상이 심각해지자 일본 정부는 '교직원 정신건강 대책'을 내놓고 교권침해 예방조치와 함께 '피해교원 치료를 위한 휴직조치', '학교복귀 프로그램'을 도입했다.

예방적 조치로 교원의 스트레스 관리와 상담을 담당하는 '셀프케어(Self

Care)' 과정이 개설됐고, 이것을 동료 교원과의 관계회복, 업무분장, 학교장의 지원체계와 연계시키는 '라인 케어(Line Care)'로 확대했다. 피해교원에게 업무를 줄여주고 정기적으로 상담기회를 제공하는 '직장환경 정비' 과정도 도입했다.

또 피해교원의 안전한 학교복귀를 돕기 위해 '학교복귀 프로그램'을 '예비단계 ⇨ 적응단계 ⇨ 준비단계'로 나누어 점진적으로 접근했다. '예비단계'는 복직을 준비하는 단계로, 휴가 중 학교에 출근하여 학교생활에 적응하게 하는 것이다. '적응단계'는 학교복귀를 앞둔 단계로, 업무내용을 미리 숙지하고 익숙해질 기회를 부여하는 것이다. 두 단계 적응이 성공하면 본격적으로 '준비단계'로 들어간다. 복직을 위해 구체적인 준비를 하는 것이다.

피해교원이 복직한 뒤에는 학교장을 중심으로 주치의 상담, 동료 교사 의견청취, 추가지원 등 사후관리 조치가 뒤따랐다. 그 결과 피해교원 대부분이 트라우마를 극복하고 다시 교단에 설 수 있었다. 교권피해의 고통을 당사자에게 맡기지 않고 학교가 분담하며 치유에 힘쓴 덕분이다.

3장

교권보호를 위한
정책제안

아동학대 신고, 오·남용을 막아야 한다

보건복지부 통계에 따르면, 2014년부터 2022년까지 9년 동안 아동학대로 신고당해 지방자치단체에 아동학대 행위자로 등록된 사람은 6,787명이다. 이 중 수사기관에서 정식으로 입건하여 수사를 진행한 사건은 863건으로 신고 건수의 약 12.7%다. 그리고 입건된 863명 중 혐의가 인정돼 재판에 넘겨진 교사는 110명으로, 전체 신고 건수의 1.6%에 불과하다. 또 재판에 넘겨진 교사 110명 가운데 약식기소로 벌금형을 받은 교사가 33명, 무죄판결을 받은 교사가 6명이고, 나머지는 현재 재판이 진행 중이다. 요컨대 아동학대로 신고당한 교사 6,787명 중 벌금형 등 유죄판결을 받은 교사는 33명이고, 재판이 진행 중인 사람이 모두 유죄판결을 받는다 해도 전체 신고 건수의 1% 남짓이라는 얘기다.

아동학대 수사 교원 처분현황(2021~2023.8) (단위: 건)

	수사개시 통보	수사결과 통보							
		경찰 사건 종결	기소	불기소			아동보호 사건	진행 중
				기소유예	무혐의	기타*		
유치원	54	4	4	1	30	1	2	12
초등학교	516	27	54	48	209	16	104	58
중학교	268	15	29	35	88	10	64	27
고등학교	236	14	32	37	60	10	62	21
특수학교	21	0	1	1	8	0	9	2
소계	1095	60	120	122	395	37	241	120
비율(%)	100	5.5	11.0	11.1	36.1	3.4	22.0	11.0

*기타: 각하, 공소권 없음, 기소중지, 죄가 안 됨 등   전국 17개 시도교육청 제공 자료

또 2021년 아동학대 사례 3만7605건의 학대행위자 중 부모가 83.7%, 친인척이 4%로, 전체의 87.7%가 가족이었다. 유치원 교직원은 0.4%, 초·중·고 교직원은 2.9%에 불과했다. 그런데도 교사를 대상으로 한 아동학대 신고가 폭발적으로 증가하는 현실을 어떻게 이해해야 할까? 교사를 위협할 목적으로 아동학대 신고를 오·남용했다고밖에는 달리 설명할 수 없다. "법으로 교사를 때린다"는 표현은 결코 지나친 것이 아니었다. 아동학대 신고의 실태가 드러난 이상 입법 취지와 무관한 신고 오·남용을 막을 방안을 찾아야 한다.

김민석 전국교직원노동조합 교권상담국장은 2023년 8월 1일 『오마이뉴스』에 기고한 「아동학대처벌법은 학교에서 어떻게 괴물이 됐나?」라는 글에서 아동학대 신고제도의 문제점을 다음과 같이 지적했다.

학부모 또는 학생의 아동학대 주장만으로 관리자에 의한 아동학대 신고가 이뤄지도록 만든 아동학대처벌법은 학교 공동체를 파괴하는 어둠의 힘을

발휘하고 있다. … 아동학대 응급조치는 학교사안에서는 발생하지 않았고, 아동학대 행위자에 대한 보호처분도 대부분 가정 내 사안을 위한 처분이다. 가정에서 발생하는 사안에 대처하기 위해 제정한 아동학대처벌법을 학교 내 사안에 동일하게 적용함으로써 학교의 교육적 관계가 파괴되고 있다. 학교 내 사안에 대해서는 교육적 관계를 고려한 법 개정이 필요하다.

자기방어 능력이 취약한 아동을 아동학대범죄로부터 보호해야 한다는 데는 이론의 여지가 있을 수 없다. 심각한 아동학대가 주로 폐쇄적인 가정에서 발생하고 아동학대 행위자의 다수가 보호자이다 보니, 의심만으로도 신고하도록 하고 허위신고에 대한 책임을 묻지 않는 사정도 이해 못할 바 아니다. 그러나 법이 미비하여 '처벌해야 할 범죄'와 '보호해야 할 권리'가 구분되지 않고, 아동학대 신고가 정당한 교육활동을 방해하는 수단으로 악용되는 것은 막아야 한다. 미국 연방법과 주법, 영국의 아동 관련 법에서는 '아동학대'를 이렇게 정의한다.

미국 연방법의 '아동학대' 정의

부모 또는 보호자의 행위로 인하여 사망, 심각한 신체적·정서적 상해, 성적 학대, 착취, 심각한 상해를 초래한 행위(Any recent act or failure to act on the part of a parent or caretaker, which results in death, serious physical or emotional harm, sexual abuse or exploitation)

미국 33개 주법의 '아동학대' 정의

아동의 심리적 역량이나 정서적 안정성에 대한 상해의 정도가 행동, 정서적 반응, 인지에서 관찰 가능하거나 상당한 변화로 입증되는 것으로, 불안증·우울증·무기력증·공격행동 등으로 입증되는 상해

미국 플로리다 주법의 '아동학대' 정의

아동의 신체적·정신적·정서적 건강이 상당히 손상되게 하거나 손상될 가능성을 유발할 수 있는 고의적 행위나 위협행위

영국 아동법의 '아동학대' 정의

성 학대 및 신체적이지 않은 종류의 학대를 포함하며, 상해는 다른 사람에 대한 학대를 보거나 듣는 것으로 인한 손상을 포함한 건강이나 발달의 손상

한국, 영국, 미국의 아동학대 비교

	한국	영국	미국
정서학대 및 방임을 위한 관련 법	아동복지법 아동학대처벌법	1989년 아동법 2002년 입양 및 아동법 1933년 아동 및 청소년법	연방-CAPTA 주-각 주의 법
정서학대의 정의	아동의 정신건강 및 발달에 해를 끼치는 학대행위	학대는 성학대 및 신체적이지 않은 종류의 학대를 포함하며, 해는 학대나 다른 사람에 대한 학대를 보거나 듣는 것으로 고통받아 일어나는 손상을 포함한 건강이나 발달의 손상이 있는 것(1989년 아동법)	CAPTA-죽음, 심각한 신체적 또는 정서적 해, 성적 학대나 착취를 가져오거나 심각한 해의 즉각적인 위험을 일으키는 부모 또는 양육자의 최근의 행위 및 부작위

눈에 띄는 것은 아동학대행위의 주체를 부모 또는 아동의 양육자로 제한한 점이다. 미국 연방법은 아동학대행위의 주체를 아동의 양육을 맡거나 양육에 참여하는 '부모 또는 양육자'로 제한한다. 법원 판례를 보아도, 우리나라는 아동학대 행위자의 대부분이 '보육교사나 교사'인데 비해 미국과 영국은 대부분 부모나 조부모 등 '아동 양육을 담당하는 사람'이다. 우리나라는 아동학대 범죄행위의 주체를 지나치게 광범위하게 설정하여 '아동과 접촉하는 모든 사람'이 잠재적 아동학대범이다. 대표적인 경우가

바로 교사다.

한희정 전 실천교육교사모임 회장이 2023년 10월 16일 그 단체 홈페이지에 올린 글 「미국에서 아동학대 및 방임에 관한 처벌에서 교사는 면책되는가?」에 따르면, 미국 연방법은 아동학대의 가해자를 '보호 중인 아동에게 해를 끼친 부모와 기타 보호자'로 상정한다. 여기서 '기타 보호자'란 아동을 양육하거나 양육에 참여하는 '친척·베이비시터·양부모'를 뜻한다.

미국의 교사는 아동의 안전과 복지를 담당하는 '복지 책임자'의 지위가 있다. 따라서 부모나 기타 보호자가 아동에게 상해를 입히면 아동학대죄가 적용되지만, 교사는 보호자가 아니므로 형법상 폭행죄가 적용된다. 일본도 아동학대법을 부모와 같은 수준의 '양육자'로 한정하여 적용하며, 정서학대의 경우에는 그 '심각성'을 고려하게 한다. 따라서 미국과 일본에서는 교사를 아동학대로 신고하는 일은 없다. 당사자의 의사도 묻지 않고 교사를 아동의 '보호자'로 지정하여 신고의무를 부과하고, 신고하지 않으면 과태료를 물리고, 아동학대를 저지르면 가중처벌하는 나라는 우리나라밖에 없다. 이제라도 교사에게 부여된 '보호자' 지위를 '아동복지 책임자'로 바꿔야 한다. 그래야 교사를 대상으로 한 무분별한 아동학대 신고를 막을 수 있다.

또 눈에 띄는 점은, 외국에서는 아동학대범죄의 구성요건을 엄격히 해서 '입증할 수 있는 심각한 상해' 또는 '건강이나 발달을 저해하는 손상'의 유무를 기준으로 삼는다는 것이다. 네덜란드에서는 아동에 대한 정서적 학대를 "정기적으로 아동을 꾸짖고 무시하고 적대적인 방식으로 행동하거나 의도적으로 위협하는 행위"로 규정하고 '지속성'을 엄격하게 따진다.

한희정의 앞의 글에 따르면, 캘리포니아 주는 '아동학대 및 방임 신고법(CANRA, Child Abuse and Neglect Reporting Act)'을 만들어 아동에 대한 성적

학대, 방임, 고의적인 신체손상, 불법체벌 또는 상해, 아동보호시설에서의 학대와 방임 등을 다루는데, 교사와 학교전담경찰관이 행한 다음 행위는 불법행위에 해당하지 않는다.

불법체벌 또는 상해란 아동에게 고의로 잔인하고 비인간적인 육체적 처벌이나 상해를 가해 트라우마를 초래하는 상황을 의미한다. 그러나 이것에는 … 자기방어를 목적으로 신체적 상해나 재산상 피해를 위협하는 소란을 진압하거나 학생이 소지한 무기나 위험한 물건을 압수하기 위해 행하는 합리적이고 필요한 정도의 무력은 포함되지 않는다. 교육법이 승인한 신체적 통제권 행사도 포함되지 않는다. 또 학교전담경찰관이 직무수행에 필요한 범위 내에서 사용한 합리적 무력에 의해 발생한 부상도 포함되지 않는다.

그에 비하면, 우리나라 아동복지법은 아동학대를 '아동의 건강 및 발달에 해를 끼치는 모든 유형의 행위'로 정의하여 그 대상을 너무 광범위하게 설정했고, 그중에서도 정서학대는 피해자의 주관적 느낌에 의존할 수밖에 없어 악용 가능성이 크다. 형벌법규는 명확하여 무엇이 범죄인지 알 수 있어야 하며(죄형 법정주의), 법률이 처벌하고자 하는 행위가 무엇이고 형벌이 어떤 것인지 누구나 예견할 수 있어야 한다(명확성의 원칙). 이 점을 간과하면 '아동학대처벌법'은 '교사학대법'이 될 수 있다.

아동학대처벌법, 이렇게 바꿔야 한다

● 아동학대범죄의 개념을 명확히 해야 한다

아동학대범죄의 대상을 신체적·성적 학대행위로 제한하고, 정서적 학대는 고의성·지속성·심각성 등을 종합적으로 고려하여 객관적으로 피해를 입증할 수 있는 경우로 한정해야 한다. 그에 해당하지 않는 일시적·우발적이고 경미한 정신적 피해는 아동학대범죄의 대상에서 제외해야 한다. 그런 것까지 모두 아동학대로 처벌해야 한다면 대한민국의 부모와 교사는 모두 잠재적 아동학대범이 될 수밖에 없다. 그것은 '불편함'이지 '범죄'가 아니다.

● 아동학대 적용대상을 '보호자'와 '양육자'로 한정해야 한다

아동학대범죄의 적용대상을 부모 등 '실질적인 보호자'와 양육에 참여하는 조부모·친척 등 '기타 보호자'로 한정하고, 교사를 아동학대범죄 적용대상에서 제외해야 한다. 아동 양육에 참여하지 않고 양육 책임이 없는 교사에게까지 '보호자'의 지위를 부여하고, 아동학대 미신고에 과태료를 부과하고 가중처벌을 하는 것은 부당하다. 대신 교사에게 '아동복지 담당자'의 지위를 부여하고, 학교 내에서 아동의 안전과 복지를 담당하게 하는 것이 바람직하다.

● 교육활동의 적법성 여부는 아동기관이 아닌 교육기관의 판단에 맡겨야 한다

아동학대범죄의 성립 여부를 아동기관이 일차적으로 판단하듯이, 교육활동의 적법성 여부 또한 교육기관이 판단하는 것이 합리적이다. 아동기관은 교육활동의 적법성 여부를 판단할 전문적 역량이 없다. 판단권한은

아동기관에 있고 교육감은 의견서만 제출하는 방식은 주객이 바뀐 것이다. 교육관련 사안은 교육청이 일차적으로 위법성 여부를 판단하되, 아동학대 정황이 의심스러운 경우에는 아동기관에 의견을 요청하는 것이 타당하다.

● **교원의 폭력은 아동학대죄가 아닌 일반 형사범죄를 적용해야 한다**

아동학대범죄에 대한 처벌은 일반 형사범죄에 비해 훨씬 엄중하다. 방어능력이 약한 아동을 범죄로부터 보호하려는 특별한 배려다. 그러나 일부 보호자는 더 강한 처벌을 위해 교사를 일반 형사범죄가 아닌 아동학대로 신고한다. 법을 남용하는 것이다. 이것을 막으려면 교육활동 중 일어난 교사의 폭력은 아동학대가 아닌 폭행죄·상해죄·명예훼손죄·성폭력 등 일반 형법조항을 적용해 처벌하도록 해야 한다. 또 형사범죄에 이르지 않은 경미한 사안은 정서학대가 아닌 공무원 징계사유를 적용해 징계처분을 내리는 것이 적절하다. 다른 합당한 제재수단이 있는데도 군이 아동학대죄를 적용할 이유는 없다.

● **명백한 허위신고에 대해서는 무고죄를 적용해야 한다**

아동학대 신고가 폭증하는 이유 중 하나는 허위신고에 따른 처벌이 면제되기 때문이다. 아동학대 신고를 장려하기 위한 특례조항이 엉뚱하게 허위신고를 조장하는 것이다. 이것을 막으려면 '아동학대로 의심할 만한 상당한 이유가 있는 경우'에 한해서만 무고죄의 책임을 면제하는 방향으로 법을 고쳐야 한다. 상당한 이유가 없는 허위신고나 타인을 해칠 목적의 허위신고에 대해서까지 책임을 면제해 주는 것은 법치주의의 근간을 흔든다.

● '아동통합정보시스템'의 과도한 정보수집을 막아야 한다.

아동학대 신고를 당해 입건된 사람은 '아동통합정보시스템'에 아동학대 행위자로 등록된다. 검찰의 무혐의 처분으로 종결된 사건까지 기록에 남고 한번 등록되면 삭제되지 않는다. 등록된 사람은 유치원·어린이집 등 아동기관의 설립·운영·취업에 제약을 받는다. 사실상 블랙리스트로 이용되는 것이다. 이것은 과도하고 부당한 개인정보 수집이고 인권침해다. 유죄가 확정된 경우에만 시스템에 등록하고, 이의제기 절차를 두어 시정할 기회를 주고, 일정 기간이 지나면 삭제해야 한다.

단언컨대, 교사의 교육활동과 아동학대를 분리하면 무분별한 신고는 거의 사라질 것이다. 전화 한 통으로도 교사를 궁지로 몰아넣을 수 있던 과거의 방법이 더 이상 신통력을 발휘할 수 없기 때문이다. 교사를 대상에서 제외하면 아동학대범죄가 범람하리라는 우려의 목소리도 있지만 그것은 기우에 불과하다. 오히려 무분별한 신고가 줄고, 아동복지와 교육활동이 서로 영역을 존중하며 협력하는 관계로 나아갈 가능성이 높다.

'학교폭력', 개념부터 바꾸자

학교폭력예방법에 따르면, 학교폭력은 "학교 내외에서 학생을 대상으로 발생한 상해, 폭행, 감금, 협박, 약취·유인, 명예훼손, 모욕, 공갈, 강요·강제, 성폭력, 따돌림, 정보통신망을 이용한 음란·폭력정보 등에 의하여 신체·정신 또는 재산상 피해를 수반하는 행위"를 말한다. 간단히 말해서, 학교 안팎을 가리지 않고 학생이 관련된 모든 유형의 폭력이 학교폭력이다.

학교폭력의 유형도 "신체·정신 또는 재산상 피해를 수반하는 행위"라고 넓게 규정하는 바람에 "정신적 피해를 입었다"고 주장하면 아무리 경미한 사안도 학교폭력이다. 기시감이 느껴진다. 아동복지법의 '정서학대'와 닮은꼴이다. 엄격해야 할 법 조항이 대체 왜 이렇게 고무줄처럼 들쭉날쭉할까? 뭔가 이상하다. 정부와 정치권이 평소엔 가만히 있다가, 무슨 사건만 터지면 일벌백계로 강하게 법을 만들어 온 잘못된 입법관행 탓이다.

학교폭력을 이렇게 정의하면 법을 통해 지키려는 것이 무엇인지 알 수 없다. 법으로 처벌해야 할 중대한 폭력행위와 교육적으로 지도해야 할 경미한 다툼이 구분되지 않는다. 법을 무리하게 적용하면 어처구니없는 일이 벌어진다. 짝꿍과 말다툼하다가 밀쳤다고, 교사가 숙제 안 해온 학생을 꾸짖었다고, 맞던 피해자가 방어했다고, 모두 학교폭력으로 신고한다.

학폭위에 올라가면 학부모가 개입한다. 잘못하면 생기부에 올라가기 때문에 수단 방법 가리지 않고 내 자식의 결백과 상대방의 잘못을 입증하려 든다. 화해는 물 건너가고 교육적 지도는 설 땅이 없다. 학폭위도 어떤 상황인지 짐작하지만, 어느 한쪽이 물러서지 않으면 처분을 내려야 한다. 경미하면 기껏해야 서면사과(1호), 접촉금지(2호) 처분이 내려진다. 그 정도는 생기부에 기재되지 않고 넘어가지만, 학생·학부모·교사에게는 불신과 증오만 남는다. 학교폭력예방법이 교실을 폐허로 만들고 모두를 피해자로 만드는 것이다.

이런 문제를 해결하려면 '학교폭력'을 다시 정의하고, 학교폭력에 대처하는 방식을 다시 합의해야 한다. 학교폭력의 대상을 '학교 내에서 일어난 폭력사안'으로 한정하고, 그 주체도 '해당학교 학생'으로 한정해야 한다. 학교 밖에서 일어난 폭력이나 학생이 아닌 사람이 관련된 폭력에 대해서까지 학교가 책임질 이유는 없다. 그것은 치안을 담당하는 경찰 소관이다. 또 '학교폭력'의 범주를 '고의적·지속적·반복적·집단적으로 행해지는 중대한 신체적·성적 폭력행위'로 정의하고, '정신적 피해'의 경우는 그 기준을 엄격하게 정해야 한다. 그래야 피해자의 주관적 느낌에 의존한 무리한 법 적용을 피할 수 있다. 또 학교현장에서 일상적으로 일어나는 경미한 다툼이나 일시적인 갈등, 교사의 지도로 원만하게 화해가 이뤄진 사안은 학교폭력의 범주에서 제외해야 한다.

'학교가 할 일'과 '경찰이 할 일'을 구분하자

학교폭력이라고 모두 경미한 것은 아니다. 믿기 어렵겠지만 외부 폭력 조직과 연계된 조직화된 폭력도 엄연히 존재한다. 그것은 성장기 아동의 일시적 일탈행위도 아니고 우발적인 다툼도 아니다. 피해 정도도 심각해서 신체와 정서에 치유하기 힘든 상처를 남긴다. 절대 묵과할 수 없는 일이다. 그러나 이 경우는 학교나 교사가 대처할 수 없고 집요한 보복으로부터 피해학생을 보호하기도 어렵다. 또 가해학생이 조직화·집단화돼 있어서 한두 명을 선도한다고 문제가 해결되는 것도 아니다. 이런 사안은 조직폭력 이상도 이하도 아니다. 학생 보호를 위해서는 학교에 발붙이지 못하게 하는 것이 최선이다.

학교폭력예방법은 피해자가 원하면 경미한 사안도 학폭위에 올려야 하고, 반대로 중대한 사안에는 제대로 대처하기 힘들다. 경미한 사안과 중대한 사안 모두에 사실상 대처하지 못하는 셈이다. 이렇게 된 이유는 사소한 다툼과 중대한 폭력을 '학교폭력'이라는 하나의 범주로 묶어 동일한 기준에 따라 처리하기 때문이다. 이런 문제를 해결하려면 교육적 지도로 끝낼 경미한 사안과 법적으로 처벌해야 할 중대한 사안을 명확히 구분해서 달리 대처해야 한다. '학교가 할 일'과 '경찰이 할 일'을 구분하는 것이다.

사소한 말다툼, 악의 없는 신체접촉, 우발적 몸싸움, 가벼운 창피주기 등은 사실 '폭력'이라기보다 '다툼'에 가깝다. 사회규범에 익숙지 않은 아동은 용인되는 기준을 알기 위해 일부러 경계선을 건드리는 행동을 곧잘 한다. 그것은 사회화 과정의 일부이지 이상한 행동이 아니다. 다른 학생에게 심각한 위해를 끼치지만 않으면 교사의 지도가 더해져 사회화 교육의 좋은 계기가 될 수도 있다. 아동은 그런 과정을 거쳐 나만 아는 '금쪽이'에서 타인을 존중하고 배려할 줄 아는 '민주시민'으로 성장해 간다.

　　이런 것까지 학폭위에 올려 처벌하는 것은 교육적이지 않다. 그것은 아동이 성장할 기회를 빼앗을 뿐 아니라 교육기관으로서 학교의 역할을 포기하는 것이다. 가해학생과 피해학생이 화해하고 갈등이 해소되면 학교장 직권으로 사안을 종결 처리하되, 보호자 중 어느 일방이 조치에 승복하지 않으면 그때 학폭위에 올려도 늦지 않다. 사건 발생 초기부터 상대방의 기선을 제압할 목적으로 학교폭력 신고부터 하고 보는 관행은 억제해야 한다.

　　그러나 형사범죄에 해당하는 중대한 폭력행위, 조직적·집단적인 폭력행위, 지속적으로 반복되는 폭력행위, 피해 정도가 심각한 폭력행위는 엄격하게 대처해야 한다. 이런 사안은 수사권도 없고 수사관도 아닌 교사가 무작정 끌어안는다고 해결되지 않는다. 깡패소굴에 찾아가 목숨 걸고 싸워서 제자를 구출해 오는 영웅 같은 교사는 영화에나 나온다. 이런 경우는 사건 발생 초기에 학교전담경찰관(SPO)에게 신고하여 조사·처리하게 하고, 학교와 교사는 피해학생 보호와 회복에 주력하는 것이 맞다.

　　학교는 아동을 보호하고 교육하는 곳이지, 일탈행위를 일삼는 아동을 무작정 싸고도는 곳이 아니다. 그런 경우, 학교가 할 수 있는 최대치는 해당 아동의 성장환경, 반성 정도, 개전 가능성 등을 고려하여 수사기관에

선처를 요청하는 것까지다. 일견 냉정해 보이지만, 학교와 경찰이 서로의 영역을 확실히 구분하고, 자기 역할을 제대로 수행하는 것이 오히려 사건 해결과 아동 선도에도 도움이 된다. 온정에 사로잡혀 학생의 문제행동을 감싸다가 바늘도둑을 소도둑으로 키우는 경우가 의외로 많다.

'학교가 할 일'과 '경찰이 할 일'을 구분해야 교사의 지도도 살아나고 경찰도 책임감 있게 대처할 수 있다. 학폭위 결정에 영향을 끼칠 목적으로 교사를 고소해서 괴롭히는 일도 줄어들고, 고소·고발이 두려워 학생지도를 망설이는 일도 없어진다.

현행 학교폭력예방법과 그 시행령이 정한 학폭위와 학교전담경찰관의 업무는 다음과 같다.

학교폭력예방법이 정한 학폭위의 업무(제12조)

- 학교폭력 예방 및 대책 수립
- 피해학생 보호
- 가해학생에 대한 교육, 선도 및 징계
- 피해학생과 가해학생 간 분쟁 조정

학교폭력예방법 시행령이 정한 학교전담경찰관의 업무(제31조의 2)

- 학교폭력 예방활동
- 피해학생 보호 및 가해학생 선도
- 학교폭력 단체에 대한 정보수집
- 학교폭력 단체 결성 예방 및 해체
- 그 밖에 경찰청장이 학교폭력 예방 및 근절 등을 위해 필요하다고 인정하는 업무

위 규정을 보면 학폭위와 경찰관의 업무가 명확히 구분되지 않고 중첩돼 있는 것을 볼 수 있다. 서로 역할이 구분되지 않으면 권한과 책임소재도 불분명해진다. 수사권이 없는 교사가 학교폭력 사안을 조사하다 학부모에게 고소·고발을 당하고, 교육 전문성이 없는 학교전담경찰관이 피해학생 치유와 가해학생 선도를 맡는, 이해하기 어려운 일이 벌어진다. 경찰관은 피해학생을 보호하고 교사는 가해학생을 조사한다니, 주객이 바뀐 느낌이다. 학교전담경찰관은 학교폭력 사안 조사와 학폭위 관련 업무를 맡고, 교사는 피해학생 치유와 가해학생 지도를 맡는 것이 교육적 상식에 부합한다.

학교전담경찰관(SPO, School Police Officer) 제도는 2012년 처음 도입된 뒤 10년이 넘었지만 아직도 겉돌고 있다. 모처럼 만든 제도가 유명무실해진 이유는, 학교전담경찰관의 법적 직무가 모호하고, 한 명의 경찰관이 평균 12개 정도의 학교를 맡다 보니 부담이 너무 크기 때문이다. 수행이 형식에 그치기 때문이다. 교육부에 보고된 2019년도 학폭위 심의 건수 3만 1130건을 전국 초·중·고교 1만2000개로 나누면 한 학교당 평균 3건꼴이다. 경찰관 한 명이 학교 12개를 담당한다고 하면, 경찰관 한 명이 연간 36건의 학교폭력 사안을 맡았다. 학폭위에 올리지 않고 학교장이 종결 처리한 사안 1만1578건을 합치면, 경찰관 한 명이 담당한 연간 학교폭력 건수는 44건으로 늘어난다.

이것이 다가 아니다. 학교폭력 신고가 급증하기 시작한 2020년대에 들어서면 이 수치가 가파르게 상승한다. 2022년에 발생한 학교폭력 사안은 학교장 자체종결을 포함해 6만3041건으로, 한 학교당 5건이 넘는다. 경찰관 한 명이 연간 60건의 학교폭력 사안을 다룬다는 얘기다. 학교폭력은 폭발적으로 증가하는데 학교전담경찰관 수는 제자리걸음이니 사안 처리가 제대로 될 리 없다. 급증하는 학교폭력에 대처하려면 학교전담경찰관을 늘려야 하는 이유다.

김승호 실천교육교사모임 정책팀장은 2023년 10월 17일 교육전문 매체인『교육플러스』에 기고한「교사가 할 일, 학교전담경찰관이 할 일」이라는 글에서 "'진료는 의사에게, 약은 약사에게'라는 말처럼, 교육은 교사에게 조사 및 수사는 경찰에게 맡기자"고 하면서, 학교폭력의 범주를 다음 세 가지 유형으로 구분하여 대처하자고 제안했다.

<학교폭력 대처방안(예시)>
- **학교폭력 절차가 불필요한 작은 갈등**
  ⇨ 현행처럼 학교 내 폭력전담기구의 심의를 거치지 않고, 담임교사나 학교폭력 담당교사가 재량권을 갖고 교육적으로 지도하고 종결, 보호자가 불복하면 전담기구에 심의 요청
- **학교에서 다뤄야 하고, 다룰 수 있는 폭력행위**
  ⇨ 학폭위 심의를 거치되, 학교 외부에서 일어난 폭력행위, 지속적·고의적 폭력행위는 학교전담경찰관에게 이관하여 처리. 학교 내에서 일어난 우발적·일회적 폭력행위는 학교와 교사가 조사하여 처리.
- **학교에서 해결하기 힘든 준 범죄행위**
  ⇨ 학교전담경찰관에게 이관하여 처리하되, 가해학생 조사와 학폭위 보고는 경찰관이 담당, 학교는 피해학생 보호와 치유에 집중

'교원 책임감면제도'를 도입하자

초·중등교육법과 아동학대처벌법이 '정당한 교육활동'에 대해서는 아동학대죄를 적용하지 않도록 개정됐지만, '정당한 교육활동'의 범위를 둘러싸고 이견이 불거질 수 있다. 따라서 '정당한 교육활동'만 내세워 면책을 요구하는 것은 설득력이 떨어진다. 그것보다는 법률로 정한 교육활동과 생활지도에 대해서는 교원에게 책임을 묻지 않는 '책임감면제도'를 도입하는 편이 훨씬 안정적이다. 타인에게 상해를 입히면 과실 치상죄가 적용되지만, 운전 중 일어난 교통사고는 '교통사고처리 특례법'이 우선 적용돼 공소제기를 할 수 없는 것처럼, 교육활동 중에 일어난 사고에 대해서도 교원을 상대로 민·형사상 공소제기를 할 수 없도록 하는 것이다.

교원은 교육활동 과정에서 다양한 위험요소에 직면하고 실제로 많은 부담을 느낀다. 교육활동 중 일어나는 사고에 대한 책임이 교사의 교육활동을 위축시키는 것이다. '책임감면제도'가 그 대안이 될 수 있다. 미국의 사례에서 보았듯이, 교원이 자신의 교육적 행위에 책임지는 기준을 법으로 분명히 정하고, 그 기준을 넘지 않으면 민·형사상 책임을 묻지 않는 것이다. 그것은 교원에게만 특권을 부여하기 위함이 아니라, 교원이 안정적으로 교육활동에 임할 수 있도록 하기 위함이다. 교원의 행위가 고의 또는 중과실 등 귀책사유에 의한 것으로 드러날 경우, 그에 상응하는 징계권 또는 구상권을 행사하면 된다.

2018년 서울시교육청이 발주한 연구보고서 「교원의 교육활동 보호를 위한 제도개선 연구」에서는 교원의 직무관련 면책제도를 제안하며, 면책 기준을 다음과 같이 제시한 바 있다.

<교원의 직무관련 면책 기준>

- 교원의 행위가 합법적이고 정당한 경우
- 교원의 행위가 자격을 갖춘 교원에 의해 행해진 경우
- 교원의 행위가 고의 또는 중과실, 중대한 업무태만에 의한 것이 아닌 경우
- 교원의 행위의 대상이 교육활동에 참여한 학생 또는 교육활동 보조인인 경우
- 교원의 행위로 인한 피해가 중하지 않거나 단기간에 회복 가능한 경우

교원 책임감면제도가 특히 필요한 분야는 학교안전사고다. 위에서 말한 용인 학생의 실명사고처럼 교사에게 일부 책임이 있고 후유장애가 지속되는 경우, 보호자는 충분한 치료비와 합의금을 받기 위해 교사에게 피해배상을 청구하고, 유리한 결과를 이끌어내기 위해 교권침해도 마다하지 않는다. 그 액수가 개인이 도저히 감당할 수 없는 수준이면 교사는 궁지에 몰려 극단적 선택을 하게 된다. 그러나 교원 책임감면제도가 도입되면 상황이 전혀 다르게 전개된다. 학부모가 소송을 제기하면 교육청이 교사를 대리하여 소송을 진행하고, 소송비용 일체를 부담한다. 승패 여부와 관계없이 교사에게는 책임을 묻지 않는다. 패소하면 교육청이 교사를 대신하여 피해배상을 하고, 교사에게 과실이 있는 경우에는 과실에 해당하는 만큼 구상을 청구하는 것으로 종결된다. 교사는 안전사고를 두려워하지 않고 교육활동에 적극적으로 임할 수 있다.

학생소유물의 분실과 파손에도 교원 책임감면제도를 도입할 필요가 있다. 학교에서는 분실사고와 파손사고가 끊임없이 일어난다. 실제로 운동장에서 체육수업을 하다가 학생의 휴대전화가 파손됐다고 교사에게 변상을 요구한 학부모도 있고, 체험학습 버스에서 고가의 옷을 분실했다고 교사에게 옷값을 물어내라는 학부모도 있었다. 소송으로 가면 이길 수 있지만, 대부분의 교사는 소송에 휘말리기 싫어 돈을 주고 끝낸다. 교사가 책

임지지 않아도 되는 일까지 책임지는 것이다. 이런 일을 법과 제도로 정해야 하는 게 서글프지만, 그런 황당한 사례로부터 교사를 보호하려면 교원책임감면제도가 필요하다.

참고로, 국가공무원법은 적극행정을 장려하기 위해 공무원에게 고의 또는 중과실이 없는 경우 징계하지 않는다는 규정을 둔다(제50조의 2 적극행정의 장려). 2020년 5월 24일, 유은혜 교육부총리도 코로나 대응방안을 발표하면서 "학교의 학사와 행정운영에서 적극행정 면책을 추진하여 고의나 중과실이 아닌 경우 … 불이익이 없도록 조치하겠다"고 밝힌 바 있다. 일종의 면책제도를 말한 것이다. 현재 교육위기 상황에서 교사의 적극적인 교육활동을 보호하려면 '교원 책임감면제도' 도입을 적극 검토할 필요가 있다.

'소송 대행제도'를 도입하자

대부분의 교권침해는 교사와 학부모 간 단순 갈등으로 시작돼 소송으로 비화하는 경우가 많다. 따라서 초기의 단순 갈등이 소송으로 번지지 않게 하려면 학교의 노력만으로는 부족하다. 교육청이 적극 나서야 하는 이유다. 학교의 노력으로 갈등 조정이 어려운 경우, 지체없이 교육청에 보고하여 중재를 요청하는 것이 갈등을 키우지 않는 방법이다.

교육청은 학교의 상급기관으로서 제삼자의 지위에 있으므로 공정한 위치에서 분쟁을 조정할 수 있고, 소속 변호사를 통해 법률적 자문을 할 수 있어 불필요한 소송 남발을 억제할 수 있다. 설령 조정이 성립되지 않아 소송으로 가더라도 사건에 대해 깊이 이해하고 있으므로 더 효과적으로 대처할 수 있다. 이를 위해서는 '민원 발생 ⇨ 학내 해결 모색 ⇨ 교육청 중재에 이르는 분쟁조정 절차를 매뉴얼로 만들어 학교에 배포하고, 학교

관리자가 이를 숙지하도록 해야 한다.

교육청이 분쟁이 격화하도록 방치했다가 교권침해가 일어난 뒤에야 피해교원 치유에 나서는 것은 '소 잃고 외양간 고치는 격'이다. 현재 피해교원 치유와 회복에 집중되어 있는 교권보호 강화방안의 무게중심을 예방과 분쟁조정 쪽으로 이동시킬 필요가 있다. 그러기 위해서는 교육청이 분쟁 조정의 주체가 되어 적극 나서야 한다.

아울러 교권침해 양상이 언어적·신체적 공격을 넘어 소송이나 고소·고발 같은 법적 응징으로 확대되는 점을 감안하면, 교육 관련 소송에 대해 교육청이 소송을 대행하는 '소송 대행제도'를 도입할 필요가 있다. 학부모는 변호사를 고용하여 법이 허용하는 모든 방법을 동원해 공격해 오는데, 법에 무지한 교사가 이에 대항하는 것은 사실상 불가능하다. 교육활동과 관련하여 소송이 제기되면 교육청이 소송 대리인이 되어, 경찰 수사 단계부터 전담변호사를 지정하여 법률상담을 제공하고, 소송절차가 진행되면 법률자문을 하고, 모든 소송업무를 대리해야 한다. 그래야 소송에 휘말린 교사가 심리적 안정을 유지하며 교육활동에 전념할 수 있다.

이것은 교육청과 지원청 소속 변호사만으로는 대처할 수 없다. 시·도교육청이 지역 변호사협회 등과 업무제휴를 맺어 전담변호사를 선임하는 방식이 되어야 할 것이다. 소송비용은 피해교원의 중대한 귀책사유가 없는 한 교육청이 선지급하고, 승소하면 원고 측에 소송비용을 청구하고 패소하면 교사의 귀책사유에 상응하는 만큼 구상을 청구하거나 징계하면 된다.

이 방식은 전혀 새로운 것이 아니다. 현재도 교육감 소속 교육청 공무원들은 '소송사무 처리규칙'에 따라 이와 비슷한 법적 보호를 받고 있다. 그것을 교원에게 동일하게 적용하지 못할 이유가 없다. 교육청 직원의 업무 관련 소송은 교육청이 지원하면서, 교원의 교육 관련 소송은 당사자가 알아서 하라는 것은 형평에 어긋난다. 교원에게도 동일한 기준을 적용하는 것이 당연하다.

또 교권침해 피해교원이 고립된 채 2차 3차 가해에 시달리는 것을 막으려면, 시·도교육청과 지역청에 '교권보호 전담팀'을 설치하여 교권침해 사안이 발생한 즉시 학교를 방문하여 피해교사를 면담하고, 적시에 필요한 도움을 제공하는 것이 중요하다. 교권침해 이후에도 가해학생을 교실에서 계속 대면해야 하는 교사의 고통을 생각한다면, 신속한 대처야말로 피해교원 보호조치에서 핵심에 해당하는 것이다.

이를 위해 교육청 내 교권보호 업무담당자의 직급도 상향조정할 필요가 있다. 현재 대다수 교육청처럼 인사부서의 실무담당 장학사가 교권보호 업무를 겸임하는 방식으로는 이 일을 감당할 수 없다. 적어도 시·도교육청은 장학관, 지역청은 고경력 장학사를 팀장으로 하는 전담부서를 설치해야 제 역할을 기대할 수 있다.

또 소송까지 가지 않았지만 교원의 교육활동을 침해할 위험성이 높은 악성 민원의 경우, 법률적 판단과 적절한 대응방법을 제공하려면 모든 학교에 자문 변호사를 위촉하는 방안도 도입할 필요가 있다. 학교 자문 변호사는 교권침해 의심 사안에 대해 법률적 판단을 제공하고, 적법한 대응방법을 안내하고, 소송으로 갈 경우 그에 필요한 법적 절차와 서류작성 등을 안내하고, 필요한 경우 소송을 맡을 수도 있다. 또 매 학년 초에 학교를 방문하여 교원을 상대로 교권침해에 대한 법률적 대응방안을 교육하고, 학생·학부모에게도 교권보호의 필요성과 교권침해의 위험성에 대해 안내하도록 하면 좋을 것이다.

학교에도 '민원처리 시스템'을 도입하자

악성 민원은 아동학대 신고와 함께 교육활동을 위축시키고 교사를 공격하는 주된 수단 중 하나로 이용된다. 그러나 학부모의 민원을 모두 부당한 것으로 치부해선 안 된다. 학부모는 자녀 교육이 제대로 이루어지고 있는지 알 권리가 있고, 대한민국 국민이라면 누구나 청원법과 민원처리법에 의해 공공기관에 민원을 제기하여 답변을 요구할 권리가 있다. 중요한 것은 민원을 막는 것이 아니라, 교육목적에 어긋나는 부당한 민원이나 학교가 감당할 수 없는 과도한 민원, 민원을 가장한 교사에 대한 공격을 걸러내는 것이다.

대부분의 교권침해나 교육활동 방해는 민원인이 교사와 대면하여 시시비비를 가리다가 감정이 격앙돼 발생한다. 따라서 지금처럼 학부모 민원을 당사자인 교사가 직접 접수하여 처리하게 하면 안 된다. 대신, 공식적인 '민원처리 시스템'을 만들어 절차에 따라 민원을 접수하고 처리 결과를 통보하는 것이 바람직하다. 모든 공공기관은 현재 민원을 그렇게 처리한다. 학교만 예외로 교사가 온갖 민원을 끌어안고 쩔쩔맨다. 부당한 일이다.

학교 민원처리 시스템 도입은 별도의 입법과정 없이 현재 법령으로도 가능하다. '민원처리에 관한 법률(민원처리법)'에 따르면 학교는 이 법의 적용을 받는 공공기관이며, 이 법이 정한 절차에 따라 민원을 처리해야 한다. 그동안 학교가 그렇게 하지 않았을 뿐이다.

민원처리법 제2조에 따르면, 성명과 주소가 불명확한 자는 민원인으로 보지 않는다. 일부 학교 관리자들이 즐겨 사용하는 "어떤 학부모가 전화를 했는데…" 어쩌고 하는 말은 법적으로 의미가 없다는 얘기다. 익명의 민원전화는 민원이 아니라 답변할 의무가 없는, 그냥 전화일 뿐이다. 익명의 민원전화를 이유로 교사에게 압박을 가하는 것은 '직장 내 갑질'에 해당한다. 민원처리법은 민원처리 담당자의 의무와 보호, 민원인의 권리와 의무에 대해 다음과 같이 규정한다.

민원 처리에 관한 법률(민원처리법)

제4조[민원처리 담당자의 의무와 보호] ② 행정기관의 장은 민원인 등의 폭언·폭행, 목적이 정당하지 아니한 반복민원 등으로부터 민원처리 담당자를 보호하기 위하여 민원처리 담당자의 신체적·정신적 피해의 예방 및 치료 등 … 필요한 조치를 하여야 한다.

③ 민원처리 담당자는 행정기관의 장에게 제2항에 따른 조치를 요구할 수 있다.

④ 행정기관의 장은 제3항에 따른 민원처리 담당자의 요구를 이유로 해당 민원처리 담당자에게 불이익을 주어서는 아니 된다.

제5조[민원인의 권리와 의무] ② 민원인은 민원을 처리하는 담당자의 적법한 민원처리를 위한 요청에 협조하여야 하고, 행정기관에 부당한 요구를 하거나 다른 민원인에 대한 민원처리를 지연시키는 등 공무를 방해하는 행위를 하여서는 아니 된다.

그 밖에 학교 민원처리 시스템을 만들 때 유의해야 할 조항은 다음과 같다. 이 중에서 문서를 통한 민원제출(제8조), 민원실 설치(제12조), 전자민원창구 개설(제12조의 2), 민원처리의 예외(제21조), 반복 및 중복민원 처리(제23조), 민원조정위원회 설치·운영(제34조)에 관한 규정은 특히 눈여겨볼 필요가 있다.

민원 처리에 관한 법률(민원처리법)

제8조[민원의 신청] 민원의 신청은 문서로 하여야 한다. 다만, 기타민원은 구

술 또는 전화로 할 수 있다.

제12조(민원실의 설치) 행정기관의 장은 민원을 신속히 처리하고 민원인에 대한 안내와 상담의 편의를 제공하기 위하여 민원실을 설치할 수 있다.

제12조의2(전자민원창구 및 통합전자민원창구의 운영 등) ① 행정기관의 장은 민원인이 해당 기관을 직접 방문하지 아니하고도 민원을 처리할 수 있도록 관계법령 등을 개선하고 민원의 전자적 처리를 위한 시설과 정보시스템을 구축하는 등 필요한 조치를 하여야 한다.

② 행정기관의 장은 제1항에 따른 조치로서 인터넷을 통하여 민원을 신청·접수받아 처리할 수 있는 정보시스템(전자민원창구)을 구축·운영할 수 있다.

제13조(민원 신청의 편의 제공) 행정기관의 장은 민원실에 민원 관련 법령·편람과 민원의 처리기준과 절차 등 민원의 신청에 필요한 사항을 게시하고 이를 인터넷 홈페이지를 통하여 제공하는 등 민원인에게 민원 신청의 편의를 제공하여야 한다.

제17조(법정민원의 처리기간 설정·공표) ① 행정기관의 장은 법정민원을 신속히 처리하기 위하여 행정기관에 법정민원의 신청이 접수된 때부터 처리가 완료될 때까지 소요되는 처리기간을 법정민원의 종류별로 미리 정하여 공표하여야 한다.

제21조(민원처리의 예외) 행정기관의 장은 접수된 민원이 다음 각 호의 어느 하나에 해당하는 경우에는 그 민원을 처리하지 아니할 수 있다.

2. 수사, 재판 및 형 집행에 관한 사항 또는 감사원의 감사가 착수된 사항

4. 법령에 따라 화해·알선·조정·중재 등 당사자 간의 이해 조정을 목적으로 행하는 절차가 진행 중인 사항

8. 사인 간의 권리관계 또는 개인의 사생활에 관한 사항

9. 행정기관의 소속 직원에 대한 인사행정상의 행위에 관한 사항

제23조(반복 및 중복민원의 처리) ① 행정기관의 장은 민원인이 동일한 내용

의 민원을 정당한 사유 없이 3회 이상 반복하여 제출한 경우에는 2회 이상 그 처리결과를 통지하고, 그 후에 접수되는 민원에 대하여는 종결 처리할 수 있다.

② 행정기관의 장은 민원인이 2개 이상의 행정기관에 제출한 동일한 내용의 민원을 다른 행정기관으로부터 이송 받은 경우에도 제1항을 준용하여 처리할 수 있다.

③ 행정기관의 장은 제1항 및 제2항에 따른 동일한 내용의 민원인지 여부에 대하여는 해당 민원의 성격, 종전 민원과의 내용적 유사성·관련성 및 종전 민원과 동일한 답변을 할 수 밖에 없는 사정 등을 종합적으로 고려하여 결정하여야 한다.

제25조(민원심사관의 지정) ① 행정기관의 장은 민원 처리상황의 확인·점검 등을 위하여 소속 직원 중에서 민원심사관을 지정하여야 한다.

제34조(민원조정위원회의 설치·운영) ① 행정기관의 장은 다음 각 호의 사항을 심의하기 위하여 민원조정위원회를 설치·운영하여야 한다.

1. 장기 미해결 민원, 반복민원 및 다수인 관련 민원에 대한 해소·방지대책

2. 거부처분에 대한 이의신청

3. 민원처리 주무부서의 법규적용의 타당성 여부

또한 같은 법 시행령에는 민원처리 담당자를 보호하기 위해 다음과 같은 조치를 취하도록 정하고 있다. 관심이 가는 대목은 민원처리 담당자를 보호하기 위한 '영상정보 처리기기, 호출장치, 보호조치 음성안내, 휴대용 영상·음성 기록장비, 녹음전화' 등이다. 또 '민원처리를 방해하는 민원인에 대한 퇴거조치, 폭력적인 민원인의 분리, 민원처리 담당자의 일시적 업무 중단, 민원 관련 고소·고발·소송을 지원하는 전담부서 설치' 등이다.

민원 처리에 관한 법률(민원처리법) 시행령

제4조[민원처리 담당자의 보호] ① "민원처리 담당자의 신체적·정신적 피해의 예방 및 치료 등 대통령령으로 정하는 필요한 조치"란 다음 각 호의 조치를 말한다.

1. 민원처리 담당자의 안전을 보장하기 위한 영상정보 처리기기·호출장치·보호조치 음성안내 등 안전장비의 설치 및 안전요원 등의 배치

2. 민원인의 폭언·폭행 등이 발생하였거나 발생하려는 때에 증거수집 등을 위하여 불가피한 조치로서 휴대용 영상·음성 기록장비, 녹음전화 등의 운영

3. 폭언·폭행 등으로 민원처리를 지연시키거나 방해하는 민원인에 대한 퇴거조치

4. 민원인의 폭언·폭행 등이 발생한 경우 민원인으로부터 민원처리 담당자를 보호하기 위한 조치로서 민원처리 담당자의 분리 또는 업무의 일시적 중단

5. 민원인의 폭언·폭행 등으로 인한 신체적·정신적 피해의 치료 및 상담 지원

6. 민원인의 폭언·폭행 등으로 고소·고발 또는 손해배상 청구 등이 발생한 경우 민원처리 담당자를 지원하기 위한 관할 수사기관 또는 법원에 증거물·증거서류 제출 등 필요한 지원

② 행정기관의 장은 민원인과 민원처리 담당자 간에 고소·고발 또는 손해배상 청구 등이 발생한 경우 이에 대응하는 업무를 총괄하는 전담부서를 지정해야 한다.

국회는 2023년 9월 27일 초·중등교육법 일부 개정안을 통과시켜 학교장을 민원처리 책임자로 지정했다. 학교에 민원처리 시스템을 도입할 법적 근거가 하나 더 확보된 것이다. 이 기회를 그냥 흘려보내서는 안 된다. 이제 법적 근거가 마련되었으니 교육부나 시·도교육청이 '학교 민원처리 시스템'을 만들어 시행하기만 하면 된다. 그러나 법만 바뀌었을 뿐, 누가 어

떤 절차를 거쳐 민원을 접수하고 처리할지, 악성 민원으로부터 교사를 어떻게 보호할지는 정해진 게 없다. 민원처리 시스템을 만들고 세부지침을 마련하지 않으면 모처럼 개정한 법률이 무용지물이 된다.

민원처리의 핵심은 민원을 특정 개인에게 맡기지 않고 시스템으로 처리하는 것이다. 교장을 책임자로 하는 민원 전담팀으로 하여금 '민원접수 ⇨ 타당성 검토 ⇨ 관련자 의견 청취 ⇨ 수용 여부 판단 ⇨ 회신'에 이르는 전 과정을 처리하는 것이 관건이다. 민원 전담팀에는 민원심사관과 실무처리 담당자를 두고, 필요하면 행정실장이나 관련 업무 보직교사, 교권보호 담당교사를 포함시키는 것이 바람직하다. 또 부당한 민원, 반복적 민원, 상급기관 동시 민원 등 악성 민원 처리를 위해 그와 별도로 '민원조정위원회'를 두어 민원인 응대, 피해교원 보호조치 등을 심의해야 한다.

민원 전담팀이 학부모의 악성 민원에 노출돼 괴롭힘을 당하리라는 우려는 기우에 가깝다. 민원을 가장한 대부분의 교육활동 침해는 민원인과 교사가 대면하여 시비를 가리는 과정에서 일어난다. 그 대상은 주로 이해 당사자인 담임교사나 학교폭력 담당교사들이다. 따라서 민원인과 직접적 이해관계가 없는 민원 전담팀이 민원을 처리하면 공정한 제3자의 역할을 기대할 수 있다. 민원인도 당사자가 아닌 민원 전담팀에게 분노를 터뜨릴 까닭이 없다. 제3자에게 민원의 정당성을 주장하려면 객관적 근거를 제시해야 하고, 민원 당사자인 교사도 자신을 변호할 기회를 얻을 수 있다.

민원처리 시스템을 도입할 때는 다음과 같은 원칙을 견지해야 한다. 당사자 간 직접 접촉에 따른 갈등을 최소화하고, 민원을 신속하고 공정하게 처리하기 위한 것이다.

<민원 처리의 원칙>

① 민원은 문서로만 제출한다.

⇨ 그래야 민원 내용을 정확히 파악할 수 있고, 구두로 제기하는 과정에서 일어나는 충돌을 줄일 수 있다.

② 민원은 민원처리 시스템으로만 접수하여 처리한다.

⇨ 그래야 민원인과 교사 간 직접 접촉에 따른 불필요한 갈등을 막을 수 있다.

③ 민원은 최대한 신속하게 처리한다.

⇨ 그래야 민원처리 지체로 인한 지속적 피해를 막을 수 있다. 필요한 경우 1회에 한해 기한을 연장하되 그 사유를 밝힌다. 학교의 권한이 아닌 민원은 지체없이 교육청으로 넘기고 종결 처리한다.

④ 민원 제출·상담 장소에는 녹음·녹화시설을 갖춘다.

⇨ 그래야 민원의 정확한 내용을 파악할 수 있고, 명예훼손에 해당하는 민원인의 부적절한 언행을 억제할 수 있다. 차후 법적 분쟁이 일어나도 근거 자료를 확보할 수 있다.

⑤ 민원처리 시스템을 통하지 않은 민원은 민원으로 보지 않는다.

⇨ 그래야 교사의 개인 휴대전화, 이메일, SNS 계정을 통한 민원, 근무시간 외 시간의 민원 등 사생활 침해를 막을 수 있다.

⑥ 민원이 아닌 학부모 상담은 예약제로 한다.

⇨ 그래야 상담을 빙자한 불시방문과 민원을 억제할 수 있고, 교사도 사전 준비를 통해 상담의 질을 높일 수 있다.

학부모가 제기하는 민원의 유형은 대부분 학교시설 관리, 수업내용과 평가, 교사의 생활지도, 학교폭력 처리에 집중돼 있다. 학교시설 이용·관리에 관한 민원은 행정실로, 학교폭력 관련 민원은 학생 생활지도부서로 이관하면 된다. 교육활동과 생활지도에 관한 민원은 해당 교사의 설명을 듣고 수용 여부를 결정하고, 아동에 대한 폭력 등 교사의 위법사실이 드러나면 학교장에게 징계·고발 등의 조치를 요청하면 된다.

동일한 내용을 반복 제기하는 민원은 1회에 한해 답변하고, 이후 민원 조정위원회 심의를 거쳐 학교장 직권으로 종결 처리한다. 상급기관이나 국가인권위·국민권익위 등에 동일한 민원을 제기하는 경우는 최초 결정 사항으로 답변을 대신하고 종결 처리한다. 민원인이 교사를 찾아와 민원을 제기하면 민원처리 시스템 이용을 안내하고, 같은 행동이 반복되면 교권침해로 간주하여 교육청과 교권보호위원회에 신고하고, 그 정도가 심각하면 공무집행방해·업무방해· 협박 등 형사책임을 묻는다.

민원인이 전담팀의 결정에 불복하면 법으로 정한 이의신청 절차를 안내하고 종결 처리한다. 한다. 상급기관의 심의가 시작되면 민원 전담팀의 최초 결정사항을 답변으로 갈음하고, 다시 조사하지 않는다. 민원인이 소송을 제기하면 교육청에 보고하여 교육청이 소송을 대행하고, 위법행위 또는 중대한 과실이 의심되는 경우가 아니면 교사에 대한 강제휴가, 직위해제 등 조치는 최대한 억제한다.

학교에 민원처리 시스템이 있어서 정상적으로 가동되고 있었다면, 교사가 혼자 고립돼 고통에 시달리다 목숨을 끊는 일은 일어나지 않았을 것이다. 법 제도 미비로 인한 피해를 교사가 부당하게 감당해 왔다 해도 과언이 아니다. 그것을 알고도 방치한 교육 당국의 불감증, 일부 학교 관리자의 직무유기야말로 교사들을 죽음으로 몰아넣은 장본인임을 다시 통감한다. 외양간을 고친다고 잃어버린 소가 돌아오진 않겠지만, 적어도 같은 불행이 되풀이되는 것은 막을 수 있다. 학교 민원처리 시스템을 서둘러 도입해야 하는 이유다.

외국 사례-학부모 민원, 어떻게 처리하나?

미국

미국의 교사는 민원을 처리하지 않는다. 학부모와의 의사소통은 교장의 역할이며, 교사는 수업과 교육활동에만 전념한다. 미국 공립학교 구성원이 공유하는 분명한 원칙 중 하나는 "교사가 불필요하게 아동의 보호자와 접촉하면 안 된다"는 것이다. 보호자가 교사의 개인 연락처를 요구하는 것은 상상하기 어려운 무례한 행동이다.

교장은 학생·교직원·보호자 간에 발생한 갈등을 공정하게 관리하고 교직원의 업무가 방해받지 않도록 보호할 의무가 있다. 교사가 보호자로부터 민원을 받으면 직접 해결하지 않고 교장에게 전달하여 해결하도록 한다. 텍사스 주 교육기관은 보호자가 민원을 제기할 경우 다음과 같이 단계별로 서면을 통해 제출하도록 한다.

<텍사스 주의 학부모 민원제출 방식>
- 1단계: 학교장에게 서면으로 민원 접수
- 2단계: 교육감에게 서면으로 민원 접수
- 3단계: 학교 이사회나 지역 교육위원회를 통해 서면으로 민원 접수

교장은 정당한 민원에는 합당하게 대응하지만, 반복적이고 과도한 민원은 '괴롭힘(harassment)'으로 규정하여 단호하게 대처한다. 악성 민원을 반복하는 보호자에게는 '학교 접근금지(banning)' 조치가 내려지고, 그 사람은 학교건물에 접근할 수 없다. 교육청과 교원노조 간 단체협약에 의해 아동의 보호자는 업무시간 외에는 교사에게 사적으로 연락할 수 없다. 업무시간 외에 교사가 원치 않는 방법으로 접촉을 시도하면 교사는 교원

노조에 신고하고, 교원노조에 고용된 변호사가 교장과 교육감에게 항의하고 법적 조치를 요구한다.

캘리포니아 교원협회(CTA)의 『교원권리 가이드북』에 따르면, 교원은 보호자가 교실을 방문할 때 사전에 통지받을 권리가 있다. 교원이 보호자와의 면담 과정에서 권리침해나 정서적 침해를 당했다고 판단되면 즉시 면담을 중단하고 교원노조 대표자나 학교관리자의 동석을 요구할 수 있다. 보호자가 교사와 관련된 민원을 제기하면 교사는 민원인의 신원을 포함하여 민원 내용을 고지받을 권리를 갖는다.

캐나다

캐나다 뉴브룬스윅 주의 경우, 1999년 제정된 「긍정적 학습환경(Positive Learning and Working Environment) 조성을 위한 지침」에 따라 보호자나 방문자에 의한 교권침해 행위를 예방하고 시정한다. 긍정적 학습환경을 침해하는 방문객은 이 지침을 적용하여 처리하고, 다음과 같은 악성 민원은 별도의 교육부 지침인 「비공식적 대안적 분쟁조정 절차」에 따라 처리한다.

<뉴브룬스윅 주의 '긍정적 학습환경을 침해하는 민원(예시)'>
- 반복적·만성적이거나 괴롭힘 성격이 강한 민원
- 지침 위반 정도가 심하고 반복되는 민원

학교장은 그 결과를 교육감에게 보고하고 당사자에게 경고장을 보낸다. 필요한 경우 주차장을 포함한 모든 학교시설 출입을 금지한다. 보호자의 행위가 학습·교육업무에 직접적인 위협이 된다고 판단하면, 학교장은 행동 중지, 학교 퇴거를 요구할 수 있고, 이를 거부하면 건조물 무단침입, 직장 내 괴롭힘 등을 적용하여 형사책임을 묻는다.

영국

영국의 모든 교사와 학교는 다음과 같은 민원처리 절차를 공유한다.

아동의 보호자는 학교 사무실을 통해 교사에게 메시지를 남긴다. ⇨ 교사
는 수업 후 그 내용을 확인하고 민원을 처리한다. ⇨ 보호자가 교사의 조치
에 만족하지 않으면 교장에게 답변을 요구할 수 있다. ⇨ 그래도 만족하지
않으면 학교 이사회에 이의를 제기한다. ⇨ 최종적으로 교육청에 민원을 제
기할 수 있다.

보호자가 교사를 만나려면 사전에 면담 약속을 해야 하며, 서면으로도
불만 사항을 제기할 수 있다. 또 특수교육 전문 코디네이터가 학교에 상
주하여 특수교사가 직접 민원을 접수하지 않도록 배려한다.

독일

독일의 교사는 사회적 위상이 높고 높은 수준의 교육적 권한을 보장받
기 때문에 보호자가 교사에게 직접 연락하거나 아무 때나 만날 수 없다.
교사를 만나려면 공식적으로 면담 요청을 해야 하고, 합의된 시간에만 학
교를 방문할 수 있다. 면담 내용은 서면으로 작성하고 서명해서 공식 기
록으로 남긴다.

인문계 고등학교인 임마누엘 칸트 김나지움이 인터넷 홈페이지에 안내
한 민원처리 과정에 따르면, 민원이 들어오면 먼저 당사자가 대화하도록
권장한다. 대화할 때는 교사가 혼자 학부모와 만나지 않고, 같은 반 학생
이나 담임교사, 연락교사 등 다른 구성원이 함께한다. 연락교사는 독일의
학교법에 따라 학생에게 조언하고 과제수행을 돕고 교사·교장·학부모와
연결을 원활하게 하고 학생의 학습과 생활지도를 지원하는 역할을 한다.

교사와 대화를 통해서도 민원이 해결되지 않으면, 한 달 이내에 학교 관리자가 참여하는 위원회에 민원 해결을 요구할 수 있다. 여기서도 해결되지 않으면 최종적으로 지방정부가 개입하여 해결한다.

핀란드

핀란드 고등학교에서 사용하는 '윌마(WILMA)' 프로그램은 눈여겨볼 만한 사례다. 윌마는 현재 핀란드 전역에서 사용되는 교육정보 공개 프로그램으로, 우리나라의 교육행정정보시스템(NEIS)과 비슷하다. 학부모는 이 프로그램을 통해 학교나 지역의 정보, 시험 성적, 수업참여 및 결석상황 등을 확인할 수 있고, 교우관계의 문제점과 문제행동도 확인할 수 있다.

이 프로그램은 양방향 소통이 가능한 구조여서, 학부모는 이 프로그램을 통해 민원을 제기하고 처리결과를 전달받고 교사와 상담을 예약할 수 있다. 학부모가 학교에 불쑥 찾아와 교사에게 불만을 터뜨리거나 교사의 개인전화로 민원을 제기하는 일은 일어나지 않는다.

이상 외국의 민원처리 방식을 살펴보면 다음과 같은 공통점이 있다. 우리가 민원처리 시스템을 만들 때 반드시 참고해야 할 내용들이다.

- 교사의 개인 휴대전화나 이메일을 민원접수 수단으로 사용하지 않는다.
- 보호자의 민원에 교사 혼자 대처하지 않고 절차와 시스템으로 대응한다.
- 편리하고 효율적인 소통을 위해 전자 민원처리 방식을 확대하는 추세다.
- 민원으로 인한 교권침해에는 학교장과 교육청이 나서서 엄정하게 대처한다.
- 악성 민원으로부터 교사를 보호하는 강력한 제도를 운용한다.

글을 마치며

서이초 교사의 불행한 죽음은 우리에게 깊은 반성과 성찰을 요구한다. 관행적으로 이루어져 온 대한민국 교육의 적나라한 면목을 드러냄으로써 무심코 지나쳐 온 공교육에 대한 근본적 물음을 다시 생각하게 한다. 공교육이 궁극적으로 무엇을 지향해야 하는지, 학교와 교사는 어떤 일을 해야 하는지, 그것을 위해 사회와 국가 그리고 학부모와 학생은 무엇을 해야 하는지 묻는다. 죽음을 앞두고 한 교사가 느낀 고통을 수십만 명의 교사가 함께 아파하는 이유는, 그 고통이 우리 공교육 내부에 오랜 세월 축적된 모순의 일부이며, 근본적 변화가 없으면 언젠가 나에게도 닥쳐올 참담한 미래이기 때문이다.

그동안 우리 교육은 양적으로는 세계적으로 유례를 찾아보기 어려운 놀라운 성장을 이루었지만, 그것은 민주공화국 시민을 기르는 공적 동기가 아니라 계층상승 신화를 실현하려는 사적 욕망에서 비롯된 것이었음을 직시해야 한다. 또 신자유주의 교육시장화 정책이 도입되면서, 책임이 따르지 않는 수요자의 권리와 "온 세상이 내 새끼를 위해 존재해야 한다"고 믿는 특권적 이기심이 덧붙여졌음을 깨달아야 한다. 그리고 나 자신 또한 원했든 원치 않았든 그 거대한 음모에 협력해 왔음을 고백해야 한다.

IMF 위기가 불러온 신자유주의의 물결은 경쟁과 선택을 앞세워 소수를 위한 수월성 교육을 정당화했고, 모두를 위한 평등한 보통교육의 원칙을 흔들었다. 공교육은 사회 공동선을 실현하는 수단으로서의 의미를 상실했고, 상류층의 부와 권력을 세습하는 계급 재생산 수단으로 변질됐다. 그 결과 사교육 경쟁이 전면화되고 공교육을 담당하는 학교와 교원에 대한 사회적 기대와 신뢰가 크게 하락했다.

자유주의적 인권운동은 이런 분위기에 편승하여 모든 시민의 보편적 권리를 회복하기보다는 아동과 학생의 인권을 배타적으로 관철하는 전략을 선택함으로써, 교원의 교육적 권리를 위태롭게 만드는 데 일조했다. 그것은 아동학대범죄 오·남용, 학생인권 지상주의의 편향으로 나타났다. 이런 변화는 교사, 학부모, 학생의 관계형성과 소통방식을 둘러싼 기존 학교질서를 송두리째 바꿔놓았다.

세상의 모든 가치에 앞서는 '금쪽이'의 등장으로 어린 시민이 배워야 할 민주주의 덕목은 빛을 잃었고, 내 권리를 깨알같이 챙기기 위해 남의 권리와 정당한 사회규범은 부차적인 것으로 치부되었다. 일부 학부모와 양육자는 가정에서 담당해야 할 초기교육의 많은 부분을 학교로 떠넘겼고, 가정교육의 결핍과 실패의 책임도 함께 전가했다.

학교는 더 이상 민주시민을 기르는 교육장이 아니라, 부모나 양육자가 방기한 아동의 '케어'를 대행해 주는 보육원 또는 아동보호소로 변모했다. 교육 위기가 교사의 위기를 부르고, 교사의 위기가 다시 교육 위기를 심화시키는 악순환이 되풀이됐다. 악성 민원은 그 악순환을 지속시키는 연료가 되었다.

가정과 학교의 역할에 대한 토론이나 사회적 합의는 없었다. 교사의 원래 직무와 권한, 정당한 교육활동의 기준은 갈수록 모호해졌다. 수요자의 요구가 곧 법이요 정의였고, 교육전문가로서 교사의 교육적 역량과 판단은 평가절하되었다. 수요자의 요구에 따르지 않는 교사에게는 가혹한 인신공격과 사적 응징이 가해졌고, 아동학대·학교폭력 가해자로 몰려 고소·고발이 취해졌다. 학교의 현실을 반영하지 못하는 학교폭력예방법과 아동학대처벌법이 문을 활짝 열어주었고, 교사들의 고통에 둔감한 교육당국은 그것을 알고도 방치했다. 모든 무대장치가 완성된 뒤, 서이초를 시작으로 교사 위기의 비극이 마침내 막을 올렸다. 그것은 이미 예정된 구조적 참사의 시작이다.

교사들은 누구도 도와주지 않는 고립무원 상태에서 살아남으려면 감당할 수 없는 학부모와 거리를 두는 수밖에 없었고, 그것은 곧 교육의 포기를 의미했다. 가정교육 실패에 학교교육 결핍이 누적되면 그 아이의 정상적 성장과 발달이 불가능하다는 것을 뻔히 알면서도 교사와의 협력을 원치 않는 학부모를 설득하는 것은 위험한 일이었다. 자신의 생존을 위해 교육을 포기하는 것은 스스로 교육자임을 부정하는 것이기에, 교사들은 삶의 현장에서 길을 잃고 방황했다.

그런데도 국가와 대다수 학교관리자들은 경쟁과 차별을 일상화하는 시장주의 교육정책의 대리인이 되어 학부모의 이기적 욕망을 부채질해댔다. 교사에게는 수요자의 요구에 부응하라며 더 많은 헌신과 희생만을 요구했지만, 교사의 교육활동을 보호하기 위해 어떤 실질적인 조치도 취하지 않았다. 공교육 붕괴가 현실로 나타나고 있지만, '미래교육'을 향한 그들의 공허한 시선은 발밑에서 무너지는 공교육을 감지하지 못했다. 서이초에서 시작된 교사들의 잇따른 죽음은 누구도 부정할 수 없는 교육 붕괴의 신호탄이다.

이 글을 쓰는 동안에도 교육권을 둘러싼 충돌이 끊임없이 벌어지고 있다. 충남도의회는 2023년 12월 15일, 전국에서 처음으로 학생인권조례 폐지안을 통과시켰고, 서울과 경기도의 지방의회에도 같은 안건이 계류 중이다. 교권침해를 빌미로 학생인권조례에 대한 정치적 공세가 공공연하게 벌어지는 것이다. 지방의회 재심의와 행정소송이 이어지면 앞으로 교육계는 학생인권조례를 둘러싼 퇴행적 논란으로 사분오열할 수도 있다.

한 교사는 숙제를 해오지 않은 아이를 학급규칙에 따라 교실 바닥에서 문제를 풀게 했다는 이유로, 학부모로부터 아동학대로 고발당하고 수천만 원의 피해배상 소송을 당했다. 경찰은 "혐의 없음"으로 사건을 검찰에 송치했지만, 검찰 수사와 민사소송은 아직 시작도 되지 않았다. 교권보호위원회에서는 해당 아동과 부모에게 '특별교육 4시간' 처분을 내렸지만, 담임이 교체되는 바람에 피해는 고스란히 아이들에게 돌아갔다.

또 서이초 사건 전에 스스로 목숨을 끊은 서울의 한 기간제 교사는 학부모의 폭언과 협박에 시달리다 숨진 것으로 뒤늦게 밝혀졌다. 그 학부모는 야간과 주말도 가리지 않고 교사의 개인 휴대전화로 문자 메시지를 1,500여 건이나 보냈고, 교사는 억울함과 무력감에 시달리다 우울증 진단을 받았다. 그 교사는 결국 아무도 도와주지 않는 가운데 스스로 삶을 내려놓았다. 그러나 그 학부모는 그런 사실 자체를 부인한다. 막장 드라마는 여전히 현재진행형이다. 진정 두려운 것은 이 막장 드라마가 언제 끝날지 감조차 잡히지 않는다는 사실이다.

지금 우리 교육은 본말이 뒤집히고 주객이 뒤바뀌는, 역사상 전무후무한 위기를 맞고 있다. 허구적 신화가 실체적 진실을 가리고, 교육을 빙자한 몰상식이 교육적 상식을 비웃고, 특정 개인의 분별없는 욕망이 모두를 위한 공적 목적을 압도한다. 부당한 간섭이 정당한 권리를 위협하고, 권한을 가진 자의 가증스러운 직무유기가 아무렇지도 않게 용서받는다. 이대로 가면, 교사로부터 시작된 위기는 머잖아 공교육 전체의 위기로 치닫고, 민주시민을 길러 미래를 준비하는 교육의 공적 임무는 종말을 고할 것이다. 균등한 교육기회를 통해 계급적 차별을 완화하고 공동선을 실현하는 도구로서 공교육의 역할도 막을 내릴 것이다.

서이초 교사의 죽음은 우리 교육의 암울한 미래를 경고하는 묵시록이다. 그러나 공교육의 종말과 최후의 심판까지는 아직 시간이 남아 있다. 남은 시간을 제대로 쓸 수 있다면 우리에겐 아직 희망이 있다. 교사들의 잇따른 죽음은 명백한 '사회적 타살'이고 구조화된 위기로부터 비롯됐다는 사실을 인정하는 것에서 시작해야 한다. 그래야 교사 위기의 본질을 파악하고 근본적 해법을 찾을 수 있다.

홍수가 범람하면 넘어오는 물부터 막아야 한다. 아동복지법, 아동학대처벌법, 학교폭력예방법을 개정하고, 교권침해 방지대책을 세우는 것이 여기 해당한다. 그러나 넘어오는 물만 막는다고 문제가 해결되는 것은 아니다. 그것만 하고 손을 놓으면 다른 곳이 또 터진다. 근본적 해법은 교육시장화 정책이 뿌려 놓은 잘못된 교육 관념과 편협한 권리의식에서 벗어나, 교육활동의 주체인 교사, 학습의 주체인 학생, 교육의 협력자인 학부모가 자신의 권리와 책임을 자각하고, 학교교육의 성공을 위해 서로를 존중하는 가운데 협력할 방법을 다시 찾는 것이다. 그리고 최종적으로는 시간이 걸리더라도 공교육의 대원칙에 사회적 합의를 이루는 것이다. 이를테면 이런 것들이다.

● 학교는 학원처럼 입시상품을 판매하는 가게도 아니고, 가정이 방치한 아동을 대신 케어해 주는 아동보호소나 보육원도 아니다. 학교는 민주공화국 시민을 길러 미래사회를 준비하는 공교육 기관이다. 따라서 학교 내에서 교육적 성취를 위해 과도한 목표를 설정하고 경쟁 분위기를 조성하는 것은 바

람직하지 않으며, 더욱이 국가가 그것을 자극하거나 유도하는 정책을 수립·집행하는 것을 금지해야 한다. 또 뛰어난 아동에게는 능력을 계발하여 사회에 기여할 기회를 주되, 그 방식이 타인에게 돌아갈 교육기회를 가로채는 것이 되어서는 안 된다.

● 학부모의 의견은 존중해야 하지만, 그것이 교사의 권리와 직무상 권한을 부정하거나 다른 아동의 권리를 침해하는 것이 되어서는 안 된다. 더욱이 가정교육의 결핍과 실패의 책임을 떠넘기는 책임회피가 되어서는 안 된다. 학부모와 교사의 협력적 접촉은 늘리되, 대립적 갈등을 최소화하는 방법을 마련해야 한다. 학교 교육에 대한 의견은 학부모회와 학교운영위원회를 통해 개진하고, 개인적 민원은 교사 개인을 대면하여 요구하기보다는 학교 민원처리시스템으로 접수하여 공식적으로 처리해야 한다.

● 아동의 자율과 권리는 존중해야 하지만, 권리 행사에 따르는 책임과 의무도 가르쳐야 한다. 권리와 책임은 동전의 양면처럼 통일됨으로써 완성되는 가치다. 한 아동의 권리는 다른 아동의 동일한 권리에 앞설 수 없고, 아동 개인을 위한 특별한 배려는 고려의 대상은 될 수 있지만 반드시 수용해야 하는 것은 아니다. 아동을 대상으로 하는 폭력과 학대행위는 용납될 수 없으며, 교사도 복지 담당자로서 아동의 권리확보와 안전한 환경 조성에 노력해야 한다. 그러나 아동학대 또는 학교폭력을 빙자한 교원에 대한 공격은 교육활동의 전문성·독립성을 위협하는 부당한 간섭과 위협이다. 따라서 교원은 고의 또는 중대한 과실이 없는 한, 적법한 교육활동과 관련하여 아동학대·학교폭력 등 범죄에 대한 민·형사상 책임에서 자유로워야 한다.

● 교사의 교육권과 안전한 근무환경은 학생의 학습권 실현을 위해 필요한

것일 뿐, 부당한 특권이 아니다. 교사의 교육권을 침해하고 안전을 위협하는 것은 공교육의 정상적 운영을 불가능하게 만드는 범죄행위이고, 국가가 이것을 방치하는 것은 직무유기다. 국가는 교사의 직무 범위와 적법한 직무수행 방식을 법으로 정하고, 교사는 그 기준을 벗어나지 않는 범위에서 수업내용·수업방식·교재활용·평가방식에 대해 교육전문가로서 독립적 권한을 가져야 한다. 또 원활한 수업 진행을 위해 학생의 수업방해, 질서교란, 지시불응, 다른 학생의 학습 방해행위를 물리적으로 제지할 권한을 가져야 한다. 단, 교사의 그런 조치는 교육적 목적을 위해 적법하고 합리적으로 용인되는 범위에서만 이루어져야 한다.

● 교원의 교육활동은 국가 또는 국민으로부터 위임받은 공적 행위이므로 교원이 공적 임무인 교육활동을 수행하는 과정에서 발생한 사고나 법적 분쟁의 책임은 기본적으로 국가에 있다. 따라서 교원의 적법하고 정당한 교육활동에 대해서는 책임감면제도를 도입하여 배상과 소송비용을 국가가 책임지고 부담하는 것이 타당하다. 단, 그 교원의 행위가 고의 또는 중대한 과실에 해당하거나 위법한 방식에 의한 것으로 드러나면, 과실의 정도나 위법성 여부를 감안하여 귀책사유를 적용할 수 있다.

이 정도의 사회적 합의는 '내 새끼 지상주의'와 '수요자 중심주의'가 지배하는 현재 우리 공교육을 새로운 패러다임으로 전환하는 출발선이 될 것이다. 그것은 좌우 이념의 문제도 아니고, 전교조-비전교조의 문제도 아니다. 과도한 정치적 프레임을 걷어내야 진실이 모습을 드러낸다. 그것은 공교육의 본령을 회복하는 것이고, 교육을 원래 주인인 시민에게 돌려주는 일이다. 진정으로 교육 정상화를 바란다면, 진심으로 자녀의 행복과 전인적 성장을 바란다면, 이것을 마다할 이유가 없다.

홍수가 휩쓸고 지나간 자리는 참혹하고 어지러운 법이다. 하지만 어찌 겠는가? 무너진 곳을 다시 세우고 파인 곳을 채우면서 여기서 다시 시작할 수밖에 없다. 지금 가장 시급한 것은, 공교육과 교원의 역할을 올바르게 이해하고 도움을 주고자 하는 선의의 다수가 연대하여 거대한 네트워크를 만드는 것이다. 다수가 종횡으로 엮어내는 선한 힘으로 소수의 문제행동과 일탈행위가 주변에 파급력을 미치지 않도록 억제하고 희석하는 것이다. '교사 vs 학부모'의 대립 구도가 아니라 '교육보호 vs 교육붕괴'의 구도를 견지하면서, 교육을 보호하려는 다수의 선한 힘이 교육을 무너뜨리려는 소수의 이기적 욕망을 압도하도록 해야 한다.

그것은 악성 민원을 일삼는 학부모보다는 말없이 지켜보며 학교와 교사를 응원하는 학부모들이 훨씬 많고, 교사를 아동학대로 고소하는 학부모보다는 아이를 가르치기 위해 노심초사하는 교사에게 고마움을 느끼는 학부모들이 더 많으며, 문제행동을 일으켜 수업을 방해하는 아이보다는 어려움을 겪는 교사를 믿고 응원하는 아이들이 훨씬 많다는 믿음을 근거로 한다.

존중과 배려의 교육공동체는 바로 그런 과정을 거쳐 함께 만들어 가는 것이다. 학교에 소통과 협력의 문화가 정착하고 교사·학생·학부모가 서로 존중하는 가운데 자기 책임과 직분을 다한다면, 악성 민원이나 교권침해는 더 이상 발붙일 수 없다. 민주주의와 공교육을 지탱하는 궁극의 힘은 선의를 가진 다수의 강력한 연대에서 나온다.

강인수(2002) 『교권의 정의. 교권침해 예방 현장지침서』, 한국교원단체총연합회.

경기도교육연구원(2022) 『교육활동 보호에 관한 인식 분석 및 역량 강화 방안 연구』

경기도교육청(2011.08.) 『교권보호 길라잡이, 이럴 땐 어떻게』

교육공동체 벗 외(2023.08.18.) 「모두를 위협하는 윤석열 정권의 교권대책, 어떻게
　　바뀌어야 하나?」, 토론자료

교육부(2022.12.27.) 「교육활동 침해 예방 및 대응 강화 방안」

교육부(2023.07.28.) 「현안보고」, 국회 교육위원회 보고서

교육부(2023.08.17.) 「교원의 학생생활지도에 관한 고시」

교육부(2023.08.23.) 「교권 회복 및 보호 강화 종합방안」

교육부(2023.08.27.) 「9.4. 불법 집단행동, 법과 원칙에 따라 엄정하게 대응」, 브리핑

교육부(2023.09.) 「특수교육 연차보고서」, 정기국회 보고서

교육부(2009~2021) 「특수교육통계」

교육부·KEDI(2022.02.) 『교육활동 침해행위, 어떻게 대응할까요?』

교육부·KEDI(2022.05.11.) 『교육활동 침해 현황과 제도 운영 진단』, 교육활동 보호
　　정책포럼

『교육언론 창』 기사(2023.09.26.) 「"미친 여자", "부검해야"… 강남 A초 단톡방, '교원
　　사냥' 논란」

『교육언론 창』 기사(2023.11.15.) 「"어려운 생활지도, 교장에게 넘기지 말라"… 회의
　　결과 시끌」

국회 교육위원회 법안심사소위원회 회의록(2023.08.17.~23.)

권혁운(2010) 「초등학교 교사의 직무 기준 설정에 관한 연구」, 『한국교원교육연구』
　　제27권 제3호

김경희 외(2014) 『교육학개론』, 집문당

김민석(2020) 『교권상담실』, (주)우리교육

김민석(2023.05.) 「교육활동 보호를 넘어 온전한 교육권을 보장하라」, 국회포럼 토론
　　자료

김민석(2023.08.01.) 「아동학대처벌법은 학교에서 어떻게 괴물이 됐나?」, 『오마이뉴스』

김승호(2023.10.17.) 「교사가 할 일, 학교전담경찰관이 할 일」, 『교육 플러스』

김연주 외(2022.11.09.) 「교권보호 제도 및 정책 : 교사의 교육활동 보호를 중심으
　　로」, KEDI·교육정책네트워크 '2022년 해외교육동향 기획기사' 11월호

김현석(2023.09.14.) 「나는 아동학대로 신고 당한 교사입니다」, 『프레시안』

김현수(2023.12.05.) 「괴물 부모의 탄생과 대응방안」, 전국교직원노동조합 인천지부
　　참교육실천대회 강연록

김훈(2023.09.02.) 「내 새끼 지상주의의 파탄… 공교육과 그가 죽었다」, 『중앙일보』

날마다 소풍(2021.01.16.) 「한국 아줌마의 미국 학교 생존기, 미국 학교의 신기한 교
　　장 선생님」, 웹사이트 『brunch story』

대구광역시교육청(2023.10.) 「교원의 학생생활지도에 관한 고시 해설서 보충자료」

대법원(2023.09.14.) 선고(2023두37858 공2023하,1814) 「학부모의 지속적인 담임교체
　　요구가 교육활동 침해행위인 반복적인 부당한 간섭에 해당한다고 판단한 사건」

대전교육연구소(2023.10.10.) 「실질적 교육권 보장을 위한 해법 모색」 토론자료

린다 달링 외 지음, 심성보 외 옮김 『세계교육개혁-민영화 우선인가, 공적 투자 강화
　　인가?』(2017.09.23.), 살림터

박종철(2023.09.01.) 「서이초 비극의 주범, 신자유주의와 자유주의」, 『교육플러스』

박종훈(2023. 09.) 「교실이, 교사가 아프다」, 국가인권위원회 『인권』

박진보(2023) 「서이초 사건 이후 전교조의 역할과 기회」, 진보교육연구소 『진보교
　　육』 88호

범정부 사회관계장관회의(2021.11.16.) 「교육활동 보호 강화방안」

보건복지부·아동권리보장원(2021) 「2022 아동학대 통계현황」

보건복지부(2021) 「아동학대 주요통계」

『보통의 교육』(2023.09.22.) 「종종 자녀를 무균실에서 키우려는 듯한 부모님들을 만나게 됩니다」, 페이스북 게시 글

서울특별시교육청(2023) 「서울특별시 학생인권조례 일부 개정안」

서울특별시교육청(2023.10.) 「학생생활규정 예시안」

손준종(2017)『한국교육의 사회적 풍경-교육사회학의 주요 쟁점』, 학지사

손지희(2023) 「서이초 사건으로 의제화된 교사위기의 요인과 교육운동의 과제」, 진보교육연구소『진보교육』88호

『시사 IN』 기사(2023.08.16.) 「헌신적이었던 24년차 교사는 왜 교단을 떠나려 하나」

안병영(2023.05.25.) 「5·31 교육개혁의 배경과 의미」, 『동아일보』

예스퍼 에크하트 라르센 외 지음, 유성상 외 옮김(2023)『북유럽의 교사와 교직』살림터

윤유진(2011)『외국의 교육현장』, 강현출판사

이수정(2023.09.08.) 『Edu Press(에듀프레스)』인터뷰

이현(2018.05.23.) 「교사의 교육권을 어떻게 볼 것인가?」, 전국교직원노동조합 참교육연구소 토론문

인디스쿨 현장교원 정책 TF팀(2023)『현장교사들이 생각하는 학교교육 정상화를 위한 현 정책에 대한 해결방안 연구』

전국교직원노동조합(2023.09.05.) 「2003 교사 직무관련 마음(정신) 건강 실태조사 결과」

전국교직원노동조합(2023.10.12.) 「소송과 배상의 공포로부터 교사의 교육활동을 보호하라-교육활동 중 일어난 학생안전사고 관련 교사 피해사례 결과 발표」

전국교직원노동조합(2023.08.26.) 「교사의 교육활동을 위축시키는 수업 중 녹음, 실시간 청취행위 규탄한다! - 교육현장 실시간 청취 피해조사」

전국시도교육감협의회(2023.09.) 「교원 승진제도 개선과제 제안」

전라남도교육청 교육연구정보원·교육정책연구소『전남교육 이슈&정책』

정의당 정책위원회 「교육활동 보호 관련 정책분석 자료(2023.07.22.~08.31.)」

제주특별자치도교육청(2023.10.) 「교원의 학생생활지도 고시에 의한 학생 표준안」

프로도 외 3인(2023.07.25.) 「초등학교 학부모 교권침해 민원사례 2077건 모음집」, 웹사이트 『스탠다드』

한국교원단체총연합회(2023) 「2022년도 교권보호 및 교직상담 활동보고서」

『한국일보』(2023.09.24.) 「아동복지법 개정 논란… "아동학대 교사만 제외?" vs "학부모 신고 막아야"」

『한국일보』(2023.09.27.) 「"학부모 악마화는 해법 아냐" 교권붕괴 먼저 겪은 일본서 배운다-오노다 마사토시 오사카대학 명예교수 인터뷰」

한상희(2019) 「교원과 그 교육활동은 어떻게 보호 되는가-해외사례들을 중심으로」, 서울특별시시교육청 『서울교육』 236호 기고

한상희 외(2018) 『교원의 교육활동 보호를 위한 제도개선 연구』, 서울특별시교육청 교육연구정보원·서울교육정책연구소 연구보고서

한희정(2023.07.28.) 「법 중심 사회 속 소외된 교사들 이야기」, 전국교직원노동조합 『교육희망』

한희정(2023.10.16.) 「미국에서 아동학대 및 방임에 관한 처벌에서 교사는 면책되는가?」, 실천교육교사모임 홈페이지

헌법재판소(2009.03.26.) 판례(2007헌마359)

KEDI·교육정책네트워크(2017) 『2017 해외교육동향』

KEDI·교육정책네트워크(2022) 「교원보호제도 및 정책 - 교사의 교육활동 보호를 중심으로」, 『해외 교육동향』 연구보고서

『MBN』 기사(2023.09.05.) 「학부모 민원에 3년간 129명 담임교체… 5명 중 4명은 초등교사」

Alberta Teachers' Association(ATA)(2013), Teachers' Rights, Responsibilities and Legal Liabilities.

New York City Department of Education(2005) K-12 Student Bill of Rights and Responsibilities.

New York City Department of Education(2012) Internet Acceptable Use Policy.

New York City Department of Education(2015) Mission Statement on School Climate and Discipline.

New York City Department of Education(2019) Discipline Code.

New York City Department of Education(2019) Parents' Bill of Rights.

New York City Department of Education(2015) Regulation of the Chancellor. A-411, A-412, A-413, A-418, A-420, A-421, A-432, A-443, A-449.

Virginia Fairfax County Public school. Student Rights and Responsibilities, A Guide for Families.

삶의 행복을 꿈꾸는 교육은 어디에서 오는가? ....

미래 100년을 향한 새로운 교육

혁신교육을 실천하는 **필독서**

● **교육혁명을 앞당기는 배움책 이야기** 혁신교육의 철학과 잉걸진 미래를 만나다!

● **경쟁과 차별을 넘어 평등과 협력으로 미래를 열어가는 교육 대전환!** 혁신교육 현장 필독서